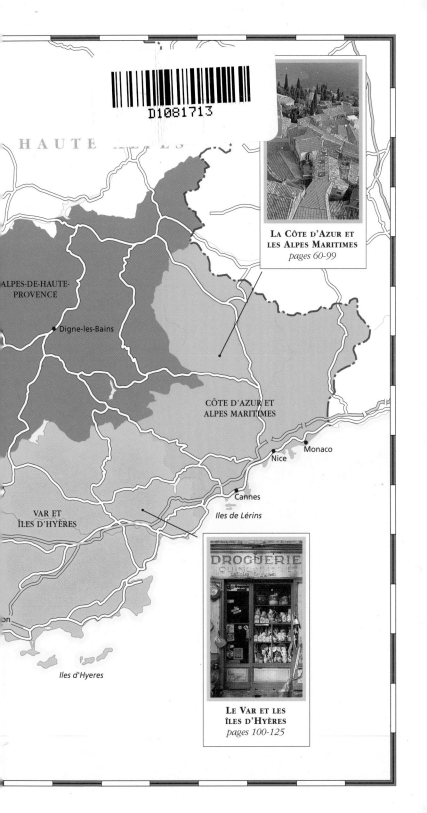

HAUTE ALPES

ALPES-DE-HAUTE-PROVENCE

• Digne-les-Bains

CÔTE D'AZUR ET
ALPES MARITIMES

• Monaco

Nice

Cannes

Iles de Lérins

VAR ET
ÎLES D'HYÈRES

on

Iles d'Hyeres

**LA CÔTE D'AZUR ET
LES ALPES MARITIMES**

DROGUERIE

**LE VAR ET LES
ÎLES D'HYÈRES**

D1081713

GUIDES ◉ VOIR

PROVENCE
CÔTE D'AZUR

PROVENCE
CÔTE D'AZUR

Libre Expression

Libre Expression

Ce guide Voir a été établi par
Roger Williams

Direction
Isabelle Jeuge-Maynart

Direction éditoriale
Catherine Marquet

Édition
Hélène Gédouin

Traduit et adapté de l'anglais par
Dominique Brotot,
avec la collaboration de Mathilde Huyghues Despointes

Mise en pages (P.A.O.)
Anne-Marie Le Fur

DK

Publié pour la première fois en Grande-Bretagne
en 1995 sous le titre :
Eyewitness Travel Guides : Provence and the Côte d'Azur
© Dorling Kindersley Limited, London 2000
© Hachette Livre (Hachette Tourisme)
2000 pour la traduction et l'édition française.
Cartographie © Dorling Kindersley 2000

© Éditions Libre Expression Ltée, 2002,
pour l'édition française au Canada.

Aussi soigneusement qu'il ait été établi, ce guide
n'est pas à l'abri des changements de dernière heure.
Faites-nous part de vos remarques, informez-nous
de vos découvertes personnelles : nous accordons
la plus grande attention au courrier de nos lecteurs.

Éditions Libre Expression
2016, rue Saint-Hubert
Montréal (Québec) H2L 3Z5

Dépôt légal : 3ᵉ trimestre 2002
ISBN : 2-89111-991-6

SOMMAIRE

COMMENT UTILISER CE GUIDE *6*

Champs en fleurs près de Sisteron

PRÉSENTATION DE LA PROVENCE

LA PROVENCE DANS SON ENVIRONNEMENT *10*

La plage de Pampelonne dans la presqu'île de Saint-Tropez

Pêcheur marseillais sur le Vieux-Port

Le château de Tarascon

Fromage à l'ancienne

LES BONNES
ADRESSES

Parfum provençal

RENSEIGNEMENTS
PRATIQUES

Exemple des paysages typiques
entre Castellane et Grasse

La Fondation
Maeght à Saint-
Paul-de-Vence

COMMENT UTILISER CE GUIDE

Ce guide a pour but de vous aider à profiter au mieux de vos visites de la Provence. L'introduction, *Présentation de la Provence*, situe la région dans son contexte historique et culturel. Dans *Voyages en Provence*, plans, textes et illustrations présentent en détail les principaux sites et monu-

ments. *Les bonnes adresses* vous fourniront des informations sur les hôtels, les restaurants, les boutiques, les marchés, les spectacles et les distractions, et les *Renseignements pratiques* vous donneront des conseils utiles dans tous les domaines de la vie quotidienne, notamment pour se déplacer.

VOYAGES EN PROVENCE

Ce guide décrit Provence et Côte d'Azur en cinq chapitres, un pour chacun des départements figurant sur la carte de la première couverture intérieure. La section **Bouches-du-Rhône** inclut la description de Nîmes et d'une partie du Gard.

Un repère de couleur correspond à chaque chapitre. Le premier rabat de couverture en donne la liste complète.

1 Introduction
Mettant en lumière l'empreinte de l'histoire, elle dépeint les paysages de chacun des départements et présente leurs principaux attraits touristiques.

Une carte de localisation situe le département dans la région.

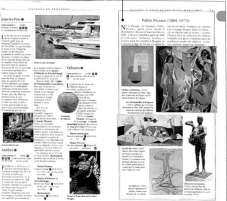

2 La carte illustrée
Elle offre une vue du département et de son réseau routier. Les sites principaux sont répertoriés et numérotés. Des informations pour circuler en voiture ou en transports en commun sont également fournies.

Des encadrés soulignent des faits marquants.

3 Renseignements détaillés
Les localités et sites importants sont décrits individuellement dans l'ordre de la numérotation de la carte illustrée. Pour chaque ville ou village, les notices présentent en détail ce qu'il y a d'intéressant à visiter.

4 Les grandes villes

Une introduction présente l'histoire et la personnalité de la localité. Situés sur un plan de la ville, les principaux monuments possèdent chacun leur rubrique.

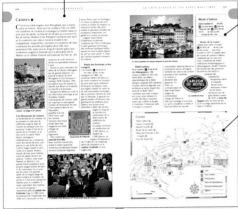

Un mode d'emploi vous renseigne sur les transports publics, les bureaux d'information touristique, les marchés et les manifestations les plus marquantes.

Le plan de la ville montre les principales artères et les rues d'intérêt touristique. Il situe les sites et monuments, les gares ferroviaires et routières, les parcs de stationnement, les offices du tourisme et les églises.

5 Plans pas à pas

Ils offrent une vue aérienne et détaillée de villes ou de quartiers particulièrement intéressants. Des photos présentent les principaux sites et édifices.

Le meilleur itinéraire de promenade apparaît en rouge.

Un mode d'emploi vous aide à organiser votre visite. La légende des symboles figure sur le dernier rabat de couverture.

6 Les principaux sites

Deux pleines pages, ou plus, leur sont réservées. La représentation des édifices en dévoile l'intérieur. Celle des musées vous aide à localiser les plus belles expositions.

« Suivez le guide » vous explique la disposition des expositions.

Des étoiles signalent les œuvres ou les sites à ne pas manquer.

PRÉSENTATION
DE LA PROVENCE

La Provence dans son environnement

De la frontière italienne, à l'est, jusqu'au Rhône, à l'ouest, l'ensemble géographique traité dans ce guide regroupe les Alpes-de-Haute-Provence, les Alpes-Maritimes, les Bouches-du-Rhône, le Var et le Vaucluse. À ces cinq départements correspondent cinq sections. Le guide inclut aussi Nîmes et une partie du Gard qui sont rattachés à la section Bouches-du-Rhône. La région ainsi présentée s'étend sur plus de 25 000 km² et compte plus de 4 millions d'habitants.

LÉGENDE

- ☐ Région présentée dans ce guide
- ⛴ Embarcadères de ferries
- ✈ Aéroports
- ═ Autoroutes
- ▬ Routes principales
- — Voies ferrées

0   100 km

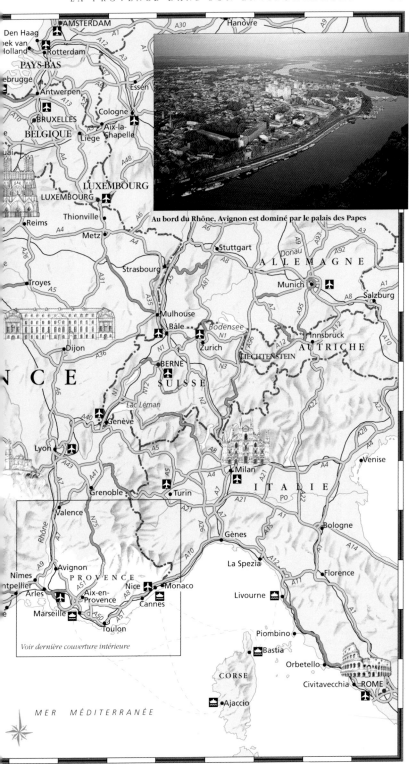

Au bord du Rhône, Avignon est dominé par le palais des Papes

PAYS-BAS

Den Haag
ek van
Holland
Rotterdam
ebrugge
Antwerpen
BRUXELLES
BELGIQUE
Liège
Chapelle

LUXEMBOURG
LUXEMBOURG

Reims
Metz
Thionville
Troyes
Strasbourg

Dijon

Lyon

Valence

Avignon
Nîmes
PROVENCE
ntpellier
Arles
Aix-en-
Provence
Marseille
Toulon

Voir dernière couverture intérieure

AMSTERDAM
Hanovre
Essen
Cologne
Aix-la-

Stuttgart
ALLEMAGNE
Munich
Salzburg

Mulhouse
Bâle
Bodensee
Zürich
AUTRICHE
LIECHTENSTEIN
Innsbruck
BERNE
SUISSE
Lac Léman
Genève

Grenoble
Turin
Milan
ITALIE
Venise

Gênes
Bologne
La Spezia
Florence
Nice
Monaco
Cannes
Livourne

Piombino
Bastia
Orbetello
Civitavecchia
ROME
CORSE
Ajaccio

MER MÉDITERRANÉE

UNE IMAGE DE LA PROVENCE
ET DE LA CÔTE D'AZUR

Une lumière et un ensoleillement exceptionnels baignant des paysages entre mer et montagne, mais aussi un climat rude avec une grande sécheresse et le mistral qui souffle 150 jours par an. Quand l'Europe s'est arrachée à ses racines rurales au XIXᵉ siècle, la région a commencé à exercer le pouvoir d'attraction qui la caractérise aujourd'hui.

Conjugué à une tradition de tolérance et d'hospitalité, ce pouvoir d'attraction explique que la population de la région ait quasiment doublé depuis la fin de la Deuxième Guerre mondiale, une augmentation presque uniquement due à des apports extérieurs. Les étrangers comptent cependant pour moins de 10 % dans ce phénomène. Pieds noirs ou ch'timis, retraités ou actifs, ouvriers, ingénieurs, peintres ou garçons de café, ce sont des migrants de nationalité française qui sont à l'origine de cette expansion démographique. Comme l'implantation des autochtones, leur installation s'est pliée aux contraintes de la géographie et de l'économie.

Sport et tourisme

Car plus qu'un seul espace, ce sont des espaces. Une diversité d'abord liée aux paysages. À l'ouest, le Rhône a créé de vastes plaines alluviales : Comtat Venaissin, Crau et Camargue. Sur le littoral, massifs rocheux et petites plaines côtières se succèdent. Au nord et à l'est se dressent jusqu'à plus de 3 000 m les Alpes du Sud que creuse une large voie de circulation : la vallée de la Durance. Au centre, collines et plateaux s'élèvent depuis les plaines et la Méditerranée jusqu'aux sommets enneigés de la haute montagne. Malgré l'ensoleillement, l'hiver est âpre hors de l'étroite bande maritime comprise entre Saint-Raphaël et Menton que protègent du mistral les

Partie de pétanque à Châteauneuf-du-Pape

◁ **Ambiance italienne dans une rue du Vieux-Nice**

Le rendez-vous des gourmands de Sisteron

Maures et l'Estérel. Le vent souffle et il gèle, parfois encore au printemps comme en ce mois d'avril 1956 où périrent tant d'oliviers. Sécheresse et chaleur règnent partout en été.

Les reliefs intérieurs ont conduit les villes à se développer en périphérie, en particulier sur la côte malgré le manque d'espace. Vues depuis une hauteur, les deux plus grandes cités, Marseille et Nice, semblent s'agripper aux collines pour ne pas glisser dans la mer. Un aspect que donne souvent le littoral où se concentrent sur un faible territoire plus de la moitié des habitants de la région et la majorité des résidences secondaires. En comparaison, l'arrière-pays, très boisé, paraît vide, bien que sa population soit elle aussi en augmentation. La désertification rurale se poursuit cependant en montagne et l'agriculture n'emploie dans tout le Sud-Est que 4 % des actifs (6,5 % en moyenne nationale). Malgré l'image campagnarde de la région qu'ont laissée des auteurs comme Marcel Pagnol ou Jean Giono, 88 % de ses habitants vivent désormais dans les villes, principalement dans deux grandes agglomérations aux personnalités très contrastées.

Important port marchand depuis plus de 2 000 ans, Marseille a abrité dès le début du XIXe siècle des usines de transformation, des savonneries notamment. La création du complexe pétrochi-

Tout droit sortis de la mer

mique de l'étang de Berre a renforcé cette vocation commerciale et industrielle en quête d'un second souffle depuis la crise économique. Italienne jusqu'en 1870, Nice a bénéficié très tôt de la venue de riches touristes étrangers, cependant ce n'est qu'à partir de la fin de la Deuxième Guerre mondiale que le littoral des Alpes-Maritimes a connu son véritable essor démographique, profitant des activités liées au tourisme mais aussi de l'implantation d'entreprises de pointe attirées par la réputation du complexe industriel et scientifique Sophia-Antipolis.

S'il est né sur la Côte d'Azur, le tourisme concerne aujourd'hui toute la région qui accueille chaque année, du 1er juin au 30 septembre, dix millions de vacanciers, dont deux millions d'étrangers. Il génère 10 % des emplois. Les séjours en zone balnéaire ne représentent cependant plus que 55 % du total. Les plaisirs de la haute montagne, en été comme en hiver, et la beauté du moyen pays, où lacs et cours d'eau vivifient campagnes

Récolte des fleurs de tilleul

Les spectaculaires colonnes des Pénitents des Mées, dans les Alpes-de-Haute-Provence

et forêts, attirent de plus en plus de visiteurs. Quatre parcs, nationaux et régionaux, protègent ces richesses naturelles. Elles ne constituent pas le seul atout de la Provence intérieure qui possède un remarquable patrimoine architectural, qu'il s'agisse de villes chargées d'histoire telles Aix ou Avignon, de superbes monuments comme les abbayes cisterciennes ou ses dizaines de villages perchés datant du Moyen Âge. Ce patrimoine n'est pas figé. Partout, la vie culturelle et artistique, la plus intense du pays après celle de l'Île-de-France, en tire parti et lui donne vie, que ce soit à l'occasion de grands festivals, de manifestations prestigieuses ou lors de fêtes traditionnelles.

Car si la langue d'oc a pratiquement disparu, il y a de cela deux générations, les traditions restent florissantes et connaissent même depuis quelques années un renouveau. Les activités artisanales, tout d'abord, ont repris

Sur le cours Mirabeau à Aix

leurs lettres de noblesse, notamment la céramique et la fabrication de tissus imprimés et de meubles. Les crèches vivantes se multiplient à Noël, des célébrations campagnardes comme la Saint-Jean renaissent, des danses telles la farandole et la volte retrouvent des adeptes. Parmi ceux-ci, souvent membres de groupes folkloriques, combien avaient des parents alsaciens ou lyonnais ? Car l'un des mystères, et sans doute le plus grand charme, de la région, c'est sa capacité à transformer les nouveaux arrivants. Quelle que soit leur origine, et même s'ils ne viennent que pour un bref séjour, ils se sentent soudain Méditerranéens. Et s'ils s'installent, l'accent leur monte aux lèvres, ou au moins au cœur. Ils trouvent leur rythme et leur place dans une histoire et un paysage dont ils transmettront eux-même le sens aux prochains arrivants.

La faune et la flore

Chirraxes jasius

Des sommets des Alpes du Sud jusqu'aux lagunes de Camargue ou les criques écrasées de soleil de la Côte d'Azur, une grande variété de lieux abrite une vie animale et végétale d'une fascinante diversité. Certains des mammifères, oiseaux, reptiles et insectes sont particuliers à cette région de France. Pour les protéger, la plupart des zones les plus sauvages ont été transformées en réserves naturelles particulièrement agréables à découvrir au début du printemps, époque de la floraison.

Le Luberon (p. 170-172), longue montagne calcaire, abrite de nombreux oiseaux de proie et des orchidées sauvages telles que cet orchis mâle.

Le mont Ventoux (p. 160) se couvre de fleurs au printemps.

Les Alpilles (p. 141), petites collines dominant la Crau, sont peuplées de nombreux oiseaux, notamment des rapaces comme l'aigle de Bonelli ou le percnoptère d'Égypte mais aussi ce guêpier.

• Orange

Carpentras •

• Avignon

VAUCLUSE

Rhône

• Arles

BOUCHES-DU-RHÔNE ET NÎMES

La Camargue (p. 136-139), vaste étendue de lagunes et de marécages formés par le delta du Rhône, est célèbre pour ses échassiers, hérons, aigrettes ou ses flamants roses, mais on y trouve également, comme dans le reste de la Provence, le lézard ocellé.

• Marseille

La Côte bleue abrite dans ses rochers une riche faune marine.

Les Calanques (p. 153) creusées dans les falaises entre Marseille et Cassis offrent un refuge à de nombreux oiseaux tels que le hibou.

La plaine de la Crau étale 50 000 ha de prés et de steppe caillouteuse au sud-est d'Arles. À l'instar de cette huppe, de nombreux oiseaux y nichent, dont certaines espèces rares comme la gandourle.

Le parc national du Mercantour (p. 97) *est une superbe réserve peuplée de marmottes, de chamois, de bouquetins et de mouflons. Gorges et montagnes offrent de nombreux itinéraires de randonnée.*

La réserve géologique de haute Provence, près de Digne *(p. 180)*, protège notamment une accumulation spectaculaire d'ammonites géantes.

Au col de la Bonette *(p. 179)*, il n'est pas rare de voir des chamois.

Les gorges du Verdon (p. 184-185) *creusent un canyon impressionnant dans un plateau calcaire situé au cœur d'une réserve naturelle. Un sentier permet de suivre une partie du cours du torrent et de découvrir d'en bas ce site exceptionnel.*

Les gorges de la Vésubie (p. 95) voient s'installer en été des oiseaux migrateurs comme les hirondelles.

Barcelonnette •

ALPES-DE-HAUTE-PROVENCE

Digne-les-Bains •

Var

Verdon

CÔTE D'AZUR ET ALPES-MARITIMES

Nice •

VAR ET LES ÎLES D'HYÈRES

• Fréjus

Le massif de l'Estérel *(p. 124)*, aux pentes couvertes de maquis, abrite de nombreux reptiles.

Dans le massif des Maures (p. 116-117), *pies-grièches, huppes et guêpiers hantent les maquis et les forêts de chênes-lièges et de châtaigniers qui offrent leur dernier sanctuaire aux tortues d'Hermann.*

Le massif de la Sainte-Baume prend des couleurs éclatantes en automne.

Toulon •

LÉGENDE

☐ Parc national
☐ Parcs naturels régionaux
☐ Sites protégés
☐ Réserves

0   25 km

Les îles d'Hyères (p. 114-115), *couvertes de maquis et de bois, forment un chapelet près de la côte. Protégées de la pollution automobile, elles abritent une faune riche et variée. Les poissons, telle cette vieille, prolifèrent dans leurs eaux.*

Les villages perchés

Accrochés au rocher avec lequel ils se confondent, entourés de remparts et généralement surmontés d'un château, les villages perchés constituent l'un des traits les plus caractéristiques et les plus élégants de l'habitat méridional. Construits pour la plupart au Moyen Âge pour résister aux incursions de nombreux pillards et envahisseurs, notamment des pirates sarrasins, ils montent la garde sur les terrasses dont les cultures nourrissaient les habitants. Au début du XXe siècle, l'exode rural a chassé ceux-ci des maisons dominant les ruelles pavées. Elles connaissent aujourd'hui une nouvelle jeunesse grâce aux touristes ainsi qu'aux artistes ou artisans qui les ont rénovées.

Peillon *(p. 95), accroché à son piton, se fond parfaitement dans le paysage.*

**SAINT-PAUL-
DE-VENCE**
Village perché typique,
Saint-Paul-de-Vence *(p. 75)*
a conservé les remparts
médiévaux que fit renforcer
François Ier. Ils n'ont aucune
utilité cependant contre
l'invasion pacifique des
touristes.

RUE DE LA POURTOUNE
GRANDE PLACE
RUE DES DORIERS
RUE DE LA CASTRE
RUE DES BAUQUÈS
RUE GRANDE
COURTINE ST PAUL
BASTION ST REMY
REMPAR

Une chicane, à l'entrée, compliquait la tâche d'éventuels attaquants.

L'église, ou la chapelle, constituait le cœur du village.

Les portes, *étroites et fortifiées, donnaient, comme celle d'Èze (p. 88), sur des ruelles sinueuses. Parfois, une deuxième porte, ou une chicane à l'intérieur des murs, renforçait le système de défense.*

Un château, *et parfois même une église fortifiée, offrait l'asile aux habitants du village en cas de crise grave. Nombreux sont ceux qui, tel le château d'Èze (p. 88), ayant subi de nombreux assauts, sont maintenant en ruine.*

L'église, centre de la vie religieuse de la communauté, se dressait souvent, comme aux Baux (p. 142), près du donjon du château. Elle était parfois fortifiée. La cloche appelait à l'office mais sonnait également le tocsin en cas de menace.

Souvent seules sources d'eau du village, les fontaines présentent parfois, comme à Vence (p. 74), une décoration élaborée.

Des arcades, comme ici à Roquebrune (p. 98), soutenaient les maisons, enjambant les ruelles et protégeant les piétons du soleil et de la pluie.

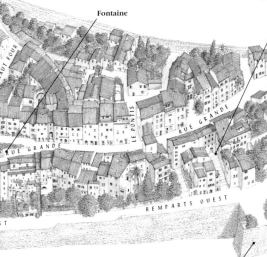

Fontaine

Rues à arcades et à emmarchement

DU HAUT FOUR

LE PONTIS

RUE GRANDE

RUE GRANDE

PLACE DE L'HOSPICE

REMPARTS OUEST

EST

L'étroitesse de la porte facilitait sa défense.

Remparts et bastions formaient une solide enceinte.

Les portes principales, comprenant généralement une herse, restaient étroites pour en faciliter la défense. Cette porte est l'une des quatre construites au XIIᵉ siècle dans les remparts du village varois de Bargemon (p. 106).

Des remparts, auxquels s'incorporaient souvent des habitations, entouraient tout le village. Les défenses de Saint-Paul-de-Vence (p. 75) furent renforcées par François Iᵉʳ au XVIᵉ siècle. Commandant de superbes panoramas, elles constituent aujourd'hui d'agréables promenades.

L'architecture rurale

Des volets protègent du soleil et du vent

L es caractéristiques des habitations rurales rappellent que le climat n'est pas aussi clément qu'il en a la réputation. Orientée au sud ou sud-est, la façade principale est à l'abri des rafales du mistral, le vent qui glace et qui rend fou. La petitesse des fenêtres protège en été de la chaleur et du soleil mais également en hiver du froid qui règne à l'intérieur des terres. Les matériaux de construction (bois, pierre, argile) sont d'origine locale. Les tuiles canal ont gardé la forme que leur donnaient jadis les potiers en les moulant sur leur cuisse.

Les bories (p. 169), *faites de pierres sèches empilées, se multiplièrent au XVIe siècle.*

LE MAS PROVENÇAL

Dans toute la Provence, le mas est la forme traditionnelle de l'exploitation agricole isolée. Construction basse, en pierre, il ne présente de nombreuses ouvertures que sur sa façade sud. Les dépendances comprennent en général une cave, une écurie, un four à pain et un pigeonnier.

Les tuiles canal *sont typiques du Midi.*

Les pierres des murs *ne sont que grossièrement taillées.*

Les cheminées, en pierre, dépassent peu du toit.

Pigeonnier

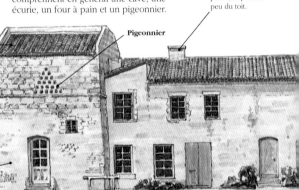

Le faîte du toit est protégé par une chape de mortier.

La toiture, en pente douce, est faite de roseaux des marais.

La façade côté mistral est arrondie.

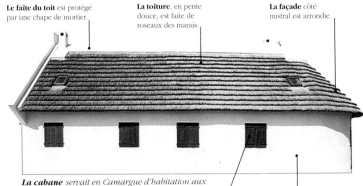

La cabane *servait en Camargue d'habitation aux gardians mais aussi aux bergers, aux saliniers ou aux vanniers. Longue et étroite, pauvrement meublée, elle comportait une chambre et une salle commune séparées par une cloison en roseaux.*

Les fenêtres sont petites et dotées de volets.

Les murs sont faits de roseaux couverts d'un enduit à la chaux.

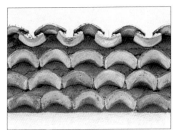

La génoise, rebord caractéristique des toits provençaux, traditionnellement dépourvus de gouttières, servait à écarter des façades les eaux de pluie ruisselant sur les tuiles canal. La pente douce du toit empêche celles-ci, simplement posées les unes sur les autres, de glisser.

Aucune fenêtre ne perce au nord-ouest la façade exposée au mistral. Mais même sur les autres façades, elles restent petites et dotées de solides volets afin de limiter les déperditions de chaleur en hiver.

Les tuiles forment des canaux qui guident l'eau de pluie jusqu'à la génoise qui la projette loin de la façade.

Le mistral, qui souffle du nord ou du nord-ouest, est un vent si violent, et si froid en hiver, qu'il détermine toute l'organisation de la maison. Celle-ci s'enterre ainsi souvent du côté où il arrive et tourne vers le sud sa façade principale.

Un enduit recouvre les murs.

Des glacières en pierre, isolées avec de la paille et remplies de glace, servaient en hiver à la conservation des aliments.

LES CAMPANILES

Depuis le XVIᵉ siècle, les Provençaux coiffent leurs clochers de campaniles en fer forgé. Résistantes et aérées, ces structures laissent passer le vent et permettent au son des cloches de porter au plus loin. Leur complexité dépend de la taille et de la destination de l'édifice qui les porte... et de l'habileté des artisans locaux.

Campanile très ouvragé à Aix

Campanile de Saint-Jérôme à Digne

Campanile de l'hôtel de ville d'Orange

Campanile de Notre-Dame à Sisteron

Les styles architecturaux

Depuis les vestiges grandioses laissés par les Romains jusqu'à l'immeuble d'habitation où Le Corbusier appliqua en toute liberté ses théories, la région offre à l'amateur d'architecture un très large éventail d'édifices à découvrir. Du Moyen Âge subsistent de nombreuses églises romanes et trois superbes abbayes cisterciennes, tandis que les XVIe, XVIIe et XVIIIe siècles virent s'élever châteaux et hôtels particuliers. À partir du XIXe siècle, les développements urbain et touristique n'ont pas engendré que des réussites, en particulier sur le littoral. Plus récemment ils ont permis la restauration de villages vidés par l'exode rural.

Fontaine du XVIIIe siècle à Pernes-les-Fontaines

ARCHITECTURE ROMAINE (20 AV. J.-C.-400 AP. J.-C.)

Édifiés en blocs de calcaire provenant de carrières locales, arènes, arcs de triomphe et thermes témoignent dans toute la région des qualités de bâtisseurs des Romains.

Sculptures en haut relief

L'arc de triomphe de Glanum (p. 140-141) *servait à l'origine d'entrée à la plus ancienne des villes romaines de Provence. Des sculptures représentent la victoire de César sur les Gaulois et les Grecs.*

Colonnes doriques du premier étage

Chaque étage comporte 60 arcades

Les arènes de Nîmes, bâties au Ier siècle *(p. 132)*

La Maison Carrée de Nîmes *(p. 132)*

ARCHITECTURE ROMANE (XIe-XIIe SIÈCLE)

Au sortir de la période la plus noire du Moyen Âge s'élevèrent des édifices religieux aux formes pures inspirées de l'architecture antique. Les moines cisterciens, en particulier, créeront des chefs-d'œuvre de simplicité mettant en valeur l'harmonie des volumes et des jeux de lumière.

Arcs multiples

Bas-reliefs

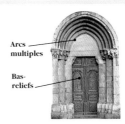

Ce portail d'église à la Seyne (p. 178) *offre un bel exemple d'architecture romane du XIIIe siècle, bien que la forme légèrement brisée des voussures s'éloigne déjà de la tradition la plus pure.*

Colonne avec départ de voûte

Motifs floraux stylisés

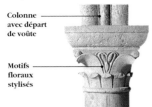

Chapiteau, abbaye du Thoronet *(p. 108)*

L'abbaye de Sénanque, fondée en 1148 *(p. 164-165)*

LA FIN DU MOYEN ÂGE (XIIIᵉ-XVIᵉ SIÈCLE)

Les guerres féodales et de religion conduisirent les Provençaux à se replier derrière les murs fortifiés de leurs cités, aux rues grossièrement pavées à caniveau central. Souvent, des passages souterrains reliaient les maisons.

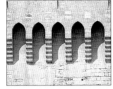

Tour de la Campana au palais des Papes *(p. 44-45)*

Rue de Saint-Martin-Vésubie *(p. 95)* dotée d'un caniveau central

Créneaux

Herse

Aigues-Mortes (p. 134-135), *construite par Saint Louis au XIIIᵉ siècle pour servir de base navale aux croisades, obéit à un plan strictement géométrique.*

ARCHITECTURE CLASSIQUE (XVIIᵉ-XVIIIᵉ SIÈCLE)

La richesse des ornements de portes et de fenêtres adoucit en Provence la rigueur du style classique né en Île-de-France au Grand Siècle.

Symbole de l'autorité

Arche ouvragée

Porte de style Régence

Pilier néo-classique

Le musée des Tapisseries d'Aix (p. 148) *possède une entrée richement sculptée.*

Le château de Barbentane (XVIIᵉ s.) **et son jardin à la française** *(p. 130)*

Pavillon de Vendôme d'Aix-en-Provence, détail *(p. 149)*

ARCHITECTURE MODERNE (1890-AUJOURD'HUI)

Si l'extravagance des villas et des hôtels de la Belle Époque a cédé la place à la simplicité d'édifices plus fonctionnels, certaines réalisations, en particulier musées ou édifices publics, font honneur à l'architecture contemporaine.

La Cité radieuse de Le Corbusier *(p. 152)*

Pavillon arrondi

Tour d'angle coiffée d'une coupole

L'hôtel Negresco à Nice *(p. 84)*

Le musée d'Art contemporain de Nice (p. 85) *date de 1990. Des passerelles vitrées relient ses tours imposantes.*

La Provence des artistes

L a limpidité et l'intensité de la lumière du
Midi donnent aux couleurs un éclat qui
a inspiré et fasciné la plupart des artistes les plus
créatifs des XIXᵉ et XXᵉ siècles. Cézanne, né à Aix,
puis Van Gogh ont tout deux tenté de saisir l'âme
de ses paysages. Si Claude Monet ne s'y installa
pas, il attira Renoir dès 1883. Bonnard, Signac et
Dufy suivirent, avant les deux géants du XXᵉ siècle,
Picasso et Matisse. Dans toute la région, de grands
musées, mais aussi les petites galeries, privées ou
publiques, qu'abrite presque chaque ville,
entretiennent cette tradition picturale.

Jean Cocteau *(1889-1963) passa
plusieurs années sur la côte et créa
son propre musée à Menton (p. 99).
La* Noce imaginaire *(1957) décore
un mur de la salle des mariages.*

Victor Vasarely *(1908),
maître du op art, restaura
le château de Gordes.
Ses œuvres sont exposées
à Aix-en-Provence (p. 149).*

Hans Van Meegeren
*(1889-1947), génial
faussaire de Vermeer, vivait à
Roquebrune (p. 98) quand la
supercherie fut découverte.*

**LA PROVENCE ET
LA CÔTE D'AZUR**

Gordes

Roquebrune

Menton

Arles

Aix-en-Provence

Martigues

St-Tropez

Vincent Van Gogh *(1853-1890)
passa à Arles (p. 144-146) et à Saint-
Rémy (p. 140-141) les deux années
les plus prolifiques de sa vie. C'est
pendant cette période qu'il peignit*
La Chaise de Van Gogh *(1888).*

Paul Cézanne *(1839-1906)
garda sa région natale,
le pays d'Aix (p. 148-149),
au cœur de son œuvre.*

Vallauris

Paul Signac *(1863-1935)
s'installa en 1892 à Saint-
Tropez (p. 118-122) où il
poursuivit ses recherches
pointillistes.*

Félix Ziem *(1821-1911) naquit en
Bourgogne. Ce grand voyageur retrouva le
romantisme de Venise, chère à son cœur, au
bord des canaux de Martigues (p. 147). Il y
peignit* Camargue, côté soleil.

Pablo Picasso *(1881-1973) réalisa
cette céramique,* Cabri *(1947),
à Vallauris où il s'initiait
à la poterie. Elle est exposée
aujourd'hui au musée
Picasso d'Antibes (p. 73).*

0   3 km

Marc Chagall *(1887-1985), dont l'œuvre est inspirée du folklore russe et de la Bible, vécut à Saint-Paul-de-Vence à partir de 1949*(p. 75).

Raoul Dufy *(1877-1953) appréciait les plaisirs de la Côte d'Azur qu'évoquent les palmiers et le ciel bleu de* La Jetée promenade *à Nice (1928, p. 80-85).*

• Vence

• Cagnes-sur-Mer

Nice

Henri Matisse *(1869-1954, p. 82-83) fit entrer la lumière du Midi jusque dans les scènes domestiques comme cet* Intérieur au phonographe *(1924).*

• Biot

Auguste Renoir *(1841-1919) vint chercher à Cagnes(p. 78) en 1906 un soulagement à ses rhumatismes. Il y renouvela son inspiration.*

Fernand Léger *(1881-1955) et ses œuvres monumentales sont à l'honneur dans le musée qui lui est consacré à Biot (p. 74).*

Antibes

Nicolas de Staël *(1914-1955), né en Russie, acheta à sa femme une maison dans le Luberon quand il connut le succès, mais préféra vivre à Antibes (p. 72) avec sa maîtresse. Ce* Paysage méditerranéen *date de 1953.*

LES ARTISTES DANS L'HISTOIRE

De grands artistes ont vécu dans la région bien avant l'époque moderne. Le Moyen Âge fut notamment marqué par le rayonnement des écoles d'Avignon et de Nice. La famille Bréa domina celle de Nice et ses œuvres décorent les églises de toute la région. Né à Marseille *(p. 150-152)*, le sculpteur Pierre Puget (1620-1694), dont les Atlantes ornent l'hôtel de ville de Toulon *(p. 112)*, fut un maître du baroque, tandis que le Grassois Jean Honoré Fragonard (1732-1806, *p. 66)* construisit une œuvre très sensuelle.

Crucifixion (1512) par Louis Bréa, monastère de Cimiez, Nice (p. 84)

La Provence des écrivains

Victor Hugo

En littérature, la Provence n'a pas inspiré que ses fils tels Jean Giono, Alphonse Daudet, Marcel Pagnol ou le prix Nobel Frédéric Mistral. Elle a aussi attiré beaucoup d'autres écrivains français et peut-être plus encore d'étrangers. Trop nombreux pour être tous cités, ils témoignent par leur diversité de la fascination exercée dans le monde entier par la région.

1895 Naissance à Manosque *(p. 182)* de Jean Giono qui immortalisera la haute Provence. À la fois réelle et imaginaire, la Provence aide à faire de son œuvre une des plus importantes de la littérature française du XXᵉ siècle.

Édition ancienne du Comte de Monte-Cristo

Alphonse Daudet

Frédéric Mistral

1869 Alphonse Daudet publie les *Lettres de mon moulin* qui ont Fontvieille *(p. 143)* pour cadre.

1870 Natif de Sisteron *(p. 178)*, Paul Arène publie *Jean des Figues*.

1844 Alexandre Dumas situe au château d'If de Marseille *(p. 152)* une partie du *Comte de Monte-Cristo*.

1904 Frédéric Mistral obtient le prix Nobel pour son poème *Mirèio*.

1840	1855	1870	1885	1900	1
1840	1855	1870	1885	1900	1

1862 Publication des *Misérables* de Victor Hugo dont les premiers chapitres se passent à Digne-les-Bains *(p. 180)*.

1871 J.-H. Fabre s'installe dans le Vaucluse et y écrit ses *Souvenirs entomologiques*.

1907 Le poète René Char naît à l'Isle-sur-Sorgue.

LES PRÉCURSEURS

Ce sont les troubadours provençaux qui inventèrent dans leurs ballades l'amour courtois dont s'inspira la littérature de toute l'Europe médiévale. Ils chantaient en provençal, langue qui berça l'enfance de grands auteurs anciens comme Pétrarque (1304-1374), auteur du *Canzoniere* écrit pour Laure de Noves, et Michel de Nostre-Dame né en 1503 à Saint-Rémy-de-Provence. Plus connu sous le nom de Nostradamus, il publie en 1555 ses *Centuries astrologiques* qui suscitent toujours maintes interprétations. Malgré les efforts du félibrige, école littéraire fondée en 1854 par sept poètes, dont Frédéric Mistral, le provençal n'est quasiment plus parlé aujourd'hui.

Laure de Noves

Edith Wharton

1915 Edith Wharton, l'auteur américain du *Temps de l'innocence*, se rend avec André Gide à Hyères *(p. 115)* où une rue porte son nom.

1887 Le journaliste Stephen Liegeard invente le terme « Côte d'Azur ».

1871-1893 Émile Zola publie *Les Rougon-Macquart*, vaste fresque qui se déroule en partie dans le pays d'Aix *(p. 148)*.

Émile Zola

Affiche du film tiré de
Gigi, œuvre de Colette

Marcel
Pagnol

1925 Colette achète à
Saint-Tropez *(p. 118-122)*
la maison *La Treille-Muscat*
qui figure dans certaines de
ses nouvelles.

1974 Marcel Pagnol,
qui avait tant chanté la
Provence, meurt à Paris.

1981 L'acteur anglais
Dirk Bogarde s'installe en
Provence et publie *Une
aimable occupation.*

1929 Giono publie
Colline. Gide salue
la naissance d'un
nouveau Virgile.

Lawrence Durrell

1985 Publication du
dernier volume du
Quintette d'Avignon
de l'Anglais
Lawrence Durrell.

1940
Naissance
à Nice de Jean-
Marie Le
Clézio.

Le Petit Prince *de Saint-
Exupéry*

1944 Antoine de Saint-Exupéry,
l'auteur du *Petit Prince* (1943),
disparaît en mission après avoir
survolé la villa de sa sœur à Agay.

1930	1945	1960	1975	1990
1930	1945	1960	1975	1990

1954 Françoise Sagan
décrit la jeunesse
bohème de Saint-Tropez
dans *Bonjour tristesse.*

1982 Graham
Greene dénonce
dans *J'accuse* la
corruption à
Nice.

Albert
Camus

Graham
Greene

1957 Albert Camus achète
une maison à Lourmarin
(p. 171) où il rédige son
autobiographie publiée
en 1994.

Les
Fitzgerald

1993 Anthony Burgess, auteur
du roman *Orange mécanique*
(1962), écrit sa dernière
œuvre à Monaco *(p. 90-95).*

1934 Publication par l'Américain Scott
Fitzgerald de *Tendre est la nuit* qui se
déroule sur la Côte d'Azur.

1926 Ernest Hemingway situe le *Jardin
d'Éden* à La Napoule *(p. 124).* Somerset
Maugham, l'auteur du *Fil du rasoir,*
achète au cap Ferrat *(p. 85)* la Villa
mauresque où il finira ses jours.

1922 Naissance à Manosque
de Pierre Magnan, auteur,
notamment, du *Sang
des Atrides.*

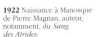

Somerset
Maugham

Malcolm McDowell dans le rôle
d'Alex, l'antihéros d'Orange
mécanique.

Les plages de Provence et de la Côte d'Azur

Des vastes étendues sauvages du delta du Rhône aux plages entièrement aménagées de la Côte d'Azur, en passant par les criques taillées dans les falaises varoises, le littoral provençal présente une étonnante diversité. Dans les Alpes-Maritimes prédominent les grandes agglomérations, telles Nice, Antibes et Cannes, à la fois villes animées et stations balnéaires. Plus à l'ouest, il est encore possible de trouver des lieux plus paisibles pour prendre le soleil et se baigner.

La Côte d'Azur, vantée par cette affiche des années 30 de Roger Broders, jouit toute l'année d'un climat doux et ensoleillé.

Les plages de la Camargue (p. 136-138), longues étendues souvent désertes, s'avèrent idéales pour les promenades à cheval mais sont en général dépourvues d'aménagements touristiques.

La Côte bleue est parsemée de ports de pêche, de pinèdes et d'élégantes résidences d'été.

Stes-Maries-de-la-Mer ①

Plage de Piémanson

Carry-le-Rouet

CÔTE BLEUE

Marseille

CAMARGUE

Bandol

Sanary

② CALANQUES ③

Les Calanques (p. 153), étroites échancrures dans les falaises blanches qui s'élèvent jusqu'à 400 m au-dessus de la mer à l'est de Marseille, sont restées préservées et sauvages.

Le cap Sicié, qui termine la presqu'île du même nom dans le Var, est le paradis des véliplanchistes à cause de la force du vent qui y souffle.

LES DIX MEILLEURES PLAGES

Pour bronzer ①
La plage de Piémanson, à l'est de la Camargue, assez isolée pour y pratiquer le nudisme.

Pour la plongée ②
Les Calanques et leurs eaux profondes.

Pour la pêche ③
Bandol et Sanary où les bateaux rentrent rarement bredouilles.

Pour le confort sans la foule ④
Le Lavandou, petite station proposant toutes les facilités.

Pour voir et se faire voir ⑤
Tahiti-Plage à Saint-Tropez, où se font et se défont les modes de la côte.

Pour la famille ⑥
Fréjus-Plage et Saint-Raphaël pour leurs plages propres, sûres et bien aménagées.

Pour voir des stars ⑦
Cannes, dont le port, les casinos, les palaces et les plages privées attirent les célébrités.

Pour les jeunes ⑧
Juan-les-Pins où bars et boîtes de nuit entretiennent une intense vie nocturne.

Pour les sportifs ⑨
La plage du Rhul à Nice où se retrouvent les amateurs de jet-ski et de parachute ascensionnel.

Pour l'hiver ⑩
Menton qui jouit d'un microclimat particulièrement clément tout au long de l'année.

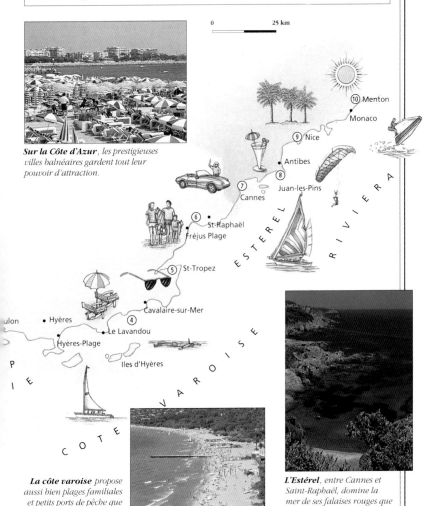

Sur la Côte d'Azur, les prestigieuses villes balnéaires gardent tout leur pouvoir d'attraction.

La côte varoise propose aussi bien plages familiales et petits ports de pêche que criques propices à la plongée sous-marine.

L'Estérel, entre Cannes et Saint-Raphaël, domine la mer de ses falaises rouges que creusent de profonds ravins et des anses isolées.

LA PROVENCE AU JOUR LE JOUR

Fleurs et senteurs font sans doute du printemps la saison la plus agréable pour visiter la Provence. Toutefois, c'est aussi l'une des plus pluvieuses.

Le 24 juin, les feux de la Saint-Jean marquent le début de l'été où des centaines de festivals, comme le célèbre Festival d'Avignon, proposent aux visiteurs toutes les formes de spectacles. Sur les marchés, fruits et légumes étalent leurs couleurs éclatantes tandis qu'embau-

Vendange au Moyen Âge

ment les plantes aromatiques. Souvent, des musiciens de rue participent à l'animation. Dans chaque village, la fête patronale offre l'occasion d'organiser repas, bals et défilés.

Vendanges et cueillette des champignons rythment l'automne. En hiver, on skie dans les stations de l'arrière-pays sous un ciel toujours bleu. Pour tous renseignements, contactez les offices du tourisme (p. 229).

Les premières fraises de l'année

PRINTEMPS

En mars, les amandiers perdent déjà leurs fleurs alors que les poiriers, les pruniers et les abricotiers se couvrent des leurs.
Le temps ne commence cependant réellement à se réchauffer qu'en avril quand apparaissent sur les étals les premières asperges. Dans les vignes, on débourgeonne les ceps afin qu'ils ne s'épuisent pas en rameaux inutiles. Thym, romarin, myrte et genêts fleurissent, parfumant le maquis de leurs senteurs enivrantes.

En montagne, partout l'eau ruisselle et les skieurs abandonnent les alpages aux randonneurs et aux marmottes sorties d'hibernation. Les prés se couvrent de fleurs multicolores. En mai, sur la côte, les plus courageux commencent à se baigner.

MARS

Exposition internationale de la fleur (fin mars-avril), Cagnes-sur-Mer (p. 78). L'une des nombreuses fêtes florales de la région.
Festin des Coucourdons (der. dim.), Nice (p. 84-85). La fête des coucourdons, petites calebasses locales.
Festival international de musique classique (mi-mars), Cannes (p. 68-69).

AVRIL

Procession des Limaces (Ven. saint), Roquebrune-Cap-Martin (p. 98). Des coquilles d'escargots transformées en lumignons éclairent les rues où des villageois costumés font revivre la mise au tombeau du Christ.
Feria pascale (Pâques), Arles (p. 144-146). Des Arlésiennes en costumes traditionnels dansent la farandole au son du tambourin et du galoubet pour célébrer le début de la saison tauromachique.

Fête des gardians (der. dim. d'avril), Arles (p. 144-146). Les gardians camarguais abandonnent leurs troupeaux pour rivaliser d'adresse dans les arènes.
Fête de la Saint Marc (fin avr.), Châteauneuf-du-Pape (p. 164). L'occasion de bénir les crus de l'année.

MAI

Pèlerinage des gitans et processions de sainte Sarah et des saintes Marie (24-25 mai), Saintes-Maries-de-la-Mer (p. 34-35).
Festival international du film (deux semaines en mai), Cannes (p. 68-69).
La Bravade (16-18 mai), Saint-Tropez (p. 34).
Grand Prix automobile de Formule 1 (week-end de l'Ascension), Monaco (p. 94). Le seul Grand Prix qui se court en ville. Impressionnant circuit de 3,145 km.
Feria (Pentecôte), Nîmes (p. 132-133). Les premières grandes corridas de l'année.

Acrobaties équestres à la fête des gardians d'Arles

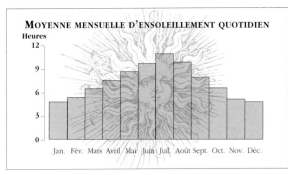

Moyenne mensuelle d'ensoleillement quotidien

Heures

Jan. Fév. Mars Avril Mai Juin Juil. Août Sept. Oct. Nov. Déc.

Ensoleillement

En général, l'été se passe sans un nuage jusqu'au 15 août, attention aux peaux délicates. Les hivers sont également ensoleillés, avec une lumière exceptionnelle, surtout quand souffle le mistral. Mais il apporte le froid.

ÉTÉ

Alors que toute l'Europe se retrouve sur les plages du littoral, les plus grands artistes du monde entier se produisent dans des centaines de festivals souvent organisés dans le cadre chargé d'histoire de splendides monuments. Lors des fêtes de villages, l'aïoli attire visiteurs et autochtones autour des tables dressées sous les platanes. Mais attention au rosé de Provence ! Mieux vaut le déguster à la fraîche, le soir, le moment le plus agréable pour un repas en terrasse.

JUIN

Fête de la tarasque *(der. dim.)*, Tarascon *(p. 140)*. Un défilé fait revivre le monstre légendaire que sainte Marthe, selon la tradition, dompta vers l'an 50.
Festival international d'Aix, Aix-en-Provence *(p. 148-149)*. Prestigieux programme de musique classique et d'opéra dans le théâtre de la cour de l'Archevêché.

JUILLET

Festival de la Sorgue *(fin juil., fin août)*, Fontaine-de-Vaucluse et l'Isle-sur-la-Sorgue *(p. 165)*. Concerts, spectacles, courses de bateaux et marchés flottant sur la rivière de la Sorgue.
Festival d'Avignon *(trois dernières semaines)*, Avignon *(p. 35)*.
Chorégies d'Orange *(deux*

Célébration de la Saint-Jean à Marseille

dernières semaines), Orange. L'acoustique d'un théâtre romain *(p. 162-163)* au service d'un festival d'opéra.
Jazz à Juan *(2e semaine)*, Juans-les-Pins *(p. 72)*. Un grand Festival international de jazz.
Festival de jazz *(mi-juil.)*, Toulon *(p. 112-113)*. Une semaine de concerts gratuits dans différents lieux à travers la ville.
Rencontres internationales de la photographie *(1re et 2nde sem.)*, Arles *(p. 144-146)*. Expositions, stages, débats, la photographie investit toute la ville. Un festival qui a donné naissance en 1982 à l'École nationale de la photographie.

La tarasque

AOÛT

Corso de la Lavande *(1er week-end)*, Digne-les-Bains *(p. 35)*.
Les Journées médiévales *(week-end avant l'Assomption)*, Entrevaux

(p. 187). Animations de rue, troubadours et villageois en costumes d'époque.
Fête du jasmin *(1er week-end)*, Grasse *(p. 66-67)*. Chars, musique et danses.
Procession de la Passion *(5 août)*, Roquebrune-Cap-Martin *(p. 98)*.
Le village fut guéri de la peste grâce à la Vierge en 1647.
Festival de musique *(tout le mois)*, Menton *(p. 98-99)*. Musique de chambre sur le parvis de l'église.

Une plage de la Côte d'Azur en été

MOYENNE MENSUELLE DES PRÉCIPITATIONS

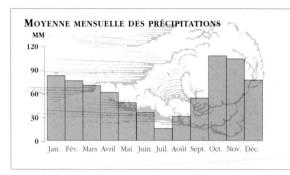

MM

120

90

60

30

0

Jan. Fév. Mars Avril Mai Juin Juil. Août Sept. Oct. Nov. Déc.

Précipitations

Le printemps mais plus encore l'automne sont les saisons les plus humides, en particulier à l'intérieur des terres. Les orages peuvent être d'une grande violence, surtout en novembre. Il ne pleut quasiment jamais en été jusqu'au 15 août.

AUTOMNE

Bien que l'automne soit en Provence la saison des pluies, il est souvent possible de profiter pendant le mois d'octobre de la mer et des plages désertées par les estivants. Alors que les touristes se font rares, ce sont les vendangeurs qui arrivent tandis qu'en Camargue commence la récolte du riz. Dans les Maures, les forêts se remplissent de chasseurs, de cueilleurs de champignons et de ramasseurs de châtaignes. Les plus belles d'entre elles deviendront marrons glacés. Dans le Var et le Vaucluse, chiens et cochons dressés traquent la truffe.

Pendant les vendanges, les grappes sont cueillies avec soin

Cochon truffier et son maître en haute Provence

SEPTEMBRE

Fête des prémices du riz *(déb. sept.)*, Arles *(p. 144-146)*. La fête de la récolte du riz coïncide avec les dernières corridas à l'espagnole.

Feria des vendanges *(2ᵉ semaine)*, Nîmes *(p. 132-133)*. Vin, danses et courses de taureaux.
Festival de la navigation de plaisance *(mi-sept.)*, Cannes *(p. 68-69)*. Des yachts du monde entier dans le port.
Fête du Vent *(mi-sept.)*, à Marseille *(p. 150-152)*. Des Cerfs-volants venant du monde entier décorent le ciel pendant deux jours près des plages du Prado.

OCTOBRE

Fête de Sainte-Marie-Salomé *(dimanche le plus proche du 22 oct.)*, Saintes-Maries-de-la-Mer. Procession similaire à celle du pèlerinage des gitans en mai *(p. 34-35)*.
Fiesta des Suds *(trois premières semaines d'oct.)*, Marseille *(p. 150-152)*. Fêtes, expositions et concerts au Port Autonome.
Les Oralies de haute-Provence *(deux dernières semaines)*, Valensole *(p. 183)*. Contes populaires mondiaux dans vingt villes.

Les rencontres du goût *(12-18 oct.)*, à Forcalquier *(p. 182)*. Concours de cuisine de terroir et dégustation.

NOVEMBRE

Fête du Prince *(19 nov.)*, Monaco *(p. 90-94)*. Défilés et feu d'artifice sur le port célèbrent l'indépendance de la principauté.
Marché aux Truffes *(tous les ven. du 27 nov. au 31 mars)*, Carpentras *(p. 164)*.

Festival international de la danse de Cannes

MOYENNE MENSUELLE DES TEMPÉRATURES

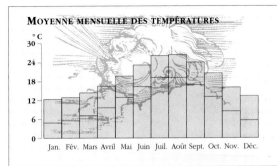

Jan. Fév. Mars Avril Mai Juin Juil. Août Sept. Oct. Nov. Déc.

Températures

Sauf pour se baigner, la chaleur en été peut s'avérer pesante et mieux vaut profiter des matinées et des soirées. Le temps se montre très variable en hiver et au début du printemps, le mistral pouvant faire baisser d'un coup la température de 10 °C.

HIVER

Aucune autre saison ne met plus en relief que l'hiver les contrastes de la Provence. Citrons et oranges mûrissent sur la Côte d'Azur tandis que fleurissent les bois de mimosas accrochés aux flancs de l'Estérel. Dans l'arrière-pays, on ramasse les olives en priant que le mistral ne se lève pas. La neige en montagne ravit les skieurs, de fond comme de piste. Et à Noël, santons et crèches vivantes entretiennent une tradition séculaire.

DÉCEMBRE

Foire aux santons *(tout le mois)*, Marseille *(p. 150-152)*. Du plus beau au plus anodin, l'occasion de constituer une crèche.
Fête du vin *(début décembre)*, Bandol *(p. 112)*. Dégustations gratuites lors d'une fête dont le thème change tous les ans et qui voit chaque producteur dresser son propre stand.
Festival international de la danse *(dernière semaine)*, Cannes *(p. 68-69)*. Un programme prestigieux de danse moderne.
Fête des bergers et messe de minuit *(24 déc.)*, Les Baux-de-Provence *(p. 142-143)*. Une cérémonie vieille de plusieurs siècles.

JANVIER

Rallye de Monte-Carlo *(fin janv., p. 92-93)*.
Festival du cirque *(fin du mois)*, Monaco *(p. 94)*. Les plus grands numéros de cirque du monde entier.

Soleil d'hiver dans les Alpes-de-Haute-Provence

FÉVRIER

Fête du citron *(fin fév.-début mars)*, Menton *(p. 98-99)*. Corsos fleuris et reconstitutions en agrumes de monuments.
Fête du mimosa *(3e dim.)*, Bormes-les-Mimosas

(p. 116-117). Chars et batailles de fleurs dans un beau village perché.
Carnaval de Nice *(tout le mois)*, Nice *(p. 34)*.

JOURS FÉRIÉS

Nouvel an (1er janv.)
Dimanche et lundi de Pâques
Fête du Travail (1er mai)
Jour de la Victoire (8 mai)
Ascension (6e jeu. après Pâques)
Pentecôte (2e lun. après l'Ascension)
Fête nationale (14 juillet)
Assomption (15 août)
Toussaint (1er nov.)
Armistice (11 nov.)
Noël (25 déc.)

Le Taj Mahal à la fête du citron à Menton

Fêtes et festivals

Les fêtes traditionnelles provençales n'ont en général pas perdu leur authenticité. Certaines entretiennent des rites païens, beaucoup s'enracinent dans la foi chrétienne, toutes témoignent d'un plaisir très méditerranéen à investir rues et places. Ce plaisir a gagné des *estrangers* issus du monde du spectacle qui ont décidé de créer de grands festivals. Voici, pour chaque département, la plus marquante des manifestations qui s'y déroulent.

Char du carnaval de Nice

LA CÔTE D'AZUR ET LES ALPES-MARITIMES

Célébration de la mort de l'hiver et de l'espoir de renaissance apporté par le retour du printemps, le carnaval est une des rares fêtes païennes que le christianisme n'a jamais réussi à assimiler. Le plus important de France, celui de Nice, était déjà en 1284 un événement auquel participait le comte de Provence.

Au XVIe siècle, son ampleur exigeait la nomination « d'abbés des fous » chargés de préparer les réjouissances, notamment les quatre bals réservés chacun à une classe sociale (nobles, marchands, artisans et pêcheurs).

Le XIXe siècle vit la manifestation perdre de son éclat et même disparaître vers 1850. C'est un peintre, Alexis Mossa, qui la ressuscitera en 1873 à la tête du comité des fêtes créé à cet effet. Il lui donnera la forme qu'elle a conservée aujourd'hui : celle d'un défilé de chars et de

Masques dans les rues de Nice

« grosses têtes » burlesques escortant Sa Majesté Carnaval Ier. Ce cortège commence à parader le week-end dans les rues de la cité trois semaines avant mardi gras, jour où le souverain de carton-pâte est immolé sur un bûcher dans le cadre d'un grand feu d'artifice. Illuminations, cavalcades, batailles de fleurs et de confettis, bals et soirées costumées complètent la fête dont le thème est chaque année différent.

LE VAR ET LES ÎLES D'HYÈRES

Les pétarades qui accompagnent de nombreuses célébrations, comme celle du nouvel an par exemple, dérivent en général de rites païens où ces détonations avaient pour fonction de faire fuir les mauvais esprits. Les décharges de mousquets et de tromblons qui ponctuent les bravades de Saint-Tropez *(p. 118-119)* rappellent plus

prosaïquement le passé militaire de la petite ville.

La première de ces bravades se tient du 16 au 18 mai et remonterait au XIIIe siècle. Elle coïncide avec la fête patronale, celle de saint Torpes, soldat romain converti au christianisme, martyrisé en 68 sous Néron. Déposé dans une barque avec un chien et un coq affamés, son corps s'échoua, miraculeusement intact, à l'emplacement où s'étend aujourd'hui la célèbre localité.

La cérémonie débute par la nomination du « capitaine de ville » puis la statue du saint est portée en procession dans les rues pavoisées de rouge et de blanc – et dans le vacarme de force salves d'armes anciennes –, jusqu'à la mer où mousquetaires et marins saluent les navires de la Flotte venus spécialement pour l'occasion.

Tout aussi bruyante, la seconde bravade célèbre le 15 juin la victoire remportée en 1637 par les Tropéziens contre 21 galère espagnoles.

Saint Torpes porté en procession pour la bravade

LES BOUCHES-DU-RHÔNE ET NÎMES

Selon la tradition, c'est sur le site des Saintes-Maries-de-la-Mer *(p. 138)*, en Camargue, qu'accosta la barque qui dérivait depuis la Judée avec à son bord Marie Jacobé, la sœur de la Vierge, Marie Salomé, mère des apôtres

Procession aux Saintes-Maries-de-la-Mer

Jacques et Jean, Marie-Madeleine, la pécheresse, Lazare, le ressuscité, sa sœur Marthe et enfin le futur évêque d'Aix : Maximin. Bien que les légendes varient quant au rôle que joua Sarah dans ce voyage (certaines l'y font participer en tant que servante), selon la version la plus répandue, elle accueillit les exilés sur la plage.

Quoi qu'il en soit, elle est devenue la sainte patronne des gitans, la Vierge noire, et le pèlerinage aux Saintes-Maries, le 24 mai, attire chaque année des caravanes venues de toute l'Europe. Ce jour-là, sa statue, couverte de bijoux, est sortie de la crypte de la petite église fortifiée de la ville et est portée en procession jusqu'au rivage en souvenir du jour où elle accueillit les saintes Marie. Le lendemain, fête de Sainte-Marie-Jacobé, une deuxième procession réunit gitans, gardians à cheval et Arlésiennes en costume traditionnel pour accompagner la barque des saintes jusqu'à la mer où l'évêque d'Arles la bénit tandis que cavaliers et montures se jettent dans les vagues.

Des réjouissances plus profanes suivent ces cérémonies religieuses : courses de chevaux et de taureaux, musique et danses se déroulent alors dans les rues et sur les plages.

Moins connue et donc beaucoup moins touristique, la fête de Sainte-Marie-Salomé, l'avant-dernier dimanche d'octobre, obéit au même rituel.

LE VAUCLUSE

Séduit par le décor de la cour d'honneur du palais des Papes d'Avignon *(p. 166-168)*, Jean Vilar, fondateur du Théâtre national populaire de Chaillot, propose en 1947 d'y donner des représentations théâtrales. Simple « Semaine d'art » à ses débuts, le Festival d'Avignon dure aujourd'hui près d'un mois en juillet et août et attire chaque année plus de 250 000 visiteurs. La plupart des monuments de la ville sont investis pour présenter théâtre, danse, cinéma, musique et expositions.

À côté de ces manifestations officielles, plus de 500 compagnies viennent à leurs risques et périls montrer

Lavande de Digne

leur travail dans le cadre du « festival off ».

Le spectacle est partout : dans des théâtres, des cinémas, des couvents, des hangars, des gymnases, des cours de lycée… et sur la place de l'Horloge, passage obligatoire des parades données par les comédiens pour allécher le spectateur.

Une immense fête mais mieux vaut réserver son hébergement.

LES ALPES-DE-HAUTE-PROVENCE

Agréable ville thermale, Digne-les-Bains *(p. 180)*, bien que comptant moins de 20 000 habitants, est une capitale : celle de la lavande. L'odorante fleur bleue, si typique de la Provence, pousse en effet en abondance sur les sols calcaire des Préalpes. En août, pour fêter la récolte, une grande manifestation rend honneur à cette importante production agricole de la région : le corso de la Lavande. Pendant quatre jours, défilés et réjouissances se succèdent sur le boulevard Gassendi où des étals proposent tout l'éventail des produits tirés de cette plante, du miel à la parfumerie.

C'est le dernier jour que défilent les chars. Un véhicule municipal les précède. Les rues sont aspergées d'eau de lavande.

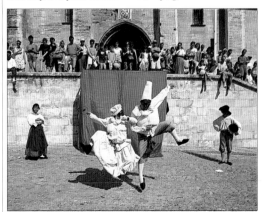
Théâtre en plein air au Festival d'Avignon

HISTOIRE
DE LA PROVENCE

L'implantation humaine dans cette région est très ancienne puisque les premières traces de feu domestique remontent à 700 000 ans. Le passage à l'élevage, puis à l'agriculture, s'y produit dès le VIIe millénaire av. J.-C. Les Grecs qui fondent Marseille vers 600 av. J.-C. importent la vigne. Simples marchands, ils ne cherchent pas à coloniser l'arrière-pays que contrôlent des tribus celto-ligures, mais ils pratiquent de nombreux échanges avec les Romains. Et ceux-ci se montrent plus conquérants. D'imposants édifices tels que le théâtre d'Orange ou le pont du Gard témoignent de la prospérité qu'ils surent donner à cette « province » de leur Empire.

Période troublée, le Moyen Âge voit le christianisme se propager et les villages

**Vierge à l'Enfant,
Aix-en-Provence**

s'implanter sur les hauteurs. Titulaire du comté de Provence à partir de 1246, la famille d'Anjou songe surtout à se tailler un royaume en Italie. Les villes en profitent pour augmenter leur influence. Au XIVe siècle, les papes s'installent en Avignon et leur cour entretient une riche vie artistique. Celle du roi René d'Anjou, à Aix, prend le relais au siècle suivant. Un an après sa mort en 1480, la Provence est incorporée au royaume de France. En 1720, une terrible épidémie de peste la ravage, et, en 1789, elle est une des premières provinces à se rallier à la Révolution.

Rendue populaire par les peintres fascinés par la qualité de sa lumière, la région développe sa vocation touristique à partir du XIXe siècle. Elle se tourne aujourd'hui vers des industries de haute technologie.

Plan de Marseille et de son port au XVIe siècle

La Provence des origines

Des galets taillés découverts à Roquebrune-Cap-Martin attestent d'une présence humaine dans la région il y a un million d'années. Différents sites, de la grotte de l'Observatoire à Monaco jusqu'à la grotte Cosquer dans les calanques de Cassis, témoignent de l'évolution de l'homme.

Statuette d'une déesse de la fertilité   Au début du premier millénaire av. J.-C., à l'époque de l'âge du fer, des Celtes viennent se mêler aux populations ligures locales.

Ils commercent avec les civilisations méditerranéennes, notamment les Étrusques. Vers 600 av. J.-C., des Grecs fondent Marseille.

Têtes celto-ligures
Cette sculpture provient d'un sanctuaire du IIIᵉ siècle av. J.-C.

Les bories de Gordes
s'inspirent d'une technique néolithique.

Portique celto-ligure (IIIᵉ s. av. J.-C.)
Les niches contiennent des têtes humaines.

La grotte des Fées sur le mont de Cordes, allée couverte de 45 m de long, est un bel exemple de sépulture collective.

Saint-Blaise a conservé des vestiges de fortifications et d'habitat grecs.

La grotte Cosquer, dont les peintures remontent à 30000 av. J.-C., ne s'atteint que par la mer.

LA FONDATION DE MARSEILLE

Vers 600 av. J.-C., l'implantation sur le littoral provençal de Grecs originaires d'Asie Mineure se fit en paix avec les tribus celto-ligures locales puisque, selon la légende, la fille du chef de l'une d'elles, Gyptis, choisit le capitaine des Phocéens, Protis, comme mari.

Les amphores trouvées dans les calanques de Marseille datent pour les plus anciennes de 1000 av. J.-C.

CHRONOLOGIE

1000000 av. J.-C. Outils de pierre façonnés à Roquebrune-Cap-Martin

400000 av. J.-C.
Le feu est domestiqué à Nice

60000 av. J.-C.
Présence de chasseurs néandertaliens sur la côte

1000000 av. J.-C.	5000	4000	3500

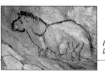

30000 av. J.-C. Apparition de l'Homo sapiens ; il décore la grotte Cosquer

Peinture rupestre de la grotte Cosquer

La vallée des Merveilles
Plus de 100 000 gravures piquetées de 1800 à 1000 av. J.-C. témoignent du dynamisme d'une civilisation de l'âge du bronze.

Les gravures de la vallée des Merveilles suggèrent que le mont Bego voisin était divinisé.

La grotte de l'Observatoire, à Monaco, a été habitée de 225000 à 25000 av. J.-C.

Le dolmen de la pierre de la Fée a suscité bien des légendes à Draguignan.

LES SITES DES ORIGINES DE LA PROVENCE

Si les traces d'habitat préhistorique les plus anciennes ont été retrouvées sur la côte, de nombreux vestiges témoignent de l'occupation de l'intérieur des terres dès la fin de l'âge de pierre.

Stèle sculptée
Cette stèle préhistorique dressée dans le Luberon est l'une des nombreuses à parsemer la Provence.

OÙ VOIR LA PROVENCE DES ORIGINES

La grotte de l'Observatoire, à Monaco *(p. 94)*, abrita un habitat préhistorique très ancien, tandis que les bories du Luberon *(p. 169)* offrent un bon exemple des premiers abris construits par l'homme. De nombreux musées archéologiques, tel celui de Nîmes *(p. 132)*, exposent les résultats des fouilles.

Village de bories à Gordes
Les techniques de construction de ces abris en pierres sèches (p. 169) sont millénaires.

Grotte de l'Observatoire
Ses habitants présentaient des caractéristiques communes avec des tribus d'Afrique du Sud.

2000 av. J.-C. Stèles anthropomorphes du Luberon. Sépultures du mont de Cordes

Hannibal traverse les Alpes

218 av. J.-C. Hannibal traverse la région en route vers l'Italie

3000	2500	2000	1500	1000	500 av. J.-C.

1800-1000 av. J.-C. Gravures de la vallée des Merveilles

600 av. J.-C. Fondation de Marseille par des marchands grecs

IIIᵉ s. av. J.-C. Confédération celto-ligure des Salyens

La Provence gallo-romaine

Mosaïque de Vaison-la-Romaine

Venus défendre Marseille, leur allié grec, les Romains fondent en 122 av. J.-C. leur première ville en Provence : Aquae Sextiae, la future Aix. Un siècle plus tard, ils ont conquis toute la région, pacifiquement souvent, et celle-ci prospère sous leur protection jusqu'au Vᵉ siècle. L'agriculture se développe, des villes s'élèvent : Nîmes, Arles, Fréjus ou Vaison-la-Romaine. Beaucoup ont conservé des monuments de cette époque et présentent des vestiges antiques dans leurs musées. Selon la légende, les premiers chrétiens accostent aux Saintes-Maries-de-la-Mer vers l'an 40.

Le pont Julien *(3 av. J.-C.)*
Magnifiquement conservé, il enjambe le Calavon à 8 km à l'ouest d'Apt.

Les deux temples
dédiés à Auguste et à ses fils adoptifs, Caius et Lucius, datent de 30 av. J.-C.

Sarcophage paléochrétien *(IVᵉ siècle)*
À Arles, l'ancienne nécropole romaine des Alyscamps (p. 146) renferme de nombreux sarcophages sculptés.

Arc de triomphe d'Orange
Les sculptures de ce monument construit vers 20 ap. J.-C. offrent un exemple typique, malgré d'importantes restaurations, de l'art de la Provence romaine.

La porte fortifiée fut bâtie par la communauté grecque qui occupa le site dès le IVᵉ siècle av. J.-C.

GLANUM
Cette reconstitution de la ville présente son aspect après sa reconstruction en 49 ap. J.-C., mais le site recèle des vestiges grecs et romains bien antérieurs.

CHRONOLOGIE

118 av. J.-C. Création de la *provincia* qui donnera son nom à la Provence
125 av. J.-C. Les romains défendent Marseille des attaques des Salyens

Marius

49 av. J.-C. Jules César assiège Marseille favorable à Pompée. Reconstruction de Glanum

40 av. J.-C. Vaison-la-Romaine est déjà une ville d'une grande richesse

100 av. J.-C.		1 ap. J.-C.		100

124 av. J.-C. Chute d'Entremont, capitale des Salyens

v. 122 av. J.-C. Fondation d'Aquae Sextiae, futur Aix-en-Provence

102 av. J.-C. Marius arrête une invasion teutonne lors d'une bataille qui fait plus de 200 000 morts

14 av. J.-C. Fin de la campagne d'Auguste contre des peuplades ligures

3 av. J.-C. Construction du pont Julien

v. 45 ap. J.-C. Selon la légende, les saintes Marie accostent en Camargue

Vénus d'Arles, IIᵉ siècle av. J.-C.

Les Saintes-Maries-de-la-Mer
*La ville (p. 138) qui s'étend
à l'endroit où, selon la
tradition, accostèrent
Marie-Madeleine,
Marie Jacobé et Marie
Salomé leur rend
honneur par son nom.*

OÙ VOIR LA PROVENCE GALLO-ROMAINE

Arles *(p. 144-146)* et Nîmes
(p. 132-133) sont les deux
villes qui ont conservé
l'ensemble le plus cohérent
d'édifices romains, mais
Orange *(p. 161)* et Vaison-la-
Romaine *(p. 158)* renferment
de superbes monuments et il
n'existe rien de comparable
au pont du Gard *(p. 131)* et
au Trophée des Alpes *(p. 89)*.

Le théâtre antique d'Orange
*Construit à flanc de colline, il
pouvait contenir plus de
10 000 spectateurs (p. 162-163).*

Cryptoportique
*Fondations du forum d'Arles,
ces galeries du Ier siècle av.
J.-C. servirent d'entrepôts au
Moyen Âge (p. 146).*

Les thermes
comprenaient 4 salles,
chacune à une
température
différente.

Le forum, centre commercial
et social de la cité, était
entouré d'un
portique.

Bijoux de Vaison-la-Romaine
*Les fouilles d'une
nécropole ont mis
au jour maints
trésors du
Ier siècle.*

Flacon
*L'usage d'objets
en verre ou en
céramique se
développa à
l'époque romaine.*

413 Les Wisigoths
s'emparent du
Languedoc

476 Fin de l'Empire
romain d'Occident

200	300	400	500

300 Capitale de la
province, Arles atteint le
faîte de son prestige

*Basilique Saint-
Victor fondée à
Marseille en 416*

La Provence médiévale

Enluminure d'un manuscrit du XIIIᵉ siècle

Passée sous suzeraineté franque en 536, la Provence connaît plusieurs siècles difficiles après la chute de l'Empire romain, subissant notamment les razzias des pirates sarrasins. À l'instigation des seigneurs, les villages perchés *(p. 18-19)* se multiplient. Jusqu'au XIIIᵉ siècle où la région devient un comté unique, l'absence d'un pouvoir fort favorise l'indépendance des communes. Églises et abbayes témoignent, avec les croisades, de la vigueur du christianisme.

Les remparts, achevés en 1300, 30 ans après la mort de Saint Louis, formaient un rectangle presque parfait de plus de 1,6 km de périmètre.

Saint roman
Le superbe portail du XIIᵉ siècle de l'église Saint-Trophime d'Arles (p. 144) *est orné de sculptures représentant des saints et des scènes du Jugement dernier.*

L'armée de Saint Louis comptait 35 000 hommes.

Saint Louis

Sainte Marthe et la Tarasque
Selon la tradition médiévale, la sainte, débarquée avec les saintes Marie, aurait réussi à dompter le monstre qui terrorisait Tarascon (p. 140).

LA SEPTIÈME CROISADE

Dans l'espoir de libérer la Terre sainte du sultan d'Égypte, Saint Louis mit voile en 1248 pour la Palestine depuis le port d'Aigues-Mortes *(p. 134-135)* qu'il avait fondé quelques années plus tôt.

CHRONOLOGIE

536 Tutelle franque de la Provence

736-739 Charles Martel réprime la rébellion d'Avignon, Marseille et Arles contre les Francs

855 Premier royaume de Provence

949 La Provence est divisée en 4 comtés

| 600 | 700 | 800 | 900 |

Enlèvement d'une Provençale par un Sarrasin

800 Premiers raids sarrasins

Charles le Chauve

924 Sac de Nîmes par les Magyars

Troubadours
Les troubadours provençaux inventèrent au Moyen Âge l'amour courtois, idéal pur et chaste des chevaliers.

OÙ VOIR LA PROVENCE MÉDIÉVALE

Églises et abbayes constituent les plus beaux témoignages de cette époque, en particulier les « trois sœurs » cisterciennes : Silvacane *(p. 147)*, Le Thoronet *(p. 108)* et Sénanque *(p. 164)*. Les villages perchés tels que Gordes *(p. 169)* et la spectaculaire citadelle des Baux-de-Provence *(p. 142)* rappellent quant à eux les troubles que connut la Provence au Moyen Âge.

Chapelle Notre-Dame-de-Beauvoir
Depuis Moustiers (p. 186), *un chemin de croix conduit à cette chapelle à la belle nef romane.*

1 500 navires levèrent l'ancre pour la Terre sainte le 28 août 1248.

Les Pénitents des Mées
Une légende en fait des moines pétrifiés pour avoir regardé des Sarrasines (p. 181).

Fresque de saint Christophe
Des peintures murales datant d'environ 1285 décorent la tour Ferrande de Pernes-les-Fontaines (p. 164).

L'abbaye de Silvacane
(1175-1230)
Elle fut la dernière des abbayes cisterciennes bâties en Provence.

Sceau de Simon de Montfort

974 Les Sarrasins chassés de la Garde-Freinet

1213 Défaite du comte de Toulouse et du roi d'Aragon à la bataille de Muret

1209 Croisade contre les albigeois menée par Simon de Montfort

1246 Charles d'Anjou devient comte de Provence en épousant Béatrix

1248 Saint Louis embarque pour la 7e croisade à Aigues-Mortes

1000	1100	1200	1300

1032 Rattachement de la Provence à l'Empire germanique

1096-1099 Première croisade

1112 Raymond Bérenger, comte de Barcelone, devient comte de Provence

1186 Aix capitale des comtes de Provence

1125 Partage de la Provence entre comtes de Toulouse et de Barcelone

1187 Découverte à Tarascon des reliques de sainte Marthe

1274 La papauté achète le Comtat Venaissin

1295 Mort de Guiraut Riquier, le « dernier troubadour »

1280 Invention des reliques de Marie-Madeleine à Saint-Maximin-la-Sainte-Baume

Avignon des papes

Sculpture du XIVe siècle, palais des Papes

L es conflits qui déchirent l'Italie au début du XIVe siècle conduisent les papes à abandonner Rome pour s'installer en Avignon. Sept souverains pontifes français, de 1309 à 1377, feront de la ville une grande capitale artistique et intellectuelle dont le rayonnement profite à toute la région. Cet « âge d'or » ternit pendant le Grand Schisme qui voit siéger deux papes à partir de 1378, l'un à Rome, l'autre en Avignon, puis s'éteint en 1417 quand la réunification de la Chrétienté se fait à Rome.

Le Palais-Vieux, à l'aspect austère et très militaire, fut bâti pour Benoît XII à partir de 1336.

Cloître de Benoît XII

Grand Tinel

Aile du Consistoire

Bargème, haut Var
Les bandes qui ravageaient la Provence forcèrent les villages à se fortifier.

Trône pontifical
La visite du palais des Papes permet de découvrir des copies du mobilier d'origine, tel ce trône en bois sculpté.

Cour d'honneur

Fresque des Prophètes
(1344-1345)
Originaire de Viterbe, Matteo Giovanetti assurera sous Clément VI le rayonnement de l'école d'Avignon.

CHRONOLOGIE

1327 Pétrarque aperçoit en Avignon celle qui deviendra sa muse : Laure

1316-1334 Règne de Jean XXII

1342-1352 Règne de Clément VI

Pièce frappée par Innocent VI

1352-1362 Règne d'Innocent VI

1310	1320	1330	1340	1350

1309 La papauté s'installe en Avignon

1334-1342 Règne de Benoît XII

1348 Clément VI achète Avignon

1349 Terre papale, le Comtat Venaissin devient un asile pour les juifs

Jean XXII

Mort de Clément VI
Il acheva la construction du palais des Papes et acheta la ville en 1348 pour 80 000 florins.

Où voir l'Avignon des papes

La cour pontificale, en attirant cardinaux, ambassadeurs et négociants, a suscité la construction, dans la ville et sa périphérie, de très nombreux édifices gothiques toujours debout aujourd'hui. Installé dans l'ancien palais épiscopal, le musée du Petit-Palais *(p. 168)* présente de nombreuses œuvres des artistes invités par les papes.

Chambre du Pape

Chambre du Cerf
Des fresques datant de 1343, notamment des scènes de chasse, la décorent.

La chartreuse de Villeneuve
Fondée en 1356 par Innocent VI, c'est la plus ancienne chartreuse de France (p. 130).

Chambre du Cerf

La Grande-Chapelle, longue de plus de 50 m, renferme l'autel des papes.

Le Palais-Neuf fut élevé pour Clément VI de 1342 à 1352.

Châteauneuf-du-Pape
Il ne reste aujourd'hui que des murs de la résidence de campagne des papes édifiée par Jean XXII en 1317 (p. 164).

Salle de Grande-Audience

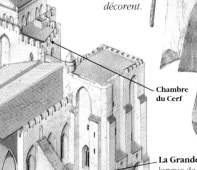

LE PALAIS DES PAPES
La construction de ce chef-d'œuvre gothique *(p. 168)*, résidence fastueuse à l'aspect de forteresse, dura de 1334 à 1352. De grands artistes, venus souvent d'Italie, participèrent à sa décoration.

Pétrarque
(1304-1374)
Le grand poète de la Renaissance passa de nombreuses années dans la capitale pontificale.

1362-1370 Règne d'Urbain V

1370-1378 Règne de Grégoire XI

1378-1394 Règne de l'antipape Clément VII

1403 Benoît XIII s'enfuit d'Avignon

1360	1370	1380	1390	1400

1363 Les Grimaldi reprennent Monaco

Urbain V

1377 La papauté retourne à Rome

1394-1409 Règne de l'antipape Benoît XIII

Benoît XIII

Le roi René et les guerres de Religion

Pietà, Notre-Dame-de-l'Assomption

D ans la seconde moitié du XVe siècle, René d'Anjou, comte de Provence et roi de Naples, fait d'Aix sa capitale. Mécène, il entretient une cour fastueuse et permet à l'école d'Avignon de continuer à s'épanouir malgré le départ des papes. En 1481, un an après sa mort, la Provence échoit au roi de France, Louis XI, ce qui lui vaut de voir déferler par deux fois les armées de Charles Quint. En 1545, le massacre des Vaudois calvinistes du Luberon annonce les guerres de Religion, les tueries et les destructions qu'elles provoqueront de 1562 à 1598.

Détail du triptyque
Il représente le château de Tarascon (p. 140) où René aimait résider.

Le roi René, qui était lui-même poète, peintre et musicien, favorisa les arts en Provence.

Nostradamus
L'auteur des Centuries astrologiques *(1555) naquit à Saint-Rémy* (p. 140-141) *en 1503.*

Massacre entre protestants et catholiques
Si les protestants furent les principales victimes des guerres de Religion, 200 catholiques périrent à Nîmes en 1567.

LE TRIPTYQUE DU BUISSON ARDENT
Peinte pour le roi René, représenté en prière, par Nicolas Froment vers 1476, cette œuvre marie les influences de la Renaissance italienne et de l'école flamande. Elle orne la cathédrale Saint-Sauveur d'Aix.

CHRONOLOGIE

1434-1480 Règne de René le Bon

Retable d'Avignon

1487 Les États de Provence ratifient l'union à la France

1501 Création du parlement de Provence

1425	1450	1475	1

1481 Charles du Maine, neveu de René et comte de Provence, lègue la Provence au roi de France

1496 Construction du port militaire de Toulon

Le roi René

L'Annonciation
Le Maître de l'Annonciation d'Aix, nommé d'après ce tableau où l'ange Gabriel porte des ailes de rapace, faisait partie des artistes dont s'entoura le roi René.

Le buisson, qui brûle sans se consumer, symbolise la virginité de Marie.

L'empereur Charles Quint peint par Titien
Entre 1524 et 1536, Charles Quint ravagea deux fois la Provence dans le cadre des « guerres d'Italie ».

Saint Jean, sainte Catherine et saint Nicolas se tiennent derrière la reine Jeanne.

Moïse écoute la parole de Dieu transmise par un ange.

Jeanne de Laval, représentée agenouillée, était la deuxième femme du roi René.

OÙ VOIR LA PROVENCE DES XVe ET XVIe SIÈCLES

Maints hôtels particuliers de cette période subsistent dans les vieilles rues d'Avignon *(p. 166-168)* et d'Aix *(p. 148-149)*, tandis que le musée Granet, aussi à Aix, possède plusieurs peintures religieuses de l'école provençale. À Marseille, le musée Grobet-Labadié *(p. 151)* présente d'intéressantes collections de meubles d'époque.

Château de Tarascon
Commencé par Louis II en 1400 sur le site d'une ancienne forteresse, ce château (p. 140) fut achevé par René, son fils.

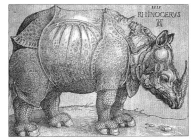

Gravure représentant un rhinocéros par Albrecht Dürer
Destiné au pape, le premier rhinocéros à poser la patte en Europe fit escale au château d'If (p. 152) de Marseille en 1515.

1524 Invasion par Charles Quint

1545 Massacre des Vaudois du Luberon

1577 Première savonnerie de Marseille

1598 L'édit de Nantes met fin aux guerres de Religion

1525	1550	1575	1600

1525 Les juifs du Comtat Venaissin contraints de porter un chapeau jaune

1562 Début des guerres de Religion

Martyr protestant

La Provence française

Au XVIIe siècle, la Provence, soucieuse de maintenir son autonomie, se révolte à plusieurs reprises contre l'autorité royale. Louis XIV met un terme à la dernière de ces rébellions en soumettant Marseille en 1660. L'époque ne connaît pas que des troubles. Les ports se développent et de luxueux hôtels particuliers s'élèvent sur de larges avenues nouvellement percées : les cours. La peste frappe toutefois en 1720. En 1789, la région entre en révolution avant même la prise de la Bastille.

Le pavillon de Vendôme
*Élevé en 1665 à Aix
(p. 148-149), pour Louis de
Mercœur, duc de Vendôme.*

**Le nombre
de victimes**
dépassa
100 000.

Construction navale à Toulon
*C'est Colbert qui fit agrandir
l'arsenal de ce port stratégique
en 1664. Le spectacle des
galériens enchaînés à leur rame
attirait badauds et promeneurs.*

Les corps
étaient transportés
en charrette jusqu'aux
fosses communes.

Crèche de santons
*Apparus après la fermeture des églises
pendant la Révolution, les santons
(« petits saints » en provençal) devinrent
rapidement très populaires.*

LA PESTE

Vue du cours pendant la peste de Michel Serre
montre les ravages de l'épidémie déclenchée
en 1720 par un navire venu de Syrie. Malgré les
mesures prises pour isoler la ville, où plus de
la moitié de la population mourut, la maladie
se répandit jusqu'à Aix, Arles et Toulon.

CHRONOLOGIE

1660 Louis XIV entre
dans Marseille

*Emblème du
Roi-Soleil*

1707 Échec du
siège anglais de
Toulon

1622 Louis XIII visite
Arles, Aix et Marseille

1696 La France rend
Nice à la Savoie

1625	1650	1675	1700

1646 Les juifs sont
confinés dans des
ghettos, notamment
à Carpentras

Louis XIII

1666 Début du
canal du Midi

1679 Vauban commence la
réfection du port de Toulon

1691 La France occupe Nice

1707 Eugène de
Savoie envahit la
Provence

La prise de Toulon
*Simple capitaine,
Napoléon Bonaparte
s'illustre en 1793 lors de
la prise de Toulon
qu'occupaient les Anglais.*

**Des palais
baroques** bordaient
le cours Belsunce
percé en 1670.

Des moines, conduits par
Jean Belsunce, l'évêque
de Marseille, portaient
secours aux mourants.

Sébastien Vauban
*Le brillant architecte
militaire de Louis XIV
fortifia les ports de
Toulon et d'Antibes.*

Faïence de Moustiers
*Ses décors délicats,
souvent ornés de
scènes pastorales,
sont célèbres depuis
le XVIIe siècle.*

OÙ VOIR LA PROVENCE DES XVIIe ET XVIIIe SIÈCLES

Avignon *(p. 166-168)* et Aix *(p. 148-149)* ont conservé quantité d'élégants hôtels baroques. Cavaillon *(p. 170)*, Forcalquier *(p. 182)* et Carpentras *(p. 164)* renferment synagogues et vestiges de ghettos. Joyaux du XVIIIe siècle, les jardins de la Fontaine offrent à Nîmes *(p. 132-133)* un superbe cadre de promenade.

Pots de pharmacie
La pharmacie de l'Hôtel-Dieu ouvert à Carpentras en 1762 renferme une remarquable collection de pots en faïence.

Fontaine du Cormoran *(1761)*
Parmi les 37 fontaines qui justifient le nom de Pernes-les-Fontaines (p. 164), *c'est l'une des plus belles.*

La peste à Marseille

1713 Le traité d'Utrecht cède Orange à la France
1718 Nice est intégré au royaume de Sardaigne
1720 La peste frappe Marseille et se répand en Provence
1771 Suppression du parlement d'Aix
1779 Démolition du mausolée romain d'Aix
1787 Mauvaise année pour la production de soie
1789 Émeutes dans les campagnes et à Aix, Arles et Avignon. Marseille forme une garde nationale
1791 Annexion à la France d'Avignon et du Comtat Venaissin
1792 Les fédérés envoyés par Marseille à Paris rendent populaire *La Marseillaise*
1793 En prenant Toulon, Napoléon Bonaparte accède à la gloire

1725 1750 1775 1800

La Belle Époque

Publicité pour le savon de Marseille, 1880

Au XIXᵉ siècle, les hivers doux de la Côte d'Azur commencent à attirer des têtes couronnées telles que le roi Léopold de Belgique, la reine Victoria ou l'impératrice Eugénie, épouse de Napoléon III. Cette clientèle princière et la cour qui l'entoure suscitent la construction de luxueux hôtels, de jardins exotiques et de splendides villas dans des cités comme Hyères, Cannes ou Nice. En même temps, la qualité de la lumière en Provence et la beauté de ses paysages attirent des peintres dont les œuvres contribuent à établir le renom de la région.

Frédéric Mistral
Défenseur de la culture et de la langue provençale, il obtint le prix Nobel en 1904.

Imprimerie à Marseille
Main-d'œuvre bon marché et activités portuaires facilitèrent le développement industriel de la ville.

Les tables étaient recouvertes d'un drap noir quand un joueur avait fait sauter la banque.

Parfumerie à Grasse
En modernisant ses techniques de production, Grasse sut s'imposer au XIXᵉ siècle comme la capitale du parfum.

LE CASINO DE MONTE-CARLO

État le plus pauvre d'Europe en 1850, Monaco *(p. 90-94)* attire à partir de 1865 une clientèle dont la richesse assurera, autour des tables de son casino, la prospérité de la principauté. Le tableau de Christian Bokelman révèle l'intérieur de l'édifice.

CHRONOLOGIE

1814 Napoléon accoste à Golfe-Juan

1830 Le tourisme s'étend autour de Nice

1861 Monaco vend Roquebrune et Menton à la France

1860 Nice vote son rattachement à la France

1820   1840   186

Paul Cézanne

1839 Naissance de Cézanne. Construction de la voie ferrée Marseille-Sète

1854 Création du félibrige, école littéraire provençale

1859 Mistral publie *Mirèio*, poème épique

Arrachage des vignes
Le phylloxera détruisit au XIXᵉ siècle la majorité du vignoble français.

Tourisme
Les bains de mer devinrent populaires après la Première Guerre mondiale.

Abondance de lustres ouvragés, de dorures et de marbres caractérisent les décors Belle Époque.

De célèbres courtisanes appartenaient à la haute société au même titre que leurs riches amants.

La Provence de Van Gogh
Lors de son internement à l'asile de Saint-Rémy-de-Provence (p. 140-141), l'artiste peignit des œuvres torturées.

OÙ VOIR LA PROVENCE DE LA BELLE ÉPOQUE

Si bon nombre des étonnantes villas bâties au tournant du siècle sur la Côte d'Azur ont été détruites, quelques-unes ont cependant subsisté, telles la villa Île-de-France qu'occupe le musée Ephrussi de Rothschild *(p. 86-87)* au cap Ferrat ou la villa Kérylos de Beaulieu *(p. 88)*. Cette ville conserve également une belle Rotonde. L'hôtel Negresco de Nice *(p. 84-85)* reste le plus remarquable des palaces de cette époque.

L'hôtel Carlton de Cannes
Construit en 1911, ce célèbre palace accueille toujours une clientèle huppée sur la Croisette (p. 68-69).

L'Opéra de Monte-Carlo
Dessiné en 1878 par Charles Garnier, grand maître du kitsch (p. 92-93) en 1878.

1879 Ouverture de l'Opéra de Monte-Carlo

Le casino de Monte-Carlo

1909 Un tremblement de terre ayant son épicentre à Rognes cause d'importants dégâts

1880	1900	1920

1869 Le train arrive à Nice ; le canal de Suez développe le trafic du port de Marseille

1888-1890 Van Gogh en Provence

1904 Mistral obtient le prix Nobel pour *Mirèio*

La Provence en guerre

La Première Guerre mondiale, qui dépeuple la région, accentue un mouvement déjà amorcé au siècle précédent : la désertification des campagnes. Mais elle n'interrompt qu'un temps le développement de Marseille, qui devient une grande cité industrielle, et celui du littoral où de riches Américains lancent la vogue du tourisme d'été. Pendant la Deuxième Guerre mondiale, la région n'est occupée par les Allemands qu'en 1942, mais les bombardements préparant le débarquement allié du 15 août 1944 endommagent de nombreuses villes, Toulon et Saint-Tropez notamment.

Tourisme
Les bains de mer et de soleil devenant à la mode, les stations de la Côte d'Azur attirèrent une clientèle plus variée et plus nombreuse. En 1931, deux frères fondent un village naturiste sur l'île du Levant.

Le Grand Prix de Monaco
Son circuit urbain fait de cette course, créée en 1929 à l'initiative du prince Louis II, l'une des plus spectaculaires et des plus dangereuses de la Formule 1.

Armes et munitions provenaient de parachutages par les Alliés.

Antoine de Saint-Exupéry
Écrivain et aviateur légendaire, il disparut lors d'un vol de reconnaissance le 31 juillet 1944 (p. 27).

LA RÉSISTANCE

Les maquis se multiplient en Provence à partir de 1942. Après avoir préparé le débarquement du 15 août 1944, la Résistance mènera la libération de Nice et participera activement à celle de Marseille.

CHRONOLOGIE

Coco Chanel

1930 D. H. Lawrence meurt à Vence

1925 Coco Chanel sur la Côte d'Azur. Frank Jay-Gould lance Juan-les-Pins.

1920	1925	1930

1924 Scott Fitzgerald passe un an sur la Côte d'Azur qui lui inspirera *Tendre est la nuit*

1928 Création du parc national de la Camargue

1930 Début du tournage, à Marseille, de la trilogie de Pagnol : *Marius, Fanny* et *César*

Scott Fitzgerald

Maints résistants
avaient à peine quitté
l'école. L'apprentissage
se faisait sur le terrain.

Marcel Pagnol *(1895-1974)*
Dans ses pièces, romans et films,
Pagnol a immortalisé la Provence
et ses habitants, des villes comme
des campagnes (p. 27).

OÙ VOIR LA PROVENCE DES ANNÉES 1920 À 1950

À Hyère, la villa Noailles
(p. 115) offre une occasion
rare de découvrir l'architecture
avant-gardiste de l'entre-deux-
guerres. Les collections du
musée naval de Saint-Tropez
(p. 122) et le musée d'Histoire
1939-45 de Fontaine-de-
Vaucluse *(p. 168)* évoquent les
faits d'armes de la Deuxième
Guerre mondiale et le
débarquement en Provence.

Débarquement allié
Accostant en plusieurs points de
la côte varoise le 15 août 1944,
les troupes alliées libèrent
Toulon le 29.

Les Deux Garçons, Aix
Churchill et Cocteau, entre
autres, fréquentèrent ce café
élégant (p. 148-149).

Citadelle de Sisteron
Bombardée par les Alliés en
1944, elle abrite un musée
retraçant son histoire (p. 178).

Exposition coloniale de Marseille
Elle témoigne du dynamisme
de la cité phocéenne au
sortir de la guerre de 14-18.

1942 Les Allemands occupent le Midi ;
la flotte française se saborde à Toulon

1940 L'armée occupe Menton

1943 Les nazis
détruisent le quartier du
Vieux-Port à Marseille

1935	1940	1945

1939 La guerre annule le
premier Festival de Cannes

1944 Débarquement
allié dans le Var et
libération de la Provence

*La libération
de Marseille*

La Provence moderne

Gendarme de Saint-Tropez

La généralisation des congés payés accélère dans les années cinquante le développement du tourisme non seulement sur le littoral, mais également à l'intérieur des terres où il s'appuie sur la richesse culturelle de la région : patrimoine architectural et festivals. Vignoble et fleurs assurent la survie de l'agriculture tandis que la création de technopoles attire des industries non-polluantes.

Port-Grimaud
Dessinée par François Spoerry en 1966, la « Venise provençale » est un des rares exemples de reconstitution de village réussie (p. 123).

Arrêt de bus par Philippe Starck
Nîmes a su conjuguer architecture ancienne et moderne.

Plage à Nice
Même les plages de galets ont leurs adeptes sur la Côte d'Azur.

Incendie
Les feux de forêt qui dévastent la région menacent parfois les villes.

CHRONOLOGIE

Grace Kelly

1946 Picasso installe son atelier au château Grimaldi d'Antibes

1952 Le Corbusier achève la Cité radieuse

1954 Mort de Matisse

1956 Roger Vadim tourne à Saint-Tropez *Et Dieu créa la femme* avec Brigitte Bardot

1956 Grace Kelly épouse Rainier III de Monaco

1959 Terrible inondation à Fréjus

1961 Exposition des artistes de l'école de Nice

1962 Barrages hydroélectriques sur la Durance

1962 Indépendance de l'Algérie – de nombreux rapatriés s'installent dans la région

Il y a trop d'art (1985) par le Niçois Ben

1950   1960

Aux sports d'hiver
Le ski devenant de plus en plus populaire (p. 96), la station Isola 2000 fut créée de toutes pièces en 1972.

La Colombe d'Or, Saint-Paul
Devenu chic et cher, cet établissement logea tant d'artistes que c'est un véritable musée (p. 75).

OÙ VOIR LA PROVENCE MODERNE

Parmi les réalisations architecturales modernes les plus intéressantes de la région figurent la Cité radieuse de Le Corbusier à Marseille *(p. 152),* le musée d'Art contemporain de Nice *(p. 85)* et le Carré d'art de Nîmes *(p. 132).* De vastes programmes de reconstruction dans des villes comme Saint-Tropez *(p. 118-122)* et Sainte-Maxime *(p. 123)* se sont efforcés d'intégrer nouveaux et anciens bâtiments.

Saint-Tropez
Il est souvent difficile de distinguer des vieux édifices de ceux bâtis après la guerre.

La Fondation Maeght
Sans rien de traditionnel, les bâtiments s'insèrent avec art dans le paysage provençal (p. 76-77).

Brigitte Bardot　　　**Kim Novak**

LE FESTIVAL DU FILM DE CANNES
Le premier devait commencer le 1er septembre 1939, finalement il aura lieu le 20 septembre 1946. Aujourd'hui, le Festival *(p. 68)* se produit en mai et le spectacle se déroule autant sur la Croisette et sur les plages que dans les salles.

1970 Achèvement de l'autoroute du Soleil

1973 Picasso meurt à Mougins

Picasso

1977 Inauguration de la première ligne de métro de Marseille

1981 Le TGV arrive à Nice

1982 Un Anglais, Graham Greene, dénonce la corruption à Nice

1994 Jacques Médecin meurt en Uruguay

Jacques Médecin

1970 ——————————— **1980** ——————————— **1990**

1971 La French Connection est démasquée

1970 Ouverture du complexe technologique de Sophia-Antipolis

TGV

1982 La princesse Grace meurt dans un accident de voiture

1990 Jacques Médecin, maire de Nice, s'enfuit en Uruguay

1992 Inondation de Vaison-la-Romaine

VOYAGES EN PROVENCE

La Provence d'un coup d'œil

Terre d'histoire qui a séduit les plus grands peintres modernes, la région recèle tant de trésors que même les plus ardents amateurs de soleil plongent tôt ou tard dans l'ombre de ses musées ou de ses monuments, tandis que les férus de culture attirés par ses festivals résistent rarement à la beauté sauvage de paysages comme les gorges du Verdon ou la Camargue. Voici une petite sélection de ses merveilles naturelles, architecturales et artistiques.

Avignon, à la splendide architecture médiévale *(p. 166-167)*

• Avignon

VAUCLUSE

Le théâtre romain d'Orange, superbement conservé *(p. 162-163)*

BOUCHES-DU-RHÔNE ET NÎMES

• La Camargue

Marseille •

La Camargue, espace naturel protégé *(p. 136-137)*

La basilique de Saint-Maximin-la-Sainte-Baume, sobre chef-d'œuvre gothique *(p. 110-111)*

0   20 km

Les îles d'Hyères, un paradis pour les promeneurs et les baigneurs *(p. 114-115)*

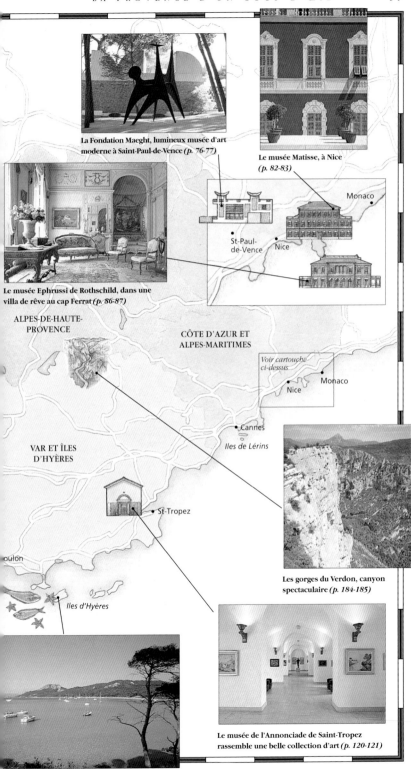

La Fondation Maeght, lumineux musée d'art moderne à Saint-Paul-de-Vence *(p. 76-77)*

Le musée Matisse, à Nice *(p. 82-83)*

Le musée Ephrussi de Rothschild, dans une villa de rêve au cap Ferrat *(p. 86-87)*

ALPES-DE-HAUTE-PROVENCE

CÔTE D'AZUR ET ALPES-MARITIMES

Voir cartouche ci-dessus

Monaco

Nice

Monaco

St-Paul-de-Vence

Nice

Cannes

Iles de Lérins

VAR ET ÎLES D'HYÈRES

St-Tropez

oulon

Iles d'Hyères

Les gorges du Verdon, canyon spectaculaire *(p. 184-185)*

Le musée de l'Annonciade de Saint-Tropez rassemble une belle collection d'art *(p. 120-121)*

La Côte d'Azur
et les Alpes-Maritimes

Aucune région n'évoque autant le luxe que la Côte d'Azur. Depuis 250 ans, elle a connu toutes les formes de tourisme et a vu s'installer d'innombrables artistes et mécènes. Et autant de promoteurs. Traditions méditerranéennes, avant-garde et tape-à-l'œil s'y fondent en une composition brillante mais parfois artificielle.

Dans le cadre superbe offert par les Alpes et l'Estérel à l'endroit où ils plongent dans la Méditerrannée, la Côte d'Azur jouit d'un micro-climat dont la douceur en hiver lui a valu d'attirer de riches étrangers dès le milieu du XVIIIᵉ siècle. Devenu l'élément moteur de sa croissance économique au siècle suivant, le tourisme a marqué son architecture, notamment à la Belle Époque où s'élèvent à côté des villes provençales de luxueux fronts de mer comme la Croisette de Cannes où la promenade des Anglais à Nice. Il a également marqué sa flore : importés, palmiers, mimosas et autres plantes exotiques prolifèrent.

La région n'attire pas cependant que d'opulents oisifs mais également beaucoup d'artistes tels que Picasso, Matisse ou Chagall. La richesse de ses musées en fait aujourd'hui le plus grand centre français d'art moderne après Paris.

Initié par les Américains à Juan-les-Pins en 1925, le tourisme d'été, qui connaît grâce aux congés payés un formidable développement après la guerre, a contribué, avec l'effort immobilier entrepris pour loger les rapatriés d'Algérie des années 60, à « bétonner » le littoral que borde désormais une station balnéaire presque ininterrompue. Il suffit toutefois de s'enfoncer de quelques dizaines de kilomètres dans les montagnes pour découvrir un arrière-pays plus authentique et une nature encore sauvage, notamment dans le Mercantour.

Détente sur la promenade des Anglais à Nice

◁ Le village de Roquebrune vu depuis le château

À la découverte de la Côte d'Azur et des Alpes-Maritimes

Comparé au littoral où se succèdent villes et stations balnéaires, l'arrière-pays paraît désert. À l'ouest, les Préalpes forment de longs gradins parallèles à la mer que surveillent depuis leurs pitons les villages perchés. Vers la frontière italienne, le massif alpin s'organise en plis orientés nord-sud que séparent vallées ou gorges. À deux heures de voiture de la côte, les stations de sports d'hiver proposent aux skieurs leurs remontées mécaniques, et le parc du Mercantour (p. 97) offre aux randonneurs ses paysages protégés tels que la vallée des Merveilles.

CIRCULER

Trois grandes voies parallèles longent la côte entre Cannes et Nice : la route du bord de mer et la N7, qui traversent les villes, et l'autoroute A8 qui les contourne et rejoint Vintimille. Trois corniches relient en outre Nice à l'Italie. La grande corniche passe par La Turbie, la moyenne par Èze et la basse corniche par les agglomérations côtières. Le train ne dessert que le littoral et Grasse, mais il existe des liaisons régulières par autocars, en particulier vers le proche arrière-pays. De l'aéroport, navettes, taxis et bus conduisent aux principales villes de la région.

Voiliers au mouillage dans le port d'Antibes

LE DÉPARTEMENT D'UN COUP D'ŒIL

0   10 km

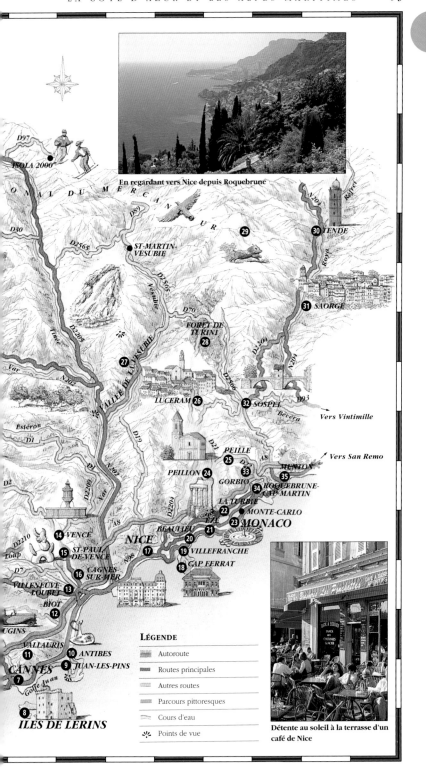

En regardant vers Nice depuis Roquebrune

LÉGENDE

Autoroute	
Routes principales	
Autres routes	
Parcours pittoresques	
Cours d'eau	
Points de vue	

Détente au soleil à la terrasse d'un café de Nice

Les gorges supérieures du Cians

Les gorges du Cians ❶

Nice. Touët-sur-Var. Nice, Touët-sur-Var, Valberg. Valberg (04 93 23 24 25).

Depuis Beuil, à 1 480 m d'altitude, le Cians dévale 1 350 m de dénivelée en 25 km, creusant des gorges spectaculaires dans les roches rouges du massif du Mercantour. Après deux cluses particulièrement impressionnantes, les sapins cèdent la place aux oliviers et le torrent atteint Touët-sur-Var, village fortifié accroché à flanc de montagne. Au sommet, l'église enjambe une cascade visible depuis l'intérieur par une trappe (fermée par une grille) dans le sol de la nef.

Avant de devenir une agréable station de sports d'hiver appréciée des skieurs de fond, **Beuil** fut au XVIe siècle la capitale des Grimaldi de Beuil, cousins de ceux de Monaco *(p. 91)*, seigneurs peu appréciés de leurs domestiques. L'un d'entre eux se fit trancher la gorge par son barbier et un autre poignarder par son valet. Le dernier, Hannibal, fut étranglé par deux esclaves maures.

Les pierres du château, rasé en 1621, servirent à la construction de la chapelle Renaissance des Pénitents-Blancs et de l'église Saint-Jean-Baptiste, élevée en 1687, qui renferme une belle *Adoration des mages* datant d'environ 1640.

Puget-Théniers ❷

Carte routière E3. 1 700. 202 route nationale (04 93 05 00 29).

Au confluent du Var et de la Roudoule, ce village, dominé par les ruines du château des Trainières, forteresse des Grimaldi détruite en 1691, a conservé des maisons très anciennes, certaines à auvents et linteaux sculptés. C'est au XIIIe siècle que les Templiers bâtirent l'église **Notre-Dame-de-l'Assomption**, mais son portail gothique date du XVe siècle et la voûte a été remaniée au XVIIIe. Le retable de la Passion (1515-1520), placé à l'entrée, d'inspiration flamande et dont Matthieu d'Anvers dirigea peut-être l'exécution, et le polyptyque de Notre-Dame de Secours (1525) par Antoine Ronzen font sa réputation.

Sur une place ombragée bordant la nationale se dresse l'*Action enchaînée* d'Aristide Maillol (1861-1944), monument à la mémoire de Louis Auguste Blanqui. Né à l'hôtel de ville de Puget-Théniers en 1805, ce théoricien socialiste joua un rôle de premier plan pendant la Commune. Ses idées, qui eurent une grande influence sur l'évolution du syndicalisme, lui valurent 36 années d'emprisonnement.

***L'Action enchaînée*, à Puget-Théniers**

Saint-Cézaire-sur-Siagne ❸

Carte routière E3. 2 500. Hôtel de ville (04 93 60 84 30). mar. et sam.

Dominant la vallée encaissée de la Siagne, Saint-Cézaire s'étend sur un site occupé avant même la colonisation romaine. Le village actuel s'est constitué autour de la **chapelle du Cimetière** bâtie au XIIIe siècle. Superbe exemple de roman provençal en calcaire blanc, elle abrite un sarcophage gallo-romain découvert aux environs. Du sanctuaire, un sentier mène jusqu'à un beau point de vue.

Moins remarquable, l'église Saint-Cézaire qui domine la place principale date du XVIIIe siècle. Elle a conservé son maître-autel

***Notre-Dame de Secours* (1525) par Antoine Ronzen, Puget-Théniers**

et une grande partie de sa décoration d'origine.

Au nord-est du village, les **grottes de Saint-Cézaire** s'enfoncent sous la colline de la Blaque. Portant des noms évocateurs tels que salle des Draperies, chambre de l'Orgue ou alcôve des Fées, leurs salles souterraines renferment un ensemble étonnant de concrétions calcaires d'une grande variété. Certaines possèdent une remarquable musicalité comme le montre le guide pendant la visite.

Grottes de Saint-Cézaire-sur-Siagne

Saint-Cézaire-sur-Siagne. 04 93 60 22 35. de fév. à mai, oct. : ap.-midi seul., de juin à sept. : t.l.j.

À l'intérieur des grottes de Saint-Cézaire-sur-Siagne

Le village de Gourdon sur son éperon rocheux

Gourdon ❹

Carte routière E3. 🚗 395.
ℹ pl. de l'Église (04 93 09 68 25).

Fondé au XIe siècle au bord d'une falaise particulièrement spectaculaire, Gourdon, exemple tellement typique de village perché provençal (p. 18-19) est devenu un pôle touristique envahi de boutiques de souvenirs et de produits locaux.

Son château mérite toutefois une visite. Bâti au XIIIe siècle puis reconstruit vers 1610, il renferme deux petits musées privés : le **Musée historique**, qui présente notamment quelques belles peintures et une collection d'armes, et le **musée d'Art naïf** dont la collection comprend des

œuvres de 1925 à 1970, notamment un portrait réalisé par le Douanier Rousseau.

Dessinés par André Le Nôtre au XVIIe siècle, ses jardins en terrasses, consacrés en partie à la flore alpine, offrent une vue superbe sur la vallée du Loup et sur la côte jusqu'à Antibes. Un panorama qu'égale seulement le point de vue au sommet du village auquel conduisent des ruelles bordées d'élégantes façades en pierre.

L'église, en partie romane, date du XIIe siècle mais a été remaniée à la fin du XVIe.

🏛 Musée historique et musée d'Art naïf

Château de Gourdon. 04 93 09 68 02. de juin à sept. : t.l.j. ; d'oct. à mai : du mer. au lun. l'après-midi seulement.

CIRCUIT DES GORGES DU LOUP

Au sortir de Grasse en direction de Nice, prendre la D3 à Pré-du-Lac jusqu'à Gourdon qui domine du haut de son éperon rocheux, les gorges creusées par le Loup. Après le village, la D3 les longe à flanc de colline, en offrant des vues superbes.

La D6, que l'on rejoint au bout de 6,5 km, juste avant Bramafan, permet de redescendre le cours du torrent et de découvrir le saut du Loup, célèbre marmite de géants, et la cascade des Demoiselles dont l'eau calcaire a blanchi la végétation environnante. Un peu plus loin, c'est la cascade de Courmes, haute de 40 m, puis Pont-du-Loup d'où la N210 mène à Vence en passant par Tourrette-sur-Loup.

Cette jolie petite ville reconstruite au XVe siècle a gardé son tracé médiéval. Capitale de la violette peuplée d'artisans, elle possède une église du XIIIe siècle agrandie au XVIe qui renferme un triptyque de l'école de Bréa.

La cascade de Courmes, haute de 40 m

Grasse ❺

Carte routière E3. 🚶 45 000. 🚌
ℹ️ *cours Honoré-Cresp (04 93 36 66
66).* 🕐 *du mar. au dim.*

A
u Moyen Âge, Grasse,
dont l'arrière-pays est
essentiellement tourné vers
l'élevage, se consacre à la
tannerie. À la fin du XVIᵉ siècle,
la production de parfum se
développe, car le climat se
prête à la culture des fleurs et
plantes aromatiques. Devenue
la capitale mondiale de la
parfumerie, la ville importe
désormais l'essentiel de sa
matière première, mais la fête
du jasmin *(p. 31)* reste le grand
événement de l'année. Depuis
1989, le **musée international
de la Parfumerie** retrace
3 000 ans de cet art subtil.

La **cathédrale Notre-
Dame-du-Puy**, bel édifice
roman, abrite une œuvre de
jeunesse de Jean Honoré
Fragonard (né à Grasse en
1732) : *Le Lavement des pieds.*
Elle voisine avec 3 tableaux
de Rubens dont *Le
Couronnement d'épines*
et *La Descente de Croix.*
Fragonard est également à
l'honneur dans la **villa-musée
Fragonard** où sont surtout
exposées un triptyque de
Louis Bréa et des pièces
d'orfèvreries. Deux autres
musées méritent la visite :
le **musée de la Marine** et
le **musée d'Art et d'Histoire
de la Provence** qui présente
des reconstitutions d'intérieurs
traditionnels.

🏛 **Musée international de
la Parfumerie**
8, place du Cours. 📞 *04 93 36 80
20.* 🕐 *de juin à sept. : t.l.j. ; de oct. à
mai : du mer. au lun.* ⬤ *jours fériés.*
📷 ♿

🏛 **Musée de la Marine**
2, bd Jeu-de-Ballon. 📞 *04 93 40 11
11.* 🕐 *de juin à sept. : t.l.j. ; oct. et
de déc. à mai : du lun. au sam.* ⬤ *1ᵉʳ
mai, 25 déc., 1ᵉʳ jan.*

🏛 **Villa-musée Fragonard**
23, bd Fragonard. 📞 *04 93 36 02 71.*
🕐 *de juin à sept. et du 9 déc. à mai :
du mer. au lun.* ⬤ *jours fériés.*

🏛 **Musée d'Art et d'Histoire
de Provence**
2, rue Mirabeau. 📞 *04 93 36 01 61.*
🕐 *de juin à sept. : t.l.j. ; oct. et de
déc. à mai : du mer. au lun.* ⬤ *jours
fériés.* 📷

Le musée international de la
Parfumerie de Grasse

Mougins ❻

Carte routière E3. 🚶 13 000. 🚌 ℹ️
av. Charles-Mallet (04 93 75 87 67).

V
illage perché *(p. 18-19)* sur
un site occupé depuis
l'époque romaine, Mougins a
conservé une partie de son
enceinte médiévale, en
particulier une porte à
mâchicoulis : la porte sarrasine.
C'est aujourd'hui un lieu de

villégiature recherché et un
centre gastronomique dont la
réputation doit beaucoup au
Moulin de Mougins *(p. 210-
211)* de Roger Vergé.

Picasso adopta, pendant ses
dernières années, la superbe
colline où se dresse la **chapelle
Notre-Dame-de-Vie**. Dans ce
sanctuaire, les enfants mort-nés
« ressuscitaient » le temps d'être
baptisés : mais en 1730, ce
rituel fut interdit par l'évêché.

Le **musée de la
Photographie** possède une
belle collection permanente de
clichés de Brassaï, Doisneau et
Lartigue, qui vit dans le village
voisin d'Opio, tandis qu'à 5 km
du centre le **musée de
l'Automobiliste** présente
environ cent voitures
anciennes et modernes.

🏛 **Musée de la Photographie**
Porte Sarrasine. 📞 *04 93 75 85 67.*
🕐 *juil.-sept. : t.l.j. l'après-midi ; oct.
et de déc. à juin : du mer. au dim. l'après-
midi.* 🕐 *1ᵉʳ mai, 1ᵉʳ nov.*
🏛 **Musée de l'Automobiliste**
Aire des Breguières, autoroute A8.
📞 *04 93 69 27 80.* 🕐 *de mi déc. à mi-
nov. : t.l.j.* 📷 ♿

Jacques-Henri et Florette Lartigue, musée de la Photographie, Mougins

Les parfums de Provence

Les odeurs que dégageaient au Moyen Âge les tanneries qui faisaient la richesse de Grasse étaient certainement moins agréables que celles qui s'échappent aujourd'hui de ses parfumeries. Un lien historique unit cependant ces deux activités : la mode des gants parfumés, introduite en France au XVIᵉ siècle par Catherine de Médicis, qui poussa la ville vers sa vocation actuelle.

Catherine de Médicis, 1581

Les champs alentours se couvrirent alors de fleurs aromatiques. Aujourd'hui, elles proviennent pour l'essentiel de l'étranger et Grasse, concurrencée par le prestige des grandes marques parisiennes, ne produit quasiment plus que les essences et extraits utilisés par les « nez » de Guerlain, Yves Saint Laurent, etc. Elle est toutefois la capitale mondiale de cette industrie.

Cueillette du jasmin

La récolte avant le traitement

CRÉATION D'UN PARFUM

Les huiles essentielles à la base des parfums s'extraient par entraînement à la vapeur ou par l'utilisation de solvants. L'un des procédés les plus anciens, l'enfleurage, consiste à mélanger des fleurs à la matière grasse pour que cette dernière s'imprègne de leurs arômes.

L'entraînement à la vapeur consiste à placer au-dessus d'eau portée à ébullition, sur la grille d'un alambic, des fleurs, ou d'autres éléments végétaux tels que feuilles, écorce ou gomme. Les composés volatiles qui se mêlent à la vapeur sont ensuite récupérés par condensation.

De très importantes quantités *de fleurs sont nécessaires à la fabrication des extraits de parfum. Par exemple, il faut près d'une tonne de jasmin pour obtenir un seul litre d'essence.*

Un grand parfum *est toujours l'œuvre d'un « nez », un spécialiste, et un créateur, doté d'un sens olfactif exceptionnel. À partir d'accords de base comme l'origan (œillet et violette), le « nez » devra, tel un musicien, mettre en harmonie jusqu'à 300 essences et extraits différents pour composer un nouveau parfum.*

Cannes ❼

C'est à un noble anglais, lord Brougham, que Cannes doit sa fortune. Alors qu'il se rendait à Nice en 1834, une épidémie de choléra le contraignit à s'arrêter dans ce petit port de pêche. La beauté de sa baie qu'enserrent les îles de Lérins, l'Estérel et les Préalpes l'enchanta tant qu'il se fit construire une villa et vanta la localité à ses compatriotes. Aujourd'hui, tourisme et commerce de luxe constituent les activités principales de la ville non seulement l'été, mais tout au long de l'année grâce aux nombreux congrès et festivals qui s'y déroulent tels le Midem ou le célèbre Festival international du film *(p. 30)*.

Cannes : la plage et le Carlton

À la découverte de Cannes

Le boulevard de la Croisette où se pressent en mai tant de célébrités longe la rade de Cannes sur presque tout son pourtour. Il part à l'est de la pointe de la Croisette où la mer cerne le Palm-Beach. L'artère longe ensuite le port Canto et le square Verdun, équipé de jeux pour enfants, avant de passer devant les palaces : Martinez, Carlton, Hilton et Majestic. Ces grands hôtels possèdent leurs propres plages dotées de bars et de restaurants. Ils ne sont pas les seuls, une grande partie de la longue plage de sable bordant la Croisette est privée et il faut louer parasol et matelas pour s'y installer. Il existe cependant des endroits où l'accès est gratuit, notamment près du **palais des Festivals** érigé en 1982 entre les pelouses de l'esplanade des Alliés et le vieux port où les amateurs de voile rêveront devant les splendides bateaux à quai.

Devant le port s'étendent les allées de la Liberté ombragées par de grands platanes. Au pied de la statue de lord Brougham et d'un kiosque à musique Belle Époque, elles accueillent tous les matins un marché aux fleurs et le samedi un marché à la brocante.

Bordant les allées au nord, la rue Félix-Faure prolonge la rue d'Antibes, l'artère commerçante de Cannes, celle qui regroupe le plus grand nombre de boutiques de luxe. C'est toutefois dans la rue Meynadier, parallèle à la rue Félix-Faure, que les Cannois viennent faire leurs achats dans des magasins aux étals chargés de produits régionaux.

Elle conduit au **marché Forville**, beau marché couvert très animé le matin quand de nombreux producteurs locaux viennent proposer légumes, fruits, fleurs, miel ou fromages.

À l'ouest, au-dessus du port, s'élève la colline du Suquet où s'étend la vieille ville dont ruelles et placettes, bordées de nombreux restaurants, ont gardé leur cachet provençal.

L'église Notre-Dame-d'Espérance la domine. Construite de 1521 à 1648 dans le style gothique, elle renferme quelques belles statues en bois sculptés datant du XIVᵉ au XVIIIᵉ siècle. À Noël, des crèches animées ravissent les enfants.

♿ Palais des Festivals et des Congrès

1, la Croisette. ☏ *04 93 39 01 01.* 🛈 *04 93 39 24 53.*

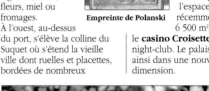

Empreinte de Polanski

Inauguré en 1982, cet immense édifice de béton et de verre construit en bordure du port avait pour ambition d'évoquer un bateau, mais son aspect massif lui valut de se voir surnommer le bunker dès le premier Festival du film qui s'y déroula. À gauche du grand escalier d'honneur que gravissent les vedettes pour assister aux projections officielles, l'allée des étoiles aligne le long de la verrière les empreintes de la main droite de célébrités du cinéma.

Le palais renferme un auditorium de 2 300 places, un théâtre de 1 000 places, un espace d'exposition de 24 000 m², un immense salon de réception avec l'espace Riviera récemment ouvert 6 500 m²) et le **casino Croisette** et son night-club. Le palais entre ainsi dans une nouvelle dimension.

Les modèles Carla Bruni et Karen Mulder au 47ᵉ Festival du film de Cannes

Le vieux quartier du Suquet domine le port de Cannes

MODE D'EMPLOI

Carte routière E4. 🗺 *69 000*.
🚆 *rue Jean-Jaurès*. 🚌
ℹ *place de l'Hôtel-de-Ville*
ℹ *Palais des Festivals (04 93 39
24 53)*. 🎬 *Festival du film : mai*.

🏛 Musée de la Castre

Château de la Castre, Le Suquet.
📞 04 93 38 55 26. ◯ de fév. à déc. :
du mer. au lun. ⬤ jours fériés. 📷
Fondé en 1877 et installé dans les
ruines de l'ancien château
(castrum) qui lui vaut son nom,
il présente de belles collections
archéologiques et ethnologiques,
illustre l'histoire de Cannes
par des peintures du XVIIIe
au XXe siècle et propose
des expositions
temporaires
dans la chapelle
Sainte-Anne,
sanctuaire
cistercien du
XIIe siècle. Ancienne
tour de guet élevée
à partir de 1070, la
tour de la Castre offre du haut
de ses 22 m un large panorama
sur la rade et l'Estérel.

🏨 Hôtel Carlton

58, la Croisette. 📞 04 93 06 40 06.
Voir Hébergement p. 196.
Conçu et édifié en 1911 par
Henri Ruhl, cet édifice
caractéristique de la Belle
Époque comporte 338 chambres
et suites. Selon la légende, son
architecte se serait inspiré des
seins de la Belle Otéro,
courtisane qui avait conquis
son cœur, pour dessiner la
courbe des deux coupoles
noires qui coiffent la façade.
À l'intérieur, l'immense salle
à manger a conservé
colonnades, plafond décoré et
ornements rococo d'origine.
Symbole du luxe et du confort
poussés à leur extrême,
le Carlton a
déchaîné des
passions. En
1944, un
correspondant du
New York Times
exigea du
commandant
chargé de libérer la
ville qu'il protège à tout prix
ce qu'il considérait comme le
plus bel hôtel du monde.

Le comble du luxe

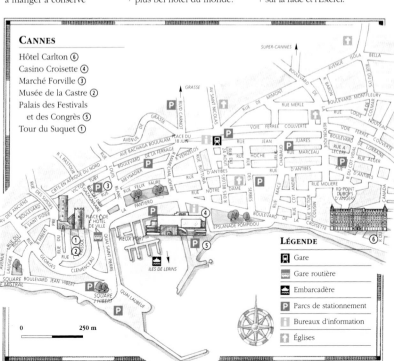

CANNES

Hôtel Carlton ⑥
Casino Croisette ④
Marché Forville ③
Musée de la Castre ②
Palais des Festivals
et des Congrès ⑤
Tour du Suquet ①

0   250 m

LÉGENDE

🚆 Gare

🚌 Gare routière

⛴ Embarcadère

🅿 Parcs de stationnement

ℹ Bureaux d'information

⛪ Églises

Les îles de Lérins ❽

oyaux de verdure tranchant sur le bleu de la mer à moins d'un kilomètre de la pointe de la Croisette, les îles de Lérins offrent un lieu de promenade pour oublier, à l'ombre des eucalyptus et des pins, l'agitation de la Côte d'Azur. L'histoire leur a donné des vocations bien différentes. En 410, saint Honorat fonde sur la plus petite un monastère dont le rayonnement influencera toute la Chrétienté au haut Moyen Âge. Aujourd'hui, l'île appartient toujours à des moines. Site stratégique, la plus grande, Sainte-Marguerite, se hérisse en 1624 d'un château qui se transforme en Fort royal, puis en prison d'État en 1685. On y visite le cachot du mystérieux Masque de fer.

Liqueur « Lérina »

★ **Le Fort royal**
Bâti sous Richelieu sur des plans de Vauban, à partir de 1637, il abrite un musée de la Mer.

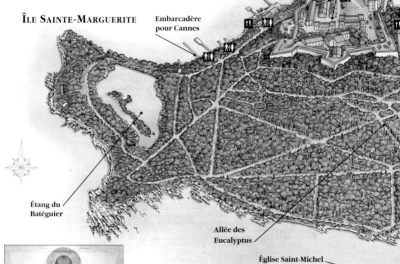

ÎLE SAINTE-MARGUERITE

Embarcadère pour Cannes

Étang du Batéguier

Allée des Eucalyptus

Église Saint-Michel

ÎLE SAINT-HONORAT

Chapelle Saint-Sauveur

Saint Honorat et les saints de Lérins
Cette icône décore l'église de Lérins.

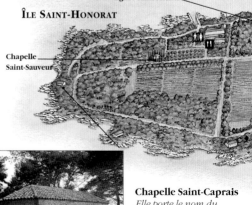

Chapelle Saint-Caprais
Elle porte le nom du disciple qui débarqua avec saint Honorat en 410.

0　　　　　　1 km

Le Masque de fer
L'identité du prisonnier enfermé au Fort royal en 1687 a suscité bien des hypothèses mais reste un mystère.

Vestiges archéologiques
Des fouilles près du Fort ont révélé des mosaïques, des peintures murales et des céramiques datant du IIIe siècle av. J.-C.

Allée du Grand-Jardin

Allée de la Convention
De larges sentiers ombragés sillonnent les deux îles et longent leurs côtes.

Chapelle Saint-Cyprien

Chapelle de la Trinité

Église de Lérins
Construite en 1875, elle incorpore la chapelle des Morts (Xe siècle) de l'ancienne église.

★ **Le monastère fortifié**
Bâti en 1073 par l'abbé Aldebert pour se défendre des Sarrasins, il commande une vue portant jusqu'à l'Estérel.

À NE PAS MANQUER

★ **Le Fort royal**

★ **Le monastère fortifié**

Juan-les-Pins 9

Carte routière E3. *80 000 (commune d'Antibes).* *51, bd Guillaumont (04 92 90 53 05).*

Les îles de Lérins et la pointe de la Croisette ferment à l'ouest le golfe Juan où débarqua Napoléon au retour de l'île d'Elbe. Le cap d'Antibes le ferme à l'est. Presqu'île boisée où de luxueuses propriétés se cachent au milieu des pins, il culmine au phare de la Garoupe dressé près de la chapelle Notre-Dame-du-Bon-Port (XIIIe-XVe siècle) et d'un point de vue où une table d'orientation permet de se repérer jusqu'en Italie.

Au creux du golfe se niche Juan-les-Pins. En lançant dans les années 20 cette station balnéaire aux plages de sable fin, le milliardaire américain Frank Jay Gould attira de nombreux musiciens de jazz pour des fêtes qui duraient toute la nuit. La tradition s'est maintenue et l'été voit rues et cafés encore plus bondés le soir que le jour, surtout pendant le Festival de jazz *(p. 31)*.

Yachts au port d'Antibes

Juan-les-Pins le soir

Antibes 10

Carte routière E3. *80 000.* *11, place du G^al^-de- Gaulle (04 92 90 53 00).* *du mar. au dim.*

Fondée au Ve siècle av. J.-C. par des marchands grecs, Antipolis s'intègre très tôt à la province romaine qui deviendra la Provence. En se donnant à la Savoie en 1388, le comté de Nice en fait la frontière orientale du royaume de France que François Ier, Henri IV puis Vauban fortifient. Préservés côté mer, les remparts d'Antibes forment une agréable promenade du port jusqu'à l'ancien bastion Saint-André où le **musée d'Histoire et d'Archéologie** évoque le passé de la cité de la préhistoire à nos jours.

Dans la vieille ville, l'**église de l'Immaculée-Conception**, bien que remaniée au XVIIe siècle, conserve une abside et un transept romans (XIIe s.). Elle renferme le retable du Rosaire (1515) attribué à Louis Brea.

Non loin, le château des Grimaldi, seigneurs d'Antibes de 1385 à 1608, abrite désormais le **musée Picasso**. Outre un ensemble extraordinaire de peintures, dessins et céramiques du célèbre artiste, il possède une riche collection d'art moderne et comprend un jardin de sculptures. Une *Déposition de Croix* (1539) d'Antoine Aundi orne sa chapelle. Sur le cours Masséna se tient le matin un splendide marché couvert.

Au carrefour de la N7 et de la route de Biot, **Marineland** présente des numéros d'otaries et de dauphins dressés.

Musée Picasso
Château Grimaldi. *04 92 90 54 20.* *du mar. au dim.* *jours fériés.*

Musée d'Histoire et d'Archéologie
Bastion Saint-André. *04 92 90 54 35.* *du mar. au dim.* *jours fériés.* *limité.*

Marineland
306, av. Mozart, La Brague. *04 93 33 49 49.* *t.l.j.*

Vallauris 11

Carte routière E3. *24 000.* *square du 8-mai-1945 (04 93 63 82 58).* *du mar. au dim.*

La poterie fait le renom de Vallauris depuis le XVIe siècle, et plus encore depuis l'installation de Picasso vers 1950. Deux de ses œuvres, *L'Homme au mouton* (1943), statue ornant la place du marché, et *La Guerre et la Paix* (1952), fresque de 125 m² au **musée Picasso**, témoignent de ce passage. Le **musée Magnelli** présente des œuvres de Magnelli (1888-1971) et une riche collection de céramiques.

Céramique de Vallauris

Musée Magnelli
Place de la Libération *04 93 64 16 05.* *du mer. au lun.*

Musée Picasso
Place de la Libération. *04 93 64 98 05.* *mer. au lun.* *jours fériés.*

Picasso à 78 ans alors qu'il vivait à Mougins

Pablo Picasso (1881-1973)

Né à Malaga, en Espagne, Pablo Picasso, après avoir résidé à Montmartre, découvrit Juan-les-Pins en 1920 ; il vécut et travailla à partir de 1946 à Golfe-Juan, Vallauris, Antibes et Cannes avant de s'installer à Mougins où il mourut à l'âge de 92 ans. Ce géant de l'art du XXe siècle, fondateur du cubisme avec Georges Braque disait lui-même : « Je ne cherche pas, je trouve. » Comme l'illustre bien la collection du château Grimaldi, son génie s'exprima dans de nombreux modes de création : sculpture, peinture, dessin ou céramique.

Violon et Partition (1912), papier collé exposé à Paris, date des recherches de Picasso sur la représentation de l'espace.

Les Demoiselles d'Avignon *(1907), tableau qui se trouve désormais à New York, jetaient les bases du cubisme qui allaient révolutionner l'art moderne.*

La Joie de vivre *(1946) illustre bien l'état d'esprit de Picasso pendant la période où il travailla à Antibes. Le centaure et la ménade dansant au son de sa flûte symbolisent le couple qu'il formait alors avec Françoise Gilot.*

La Chèvre *(1946), exposée également à Antibes, révèle toute l'énergie de son dessin.*

L'Homme au mouton *(1943) orne la place du marché de Vallauris, ville où se trouve également* La Guerre et la Paix *(1951).*

Biot ⓬

Carte routière E3. 🏘 *7 000*. 🚏
🚉 🛈 *46, rue St Sébastien (04 93 65 78 00)*. 🎪 *mar. et ven.*

Cédé en 1209 aux Templiers, occupé un temps par des voleurs de grands chemins, Biot connut un Moyen Âge tourmenté dont subsistent la place des Arcades (XIIIe et XIVe siècle), des vestiges des remparts, telle la porte des Migraniers (1566), et l'église, d'origine romane mais remaniée au XVe siècle, qui renferme deux superbes retables.

Plus qu'à ses potiers, qui entretiennent une tradition séculaire, c'est à la **verrerie de Biot** que le village doit son renom. Sa visite permet d'admirer les maîtres verriers à l'ouvrage.

Dans la plaine, le **musée Fernand Léger** se dresse dans la propriété qu'avait achetée l'artiste peu avant sa mort en 1955. L'édifice, dessiné en fonction de l'immense mosaïque de la façade et du somptueux vitrail du hall, présente dans un cadre aéré plusieurs centaines de ses œuvres.

Détail de la mosaïque de la façade est du musée Fernand-Léger, Biot

🏛 **Musée Fernand Léger**
Chemin du Val-de-Pôme. 📞 *04 92 91 50 30*. ◐ *du mer. au lun.* ● *1er jan., 1er mai, 25 déc.* 📷 ♿

Auguste Escoffier, né à
Villeneuve-Loubet

🏛 **La Verrerie de Biot**
Chemin des Combes. 📞 *04 93 65 03 00.* ◐ *t.l.j.* ● *25 déc.* ♿

Villeneuve-Loubet ⓭

Carte routière E3. 🏘 *15 000*. 🚏
🛈 *16, av. de la Mer (04 93 20 20 09)*.
🎪 *mer. et sam.*

Dominé par son château médiéval au donjon pentagonal, propriété de la famille de Villeneuve, ce vieux village vit naître Auguste Escoffier (1846-1935), cuisinier pour César Ritz et dans les plus grands palaces d'Europe, et créateur de la pêche Melba. Sa maison natale abrite depuis 1966 la **Fondation Auguste-Escoffier**

qui dresse notamment un tableau des évolutions de la gastronomie française au travers de 5 000 menus remontant pour certains à 1820.

🏛 **Fondation Auguste-Escoffier**
1, rue Escoffier. 📞 *04 93 20 80 51.* ◐ *de déc. à oct. : du mar. au dim, l'après-midi seulement.* ● *jours fériés.* 📷

Vence ⓮

Carte routière E3. 🏘 *17 000*. 🚏
🛈 *place du Grand-Jardin (04 93 58 06 38)*. 🎪 *mar. et ven.*

Ancienne cité romaine, Vence accueillit un évêché dès le Ve siècle. Au XIIIe siècle, le comte de Provence céda la ville à la famille de Villeneuve, et un de leur château, reconstruit au XVIIe siècle, domine toujours la place du Frêne qu'ombrage l'arbre planté à l'occasion de la visite de François Ier en 1538. L'édifice s'adosse à l'enceinte médiévale qui enserre la vieille ville. Il abrite le musée Carzou et la **Fondation Émile-Hughes** où se tiennent des expositions temporaires d'art moderne.

Depuis la place du Frêne, les remparts se franchissent par la porte du Peyra qu'orne une fontaine en forme d'urne (1822).

Un autre château des Villeneuve, dont les origines remontent au XIIIe siècle, se dresse sur la place Clemenceau que bordent également l'hôtel de ville, bâti en 1908 à la place du palais épiscopal, et la cathédrale de la Nativité de la Vierge.

LA VERRERIE DE BIOT

L'ingénieur céramiste Éloi Monod fonda en 1956 la verrerie de Biot où travaillent aujourd'hui près de 80 personnes. La visite des ateliers permet de suivre chaque étape de la fabrication des objets soufflés que produit l'entreprise dans un matériau très particulier, le verre bullé, obtenu par adjonction de carbonate de soude à la pâte en fusion. Parmi ces objets figurent les *ponons*, carafes traditionnelles au long bec conique.

Située hors du centre, la **chapelle du Rosaire** présente une décoration entièrement réalisée par Matisse. De hauts vitraux baignent de lumière les compositions murales, grands dessins au trait noir sur céramique blanche.

Le château Notre-Dame-des-Fleurs, demeure du XIXᵉ siècle, abrite depuis 1993 la **galerie Beaubourg**. Ce lieu est une étape incontournable de l'art contemporain sur la côte d'Azur où les maîtres de l'École de Nice côtoient les plus grands artistes.

🏛 **Fondation Émile-Hughes**
Château de Villeneuve. 📞 *04 93 24 24 23.* ⏰ *du mar. au dim.* ⊗ *1ᵉʳ mai.* 🈺
🏠 **Chapelle du Rosaire**
Av Henri-Matisse. 📞 *04 93 58 03 26.* ⏰ *mar. et jeu. ; lun., mer., sam., ap.-midi. Messe dim. 10 h et visite 10 h 45.* 🈺 ♿
🏛 **Galerie Beaubourg**
Château Notre-Dame-des-Fleurs, 2600 route de Grasse. 📞 *04 93 24 52 00.* ⏰ *du lun. au sam.* ⊗ *jan., fév. et lun. en hiver.* 🈺

Saint-Paul-de-Vence ⑮

Carte routière E3. 👥 *3 000.* 🚉 *Vence.* 🛈 *2, rue Grande (04 93 32 86 95).*

Saint-Paul-de-Vence est l'exemple même du village perché *(p. 18-19)* provençal construit au Moyen Âge. En 1537, François Iᵉʳ fit fortifier les remparts. Sa célébrité actuelle est née dans les années 1920 quand des artistes tels que Modigliani, Soutine et Bonnard remercièrent Paul Roux, propriétaire de l'auberge de la **Colombe d'or** *(p. 211)*, de son hospitalité en lui donnant des œuvres. Devenu un véritable musée où sont exposées, entre autres, des toiles de Miró, Braque et Matisse, l'établissement accueillit de très nombreux artistes. Yves Montand et Simone Signoret y donnèrent leur repas de noce.

Depuis la porte de Vence, la rue Grande traverse le village. Bordée de belles maisons des XVIᵉ et XVIIᵉ siècles, elle passe par la place de la Grande-Fontaine, rafraîchie par sa fontaine (1850) en forme d'urne et au lavoir voûté, avant d'atteindre la porte de Nice qui mène au cimetière. Chagall repose sous les cyprès de ce lieu paisible qui offre une belle vue.

L'église, ou collégiale, associe un chœur roman du XIIᵉ siècle à des bas-côtés gothiques et un clocher élevé en 1740. Elle renferme une peinture de sainte Catherine d'Alexandrie attribuée à Lemoine ou au Tintoret. À côté, le **musée d'Histoire** présente notamment des personnages de cire en costumes d'époque.

À 1 km du centre, sur la colline des Gardettes, la **Fondation Maeght** *(p. 76-77)* est l'un des plus beaux musées d'art moderne d'Europe.

🏛 **Musée d'Histoire de Saint-Paul**
Place de l'Église. 📞 *04 93 32 41 13.* ⏰ *t.l.j.* ⊗ *25 déc. et 1ᵉʳ janv.* 🈺

Simone Signoret et Yves Montand à Saint-Paul-de-Vence

Entrée de la chapelle du Rosaire décorée par Henri Matisse à Vence

La Fondation Maeght

À la demande d'Aimé et de Marguerite Maeght, l'architecte espagnol Josep Lluis Sert a dessiné ce musée avec pour premier souci le respect du paysage. Sans chercher à imiter le style provençal, les bâtiments bas en béton et brique rose épousent le terrain et multiplient les échanges entre l'intérieur et les terrasses plantées de pins parasol. Sur les toits, deux vasques recueillent l'eau de pluie pour alimenter les bassins et des « pièges à lumière » offrent un éclairage indirect aux œuvres de la collection permanente et des expositions temporaires qui attirent chaque année 250 000 visiteurs.

★ La cour Giacometti
Son cadre dépouillé met en valeur la vie qui anime les longues silhouettes sculptées par Alberto Giacometti, tel L'homme qui marche I *(1960).*

La Vie *(1964)*
Dans ce tableau plein d'amour, Marc Chagall unit les grandes étapes de l'existence humaine dans une danse joyeuse qu'accompagnent musiciens, acrobates et clowns.

Les Poissons, bassin à la céramique dessinée par Georges Braque en 1962.

Les Renforts *(1965)*
Ce « stabile » d'Alexander Calder, aussi immuable que ses mobiles sont légers, est l'une des sculptures qui accueillent les visiteurs.

L'Été *(1909)*
Pierre Bonnard passa les 22 dernières années de sa vie en Provence et devint un ami proche d'Aimé Maeght. Matisse appelait Bonnard « Le meilleur d'entre nous ».

Les toits en quart de cylindre ne laissent jamais entrer le soleil mais baignent les salles d'une lumière uniforme.

La Partie de campagne *(1954)*
Fernand Léger porte un regard unique sur ce thème très classique.

MODE D'EMPLOI

Saint-Paul-de-Vence. 📞 04 93 32 81 63. ⏰ juil.-sept. : 10 h à 19 h ; oct.-juin : 10 h à 12 h 30, 14 h 30 à 18 h. 📷 🅿
Librairie.

★ Le labyrinthe de Miró
L'Oiseau lunaire (1968) est l'une des nombreuses statues et céramiques du dédale créé par Joan Miró dans le jardin.

L'oiseau dans le feuillage *(1961)*
L'oiseau de Georges Braque est niché dans un feuillage fait de papier journal. Braque participa activement à la création de la Fondation mais mourut avant son inauguration en 1964

SUIVEZ LE GUIDE !
La collection permanente ne comprend que des œuvres du XXᵉ siècle dont seules les sculptures des jardins restent constamment exposées. Les œuvres présentées à l'intérieur changent régulièrement et laissent la place en été à de grandes expositions temporaires.

La chapelle Saint-Bernard, bâtie en mémoire du fils des Maeght mort à 11 ans, en 1953, est ornée d'un Christ du XVᵉ siècle éclairé par un vitrail de Braque.

Entrée principale et renseignements

À NE PAS MANQUER

★ La cour Giacometti

★ Le labyrinthe de Miró

L'atelier de Renoir aux Collettes

Cagnes-sur-Mer ⓰

Carte routière E3. 🏃 *43 000*. 🚃
🚌 🛈 *6, bd Maréchal-Juin (04 93 20 61 64).* 🌊 *du mar. au dim.*

D es trois quartiers qui composent Cagnes-sur-Mer : le Cros-de-Cagnes (port de plaisance et lieu de villégiature), le Logis (la ville moderne) et le Haut-de-Cagnes (vieux village), c'est sans conteste ce dernier qui mérite le plus une visite. Entouré de remparts du XIIIᵉ siècle, il abrite au cœur d'un dédale de ruelles et de passage voûtés le **château Grimaldi**, l'église Saint-Pierre, dont une des nefs est gothique et l'autre baroque, et de belles demeures anciennes telles que le logis de la Goulette édifié en 1515.

En 1907, le peintre impressionniste Auguste Renoir (1841-1919) acheta à Cagnes le domaine des Collettes et y fit construire la maison où il finit ses jours. Acquise en 1960 par la ville, elle abrite désormais le **musée Renoir** qui présente, outre le décor dans lequel vécut l'artiste, notamment ses objets personnels, onze de ses toiles et des œuvres de ses amis Bonnard et Dufy. Le vaste jardin planté d'agrumes, d'oliviers centenaires et de rosiers renferme la grande *Vénus Victrix* en bronze sculptée par Renoir en 1914.

🏛 **Musée Renoir**

19, chemin des Collettes. 📞 *04 93 20 61 07.* ⏰ *de déc. à fin oct. : du mer. au lun.* 🔴 *jours fériés.* 🚫

Le château Grimaldi

F orteresse bâtie vers 1310 par Rainier Iᵉʳ de Grimaldi, le château du Haut-de-Cagnes se métamorphosa en 1620 par la volonté d'un de ses descendants, Jean-Henri, en un élégant palais Renaissance organisé autour d'une cour intérieure entourée de deux étages de galeries. Malgré les dégâts infligés par les troupes piémontaises qui l'occupèrent en 1815, ses salles de réception ont conservé leur décoration baroque.

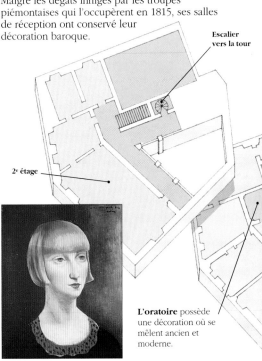

Escalier vers la tour

2ᵉ étage

L'oratoire possède une décoration où se mêlent ancien et moderne.

★ **Donation Suzy-Solidor**
Elle regroupe 40 portraits de la chanteuse peints par de grands artistes du XXᵉ siècle (244 la prirent comme modèle), tels Moïse Kisling (en haut) et Jean Cocteau (en bas).

SUIVEZ LE GUIDE !
Le rez-de-chaussée voûté renferme le musée de l'Olivier, tandis qu'au premier étage se trouvent la donation Suzy-Solidor et une partie des tableaux présentés par le musée d'Art moderne méditerranéen dont l'exposition occupe également le deuxième étage.

LÉGENDE

☐	Donation Suzy-Solidor
☐	Musée d'Art moderne méditerranéen
☐	Musée de l'Olivier
☐	Collection permanente
☐	Expositions temporaires
☐	Circulations et services

Cour Renaissance
Deux étages d'arcades à colonnes de marbre entourent ce patio rafraîchi par une épaisse végétation, notamment un poivrier vieux de 200 ans.

MODE D'EMPLOI

Cagnes-sur-Mer. [04 93 20 87 29.
☐ mer.-lun., mai-sept. : 10 h-12 h,
14 h-18 h ; oct., déc.-avril : 10 h-12 h,
14 h-17 h ● 1er mai, nov., 25 déc.,
1er jan. ◪

1er étage

★ La Chute de Phaëton par Giulio Benso
Ce trompe-l'œil (1621-1624) orne le plafond de la grande salle.

Rez-de-chaussée

Musée de l'Olivier
Documents et objets, telle cette jarre, évoquent la culture et l'exploitation de l'arbre fétiche de la Provence.

La Maison-aux-créneaux est incorporée aux remparts.

Vers la place du Château

Entrée principale et vente des billets

À NE PAS MANQUER

★ La Chute de Phaëton par Giulio Benso

★ La donation Suzy-Solidor

Nice ⑰

Sur un site occupé depuis 400 000 ans, Nice est né de la réunion de la Nikaïa grecque fondée au VIᵉ siècle av. J.-C. et de la Cemenelum romaine établie vers 100 av. J.-C. Au Moyen Âge, ses habitants se réfugièrent sur la colline du Château devenue aujourd'hui un jardin. À partir du XIIIᵉ siècle, ils s'installent à son pied, créant ce qui est aujourd'hui le Vieux-Nice dont les ruelles et les églises baroques évoquent le passé italien. La promenade des Anglais qui borde la baie des Anges doit son nom aux riches « étrangers » qui résidaient jadis à Nice.

★ **La cathédrale Sainte-Réparate**
Édifice baroque (1650-1680) bâti par Jean-André Guibert, il possède une façade classique du début du XIXᵉ siècle.

Palais de justice
Inauguré le 17 octobre 1892, il remplaçait un édifice devenu trop petit après le rattachement de Nice à la France. Sur le site se dressaient également un couvent et une église du XIIIᵉ siècle.

★ **Le cours Saleya**
Son marché quotidien et ses cafés en font un lieu animé de jour comme de nuit.

L'opéra
Construit en 1855, le somptueux opéra de Nice a son entrée sur le quai des États-Unis

Chapelle de la Miséricorde

Joyau baroque dessiné en 1740 par Guarino Guarini, elle renferme deux superbes retables de la Miséricorde par Louis Brea et Jean Miralhet.

MODE D'EMPLOI

Carte routière F3. 🚶 342 000.
✈ 7 km au sud-ouest. 🚆 av. Thiers. 🚌 12, av. Félix Faure. ⚓ quai du Commerce.
ℹ 5, prom. des Anglais (04 92 14 48 00). 📅 t.l.j.. 🎭 Carnaval (fév.), Festival de jazz de Nice (juil.).
W www.nicetourism.com

★ Le palais Lascaris

Un plafond peint en trompe l'œil du XVIIᵉ siècle et des statues de Vénus et de Mars ornent son escalier d'apparat.

Le petit train

Son circuit touristique sillonne la vieille ville.

LÉGENDE

- - - Itinéraire conseillé

0   100 m

Les Ponchettes

Une des formes architecturales les plus originales de Nice : de petites bâtiments blancs longeant la mer, utilisés autrefois par les pêcheurs, et convertis aujourd'hui en galeries d'art et restaurants ethniques.

À NE PAS MANQUER

★ **La cathédrale Sainte-Réparate**

★ **Le palais Lascaris**

★ **Le cours Saleya**

Le musée Matisse

Henri Matisse vint pour la première fois à Nice en 1917. Séduit par la limpidité de la lumière, il eut plusieurs résidences avant de s'installer définitivement sur la colline de Cimiez. Le cimetière renferme aujourd'hui son modeste mémorial. Peu avant sa mort en 1954, il légua à la ville un ensemble de tableaux qui constituèrent la base du musée créé neuf ans plus tard dans la villa des Arènes bâtie au XVIIᵉ siècle. La riche collection exposée permet de découvrir toutes les époques de l'artiste au travers de ses peintures mais aussi de dessins, de gravures et de sculptures.

★ **Nu bleu IV** *(1952)*
À la fin de sa vie, Matisse réalisa de nombreuses gouaches découpées.

Matisse dans son atelier *(1948)*
Documents et photos présentent l'homme et son œuvre. Ce cliché de Robert Capa le montre peignant le saint Dominique de la chapelle du Rosaire (p. 74-75).

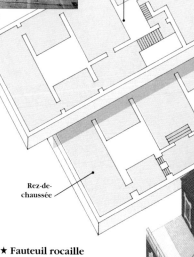

1ᵉʳ étage

Vers l'escalier pour la villa

Rez-de-chaussée

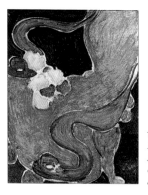

★ **Fauteuil rocaille**
Les objets personnels de Matisse exposés au musée comprennent le fauteuil qu'il peignit en 1946.

À NE PAS MANQUER

★ **Nature morte aux grenades**

★ **Fauteuil rocaille**

★ **Nu bleu IV**

SUIVEZ LE GUIDE !

Alors que le rez-de-chaussée et le premier étage de la villa abritent la collection permanente toujours plus riche, la nouvelle aile souterraine présente des expositions temporaires et thématiques sur Matisse et ses contemporains.

LÉGENDE

☐ Collection permanente

☐ Exposition temporaire

☐ Circulations et services

Lectrice à la table jaune *(1944)*
La paix qui émane de ce tableau ne dit rien des épreuves vécues par Matisse pendant la Deuxième Guerre mondiale : une grave opération et l'arrestation de sa femme résistante.

MODE D'EMPLOI

164, av des Arènes de Cimiez, Nice. 📞 *04 93 81 08 08.*
🕐 *du mer. au lun. : de 10 h à 18 h. (17 h de oct. à mars).* ●
1er janv., 1er mai, 25 déc. 🅿️ ♿ 📷
🌐 *www.musee-matisse-nice.org*

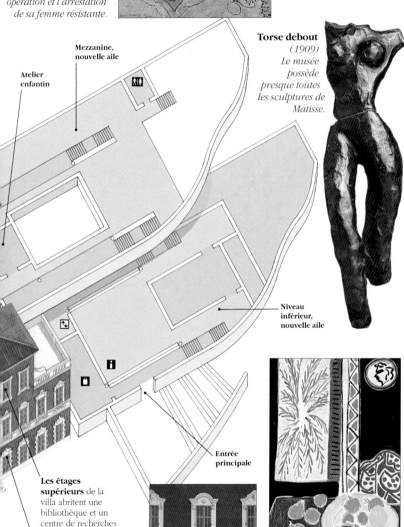

Torse debout *(1909)*
Le musée possède presque toutes les sculptures de Matisse.

Mezzanine, nouvelle aile

Atelier enfantin

Niveau inférieur, nouvelle aile

Entrée principale

Les étages supérieurs de la villa abritent une bibliothèque et un centre de recherches

Façade de la villa des Arènes
Un décor en trompe l'œil anime la façade de cet édifice du XVIIe siècle de style génois.

★ Nature morte aux grenades *(1947)*
La beauté paisible de ce tableau témoigne du génie d'un artiste qui voulait que devant sa peinture « l'homme fatigué goûte le calme et le repos ».

À la découverte de Nice

Italienne jusqu'en 1860, appréciée par les étrangers depuis des siècles pour la douceur de son climat et l'exubérance de son carnaval *(p. 34)*, cité moderne et active, Nice présente entre Alpes et Méditerranée une architecture variée où voisinent façades colorées, immeubles Belle Époque et réalisations contemporaines. C'est la cinquième ville de France par sa population, et son aéroport est le deuxième par l'importance de son trafic.

Plage et promenade des Anglais

Un aperçu de Nice

Entre la place Garibaldi, bordée de maisons ocre, et la place Masséna, bel ensemble architectural du début du xixe siècle, le Vieux-Nice déploie son réseau de ruelles évoquant l'Italie au pied du jardin qui s'étend sur la colline du Château. Quartier animé, en particulier le matin les jours de marché, il compte de nombreux cafés, restaurants et boutiques. Dominée par le théâtre et le musée d'Art contemporain, la promenade du Paillon le sépare de la ville moderne dont l'avenue Jean-Médecin, grande artère commerçante, constitue le cœur.

Sur le front de mer, la célèbre promenade des Anglais est aussi un boulevard à grande circulation et c'est sur la colline de Cimiez qu'il est le plus agréable de découvrir, en flânant, villas et palaces de la Belle Époque. À son sommet, des arènes et des thermes romains voisinent avec le **musée Matisse** *(p. 82-83)* et l'ancien **monastère Notre-Dame** dont l'église possède trois œuvres de Louis Bréa. Dans le quartier Saint-Philippe, la **cathédrale orthodoxe russe Saint-Nicolas**, bâtie sous le patronage du dernier tsar Nicolas II, fut consacrée en 1912.

🏨 Hôtel Negresco

37, promenade des Anglais. 📞 *04 93 16 64 00. Voir **Hébergement** p. 197.*
Construit en 1912 par Ed. Niermans pour Henri Negresco, un ancien violoniste

Fontaine de la place Masséna

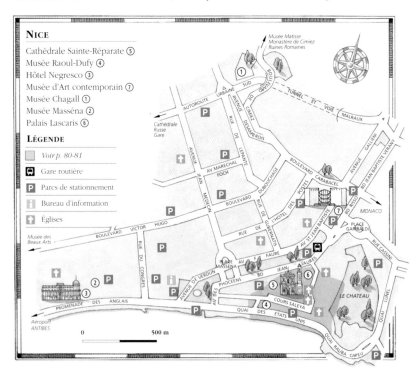

NICE

Cathédrale Sainte-Réparate ⑤
Musée Raoul-Dufy ④
Hôtel Negresco ③
Musée d'Art contemporain ⑦
Musée Chagall ①
Musée Masséna ②
Palais Lascaris ⑥

LÉGENDE

　　　Voir p. 80-81
🚌　Gare routière
🅿　Parcs de stationnement
ℹ　Bureau d'information
✝　Églises

tzigane qui fit faillite huit ans plus tard, ce luxueux témoin de la Belle Époque a été classé monument historique.

🏛 Musée Masséna

67, rue de France. 📞 04 93 88 11 34. ⬤ du mar. au dim. ⬤ jusqu'à 2003, XVe et XVIIIe siècles au musée des Beaux-Arts. ⬤
Cette villa construite au début du siècle sur le modèle des demeures du premier Empire fut transformée dans les années 20 en musée consacré à l'histoire régionale. Il rassemble un bel ensemble d'œuvres religieuses et de primitifs niçois (Durandi, Bréa) et une collection de bijoux dont un diadème de l'impératrice Joséphine.

🏛 Musée Chagall

Av. du Dr-Ménard. 📞 04 93 53 87 20. ⬤ du mer. au lun. ⬤ 1er janv, 1er mai, 25 déc. ⬤ ⬤
Au sein d'un parc planté d'oliviers, André Hermant a spécialement conçu ce bâtiment inauguré en 1973 pour que les 17 grandes peintures du Message biblique qui y sont exposées

La cathédrale orthodoxe russe

jouissent d'un éclairage adapté. La collection, la plus riche du monde, comprend des vitraux, des sculptures, des gouaches et des livres de Marc Chagall.

🔒 Cathédrale Sainte-Réparate

Place Rossetti. ⬤ t.l.j.
Coiffée d'une coupole en tuiles vernissées étincelant au milieu des toits du Vieux-Nice, elle recèle, derrière une façade qui date du XIXe siècle, une somptueuse décoration intérieure baroque.

♣ Palais Lascaris

15, rue Droite. 📞 04 93 62 05 54. ⬤ de déc. à oct : du mar. au dim. ⬤ 1er janv., Pâques, 1er mai, 2 sem. en nov., 25 déc.
Édifié en 1648, de style génois, il abrite la reconstitution d'une pharmacie de 1738, de luxueux salons d'apparat, un musée des Arts et Traditions populaires et des expositions temporaires.

🏛 Musée des Arts asiatiques

405, prom. des Anglais. 📞 04 92 29 37 00. ⬤ du mer. au lun. ⬤ 1er jan., 1er mai, 25 déc. ⬤ ⬤
Construit en 1998 par Kenzo Tange sur un lac artificiel, ce chef-d'œuvre de marbre abrite une collection d'objets asiatiques.

🏛 Musée des Beaux-Arts

33, av des Baumettes. 📞 04 92 15 28 28. ⬤ du mar. au dim. ⬤ 1er janv, Pâques, 1er mai, 25 déc. ⬤
Dans une villa construite à partir de 1875 pour une princesse ukrainienne, il consacre une place importante à l'œuvre de l'affichiste Jules Chéret (1836-1932) comme aux sculptures de Carpeaux, des tableaux orientalistes et des toiles de maîtres tels que Sisley, Van Dongen, Bonnard et Dufy.

🏛 Musée d'Art contemporain

Promenade des Arts. 📞 04 93 62 61 62. ⬤ du mer. au lun. ⬤ 1er janv, Pâques, 1er mai, 25 déc. ⬤ ⬤
Installé sur le Paillon dans quatre tours de marbre reliées par des passerelles, il possède une collection permanente d'œuvres américaines des années 60 (Warhol, Segal) et de nouveaux réalistes (Arman).

Le cap Ferrat

Le cap Ferrat ⓲

Carte routière F3. ✈ Nice. 🚉 Villefranche. 🚌 Saint-Jean-Cap-Ferrat. 🛈 Saint-Jean-Cap-Ferrat (04 93 76 08 90).

Le cap Ferrat est une presqu'île à la végétation protégée où se nichent de somptueuses propriétés. Il est possible d'en faire le tour à pied et de s'arrêter à la villa Île-de-France bâtie au début du siècle dans un site exceptionnel. Elle abrite aujourd'hui le **musée Ephrussi de Rothschild** (p. 86-87).
Un autre grand domaine de la Belle Époque est en partie ouvert au public : la villa (privée) des Cèdres de Léopold II de Belgique (1835-1909) dont le parc de 14 ha est devenu un jardin botanique et le lac, asséché, un **parc zoologique**.
Grâce aux vieilles maisons qui entourent son port, **Saint-Jean-Cap-Ferrat** a conservé son cachet de village de pêcheurs bien qu'il y vienne mouiller plus de yachts que de « pointus », les barques de pêche provençales. Depuis la plage Paloma, un sentier côtier conduit à la pointe Sainte-Hospice où se dressent une chapelle et une tour bâties par les ducs de Savoie. À l'autre bout du cap, le phare (1837) de la pointe Malalongue commande du haut de ses 164 marches un panorama extraordinaire.

🐾 Parc zoologique

Cap Ferrat. 📞 04 93 76 04 98. ⬤ t.l.j. ⬤ ⬤

Anthropométrie (1960) par Yves Klein au musée d'Art contemporain

La villa Ephrussi de Rothschild

Armée d'une immense fortune et d'une volonté de fer, Béatrice Ephrussi de Rothschild (1864-1934) entra en compétition avec Léopold II, roi de Belgique, pour acheter le terrain où elle souhaitait bâtir la plus parfaite des villas : l'isthme étroit reliant le cap Ferrat à la côte constitue en effet un site unique. Entrepris en 1905, les travaux ne s'achevèrent qu'en 1912, mais la baronne avait réalisé son rêve : un palais sur la mer où se mêlaient influences Renaissance et mauresques. Elle le légua ainsi que les œuvres d'art qu'il contenait à l'Académie des beaux-arts, demandant qu'il conserve l'aspect d'une demeure habitée.

★ Le salon Fragonard
Ce salon est décoré d'esquisses et de dessins de Jean Honoré Fragonard, dont S'il m'était aussi fidèle !

Béatrice à l'âge de 19 ans
Habituée au luxe dès son plus jeune âge, elle aimait s'entourer d'animaux familiers ou parfois étranges, comme des mangoustes ou des flamants roses.

Le salon Louis-XV
ouvre directement sur le jardin à la française.

Boudoir de Béatrice
Entourée de ses chiens, la baronne rédigeait son courrier devant une fenêtre ouvrant sur le jardin à la française.

À NE PAS MANQUER

★ Le salon Fragonard

★ Le salon Louis-XVI

★ Les jardins

Villa Île-de-France
Béatrice lui donna le nom d'un paquebot sur lequel elle avait effectué une croisière. Elle mit sept ans à la faire construire mais n'y vécut que peu de temps.

Patio couvert
Orné au sol de mosaïques et entouré de galeries à colonnes de marbre, il occupe tout le centre de la villa. Une lumière douce met en valeur les œuvres religieuses de la Renaissance qui y sont exposées.

MODE D'EMPLOI

1, av. Ephrussi-de-Rothschild, Saint-Jean-Cap-Ferrat. 🆔 04 93 01 33 09. ⭕ du 15 fév. au 1er nov. : 10 h-18 h t.l.j. (juil.-août : 10 h-19 h) ; du 2 nov. au 14 fév. : 10 h-18 h les sam., dim., vac. scol. ⬤ 25 déc. 🔲 pour les coll. du 1er étage (obligatoire) 🔲 🔲 W www.villa-ephrussi.com

Appartements du premier étage

Entrée et point de départ des visites guidées

Cabinet des Singes
Les petits singes représentés sur les boiseries anciennes témoignent de la passion de Béatrice pour ces animaux.

Vers l'accueil et le parking

★ **Les jardins**
Le jardin à la française épouse la forme d'un paquebot. Vêtus du costume marin, les jardiniers renforçaient l'illusion. Le parc compte aussi des jardins florentin, japonais, lapidaire, exotique, espagnol, provençal et une roseraie.

★ **Le salon Louis-XVI**
Comme dans toutes les autres pièces, le décor est somptueux, mariant boiseries, peintures, tapis de la Savonnerie et sièges en tapisserie de Beauvais.

Villefranche-sur-Mer ⑲

Carte routière F3. 🏛 *8 125.* 🚉 🚌
🛈 *Jardin François-Binon (04 93 01 73 68).* 🏖 *sam.*

D ans le cadre exceptionnel
offert par sa rade,
Villefranche a conservé une
vieille ville pittoresque bâtie en
gradins à flanc de colline. La
rue Obscure, qui servit encore
de refuge à la population
pendant la Deuxième Guerre
mondiale, présentait déjà son
aspect voûté au XIIIᵉ siècle.
L'église Saint-Michel (XIVᵉ et
XVIIIᵉ siècle) abrite un Christ
gisant sculpté, selon la
tradition, par un galérien.

Sur le port bordé de belles
maisons rouge et ocre
se dresse la **chapelle Saint-
Pierre** que Jean Cocteau
rénova et décora entièrement
de 1955 à 1957. L'imposante
citadelle Saint-Elme (XVIᵉ s.)
abrite aujourd'hui hôtel
de ville et musées, ainsi que
des jardins et un théâtre de
verdure.

🔒 Chapelle Saint-Pierre
Quai Amiral Courbet. 📞 *04 93 76 90
70.* ⏰ *du mar. au dim.* ⬤ *de mi-nov. à
mi-déc. et 25 déc.* 🎫

Beaulieu ⑳

Carte routière F3. 🏛 *4 000.* 🚉 🛈
pl. Clemenceau (04 93 01 02 21). 🏖
du lun. au sam.

E ntre le cap Ferrat et le cap
Roux, cette petite ville
plantée de palmiers jouit d'un
climat si doux que l'un de ses
quartiers porte le nom de
Petite-Afrique. Lieu de
villégiature apprécié à la Belle

Pêcheur à Villefranche

Époque, comme en témoigne
l'élégante Rotonde devenue
aujourd'hui un centre de
congrès, elle accueille toujours
une clientèle aisée dans ses
palaces. Parmi ceux-ci, La
Réserve fut fondée par Gordon
Bennett, le propriétaire du
New York Herald Tribune qui
envoya en 1871 le journaliste
Stanley au secours du docteur
Livingstone, explorateur à la
recherche des sources du Nil.

En 1902, l'archéologue
Théodore Reinach commença
à la pointe des Fourmis la
construction de la **villa
Kerylos**, reconstitution dans
un cadre superbe d'une villa
grecque de l'époque de
Périclès. Des antiquités datant
du VIᵉ au IIᵉ siècle av. J.-C. la
décorent.

🏛 Villa Kerylos
Impasse Eiffel. 📞 *04 93 01 01 44.*
⏰ *de mi-déc. à mi-fév. : ap.-midi ; de
mi-fév. à mi-nov. : t.l.j.* ⬤ *1ᵉʳ jan.,
25 déc.* 🎫 🅿

Èze ㉑

Carte routière F3. 🏛 *2 450.* 🚉 🚌
🛈 *pl. du Général-de-Gaulle (04 93
41 26 00).*

A ccroché à flanc de rocher
à 427 mètres au-dessus de
la Méditerranée, le vieux
village d'Èze offre un spectacle
impressionnant. À son sommet
se dressent les ruines de son
château du XIIᵉ siècle *(p. 18)*
dont un **jardin exotique**
réputé pour ses plantes grasses
occupe l'emplacement des
remparts. Par temps clair, la
vue y porte jusqu'à la Corse.
Un dédale de ruelles
médiévales enserre l'église et la
chapelle des Pénitents-Blancs.

🌿 Jardin exotique
Rue du Château. 📞 *04 93 41 10 30.*
⏰ *t.l.j.* ⬤ *1ᵉʳ jan., 25 déc.* 🎫

L'élégante Rotonde (1886) Belle Époque de Beaulieu

La Turbie ㉒

Carte routière F3. 🚶 *2 600.* 🚌
ℹ️ *la mairie (04 92 41 51 61).* 🎪 *jeu.*

Dominant Monaco et ses gratte-ciel sur la grande corniche, ce village médiéval a conservé une partie de ses remparts des XIIᵉ et XIIIᵉ siècles, notamment deux belles portes fortifiées. L'ancienne *via Julia Augusta* le traverse, grimpant vers le **Trophée des Alpes**.

Le village de La Turbie au pied du Trophée des Alpes

🏛 Musée du Trophée des Alpes

Av. Albert Iᵉʳ. 📞 *04 93 41 20 84.* 🕐 *de avr. à mi-sept. : t.l.j. ; de mi-sept. à mars : du mar. au dim.* 🔴 *1ᵉʳ janv., 1ᵉʳ mai, 1ᵉʳ et 11 nov., 25 déc.* 📷

Élevé dans le calcaire blanc local (l'une des carrières romaines qui existe toujours à l'est du village), le Trophée des Alpes marqua jusqu'au Moyen Âge la frontière entre Gaule cisalpine (« italienne ») et transalpine (« française »). Élevé par le Sénat et le peuple romain en 6 av. J.-C., il célébrait la victoire d'Auguste,

Détail du monument

entre 29 et 14 av. J.-C., sur 44 tribus ligures qui résistaient encore à la domination romaine.

D'une hauteur de 50 m, dressant un péristyle de 24 colonnes doriques sur un socle carré de 32 m de côté, il dominait le passage le plus haut de la *via Julia* entre Vintimille et Cimiez.

Transformé en forteresse au Moyen Âge, il fut en partie détruit sur ordre de Louis XIV et ses pierres serviront,

notamment, à la construction de l'église de la Turbie. La rencontre d'un Américain fortuné, et généreux, Edward Tuck, avec une famille d'architectes, les Formigé, permit d'entamer la restauration en 1929. Partielle, elle a laissé le monument très en ruine mais a permis de reconstituer certains éléments originaux comme la dédicace. Au petit musée du Trophée, une maquette permet de découvrir l'aspect d'origine de l'édifice. L'exposition retrace également son histoire et présente moulages et fragments de sculptures. Des terrasses du parc qui l'entourent, le panorama, de l'Italie à l'Estérel, est spectaculaire.

Le poète Dante (1265-1321), marqué par une visite à La Turbie, l'évoqua dans la *Divine Comédie*. Ces vers sont gravés à l'angle d'une tour de la rue Comte-de-Cessole.

🔱 Église Saint-Michel-Archange

🕐 *t.l.j.* ♿
Bâti en 1777 avec des pierres du Trophée, ce beau sanctuaire baroque au plan elliptique possède une riche décoration intérieure comprenant notamment une table de communion en onyx et agate, un *Saint Marc écrivant l'Évangile* attribué à Véronèse, une pietà de l'école de Bréa et deux tableaux de Jean-Baptiste Van Loo : *Saint Charles Borromée* et *Sainte Madeleine*. Une vitrine contient le crâne de saint Vincent.

LE TROPHÉE DES ALPES

Sur une base carrée, un péristyle circulaire de colonnes doriques entourait un fût de maçonnerie dont le sommet conique s'élevait à 50 m du sol.

Une statue d'Auguste dominait probablement le monument

La colonnade originale abritait dans des niches les statues des généraux d'Auguste.

La dédicace cite les noms des 44 tribus soumises par Auguste.

Monaco ㉓

Armes des Grimaldi

L a principauté de Monaco, État souverain, s'étend sur un territoire de 1,9 km². Facile à défendre, ce promontoire percé de grottes dont les falaises, hautes de 60 m, tombent à pic dans la Méditerrannée est occupé depuis la préhistoire. Phéniciens, Grecs, puis Romains y établirent une colonie. En 1297, François Grimaldi, chassé de Gênes, s'empare de la forteresse que sa République natale avait établie. En 1308, la famille achète la seigneurie puis acquiert Menton en 1346 et Roquebrune en 1355. La principauté conservera ces deux villes jusqu'en 1861. Perchée sur le Rocher, éperon large de 300 m qui s'enfonce de 792 m dans la mer, sa capitale, Monaco, a conservé sa disposition médiévale avec ses ruelles bordées de façades ocre et jaune.

Monaco moderne
Le manque d'espace a conduit la principauté à multiplier les gratte-ciel.

Musée napoléonien et des archives du palais

Palais princier
Aménagé à partir d'une forteresse génoise (1215) dont il ne subsiste que les tours, il n'a cessé de grandir et d'évoluer depuis le XIV e siècle. La constitution monégasque impose une garde de carabiniers français (p. 94).

Cathédrale
Édifice néo-roman en pierre blanche de La Turbie, elle abrite notamment deux œuvres du primitif niçois Louis Brea : une pietà et le retable de saint Nicolas (p. 94).

Musée océanographique

Bâti sur une falaise abrupte dominant la mer, il possède l'un des plus beaux aquariums d'Europe. Il abrite également un centre de recherches (p. 94).

MODE D'EMPLOI

Carte routière F3. 🏙 *30 000.*
✈ *7 km au sud-ouest de Nice.*
🚉 *pl. Sainte-Dévote (00 377 93 25 54 54).* 🛈 *2a, bd des Moulins (00 377 92 16 61 16).*
🎭 *t.l.j.* 🎪 *Festival du cirque (jan.) ; Grand Prix (mai) ; fête nationale (19 nov.).*

Fort Antoine

Construit en 1706, aménagé en théâtre de verdure, il commande une vue panoramique sur le port.

Monte-Carlo Story est un montage audiovisuel historique commenté en plusieurs langues.

Dans la vieille ville

Belles maisons, placettes et fontaines se cachent dans un entrelacs de ruelles.

LA FAMILLE PRINCIÈRE

L'attention portée à ses filles, Caroline et Stéphanie, et son aspect discret d'homme d'affaires pourraient faire oublier que Rainier Louis Maxence Bertrand de Grimaldi, prince de Monaco depuis 1949, est le dernier représentant de la plus ancienne dynastie régnante du monde. Une dynastie dont les armoiries présentent sous le blason deux moines brandissant des épées, évocation de la ruse qui permit à son fondateur, François la Malice, de s'emparer du rocher (il déguisa ses hommes en religieux). Fils de l'actrice Grace Kelly, décédée tragiquement en 1982, c'est Albert qui héritera du titre.

Le prince Rainier III et Grace Kelly lors de leurs fiançailles en 1956

Monte-Carlo

**Entrée Art Déco
du café de Paris**

En 1856, huit ans après la sécession de Menton et de Roquebrune, Charles III de Grimaldi crée la Société des Bains de Mer qu'il confie en 1863 à Charles Blanc. Gérante du casino construit en 1858 sur le plateau des Spélugues qui fait face au Rocher de l'autre côté du port, la SBM fera de la principauté la station la plus chic de la Belle Époque. Le nouveau quartier qui se développe autour de l'établissement de jeux, notamment avec la construction de grands hôtels de luxe, prend en 1866 le nom de Monte-Carlo. En 1878, Charles Garnier le dote d'un Opéra. Les gratte-ciel qui se sont multipliés depuis la guerre lui valent aujourd'hui le surnom de « Manhattan ». Entre Monte-Carlo et Monaco s'étend le quartier commerçant de la Condamine.

Vue de Monte-Carlo
*Le panorama depuis
La Turbie (p. 89)
mérite une halte.*

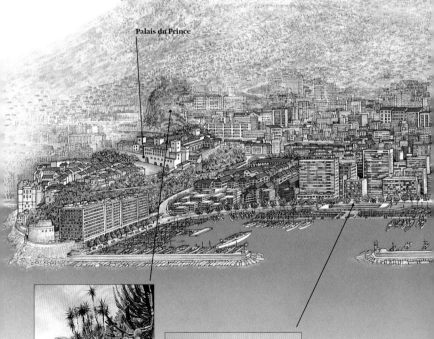

Palais du Prince

Jardin exotique
*Il offre un ensemble
exceptionnel de plantes
grasses. Dans la grotte de
l'Observatoire, on a découvert
fossiles et outils préhistoriques.*

La Condamine
*Une promenade sur les
quais permet d'admirer
de superbes yachts. En
souvenir d'un miracle, le
26 janvier, on brûle une
barque devant l'église
Sainte-Dévote.*

La Turbie

MODE D'EMPLOI

Carte routière F3. ⬛ *av. Prince Pierre*. 🏠 *2a, bd des Moulins (00 377 92 16 61 16)*. **Centre Grimaldi** ☎ *00 377 9999 2000*. ⬛ *t.l.j.* 🏁 *Rallye de Monte-Carlo (janv.) ; Festival international de feux d'artifice (juil.-août).* 🍴 *t.l.j.*

Café de Paris
Bâti en 1865 et agrandi en 1907 puis en 1960, ce monument de style Arts-Déco a été fréquenté par d'innombrables célébrités.

Église Sainte-Dévote

Hôtel Hermitage

Centre de Congrès

Salle Garnier
Les artistes les plus prestigieux se sont produits dans cette salle dessinée par Charles Garnier en 1878.

Casino
Ses salles de jeux, au somptueux décor peint, ont vu se faire et se défaire plus d'une fortune. L'entrée y est payante, mais on peut se contenter des machines à sous du café de Paris.

À la découverte de Monaco

D'une superficie de 195 ha, dont 45 gagnés sur la mer depuis 1945, la principauté de Monaco est le plus petit État souverain du monde après le Vatican mais celui où le revenu par habitant est le plus élevé. C'est une monarchie constitutionnelle depuis 1911, mais sa constitution actuelle date de 1962. Le Prince dirige l'exécutif et propose les lois que vote un Conseil national de 18 membres élus pour 5 ans. La monnaie française y a cours. Circuler en voiture s'y avère difficile et mieux vaut laisser son véhicule dans un parking et prendre le bus.

Grand Prix de Monaco

♠ Palais de Monaco
Pl. du Palais. **(** 00 377 93 25 18 31. **◯** de juin à oct. : t.l.j. 📷 &.
Défendu par des canons offerts par Louis XIV et une garde dont la relève a lieu à 11 h 55. Les salles, à la décoration princière, s'organisent autour d'une élégante cour d'honneur, entourée d'arcades, qui accueille des concerts en été.

�🏛 Musée des Souvenirs Napoléoniens
Pl. du Palais. **(** 00 377 93 25 18 31. **◯** de juin à sept. et de oct. au 11 nov. : t.l.j. ; du 17 déc. à juin : du mar. au dim. **●** 1er jan., 1er mai, Grand Prix, 25 déc. 📷
En raison des liens existant entre les familles Grimaldi et Bonaparte, les princes Louis II et Rainier III ont rassemblé plus de 1 000 souvenirs napoléoniens. Une mezzanine présente des archives du palais.

♣ Casino
Pl. du Casino. **(** 00 377 92 16 23 00. **◯** t.l.j., à partir de midi. &
C'est Charles Garnier (1825-1898), architecte de l'Opéra de Paris et grand maître du style Naopléon-III, qui conçut en 1878 la salle de théâtre (salle Garnier). À condition

d'acquitter le droit d'entrée, les joueurs trouveront tables de roulette dans le salon de l'Europe et « bandits manchots » dans celui de l'Amérique.

🏛 Musée national de Poupées et Automates d'Autrefois
17, av. Princesse-Grace. **(** 00 377 93 30 91 26. **◯** t.l.j. **●** 1er janv., Grand Prix, 1er mai, 19 nov., 25 déc. 📷
Une roseraie ornée de statues précède la villa bâtie par Charles Garnier qui abrite cette magnifique collection. Celle-ci comprend une crèche de 250 personnages, 400 poupées et une centaine d'automates mis en mouvement tous les jours.

⛪ Cathédrale
4, rue Colonel-Bellando-del-Caste. **◯** t.l.j. &
Construite en pierre blanche de La Turbie à l'emplacement d'une église bâtie par les Génois en 1254, elle date du XIXe siècle. Le magnifique **retable de saint Nicolas** (1500), œuvre de Louis Brea, décore l'une des chapelles du déambulatoire où repose notamment la princesse Grace.

Le commandant Cousteau

🏛 Musée océanographique
Av. St-Martin. **(** 00 377 93 15 36 00. **◯** t.l.j. 📷 &
Le musée fut inauguré en 1910 par Albert Ier. Il abrite un centre de recherches que le commandant Cousteau dirigea jusqu'en 1988 et un aquarium d'une richesse exceptionnelle (en sous-sol). Le rez-de-chaussée et le 1er étage présentent des spécimens naturalisés, notamment un calmar de 13 m de long.

♣ Jardin exotique
62, bd du Jardin-Exotique. **(** 00 377 93 30 33 65. **◯** t.l.j. **●** 19 nov., 25 déc. 📷 & (petite partie du jardin seulement).
Ses milliers de plantes rares et la vue qui s'offre depuis sa table d'orientation justifient à elles seules la visite. Le billet d'entrée permet aussi de voir la **grotte de l'Observatoire**, et le **musée d'Anthropologie préhistorique** qui présente les vestiges d'habitat humain trouvés dans la grotte.

Le salon de l'Europe du casino de Monte-Carlo

Peillon

Carte routière F3. 🏠 *1 100*. ℹ️ *la mairie (04 93 79 91 04).*

Au terme d'une route sinueuse, ce ravissant village perché, que les gens du pays considèrent comme le bout du monde habité, dresse ses maisons remparts à 373 m d'altitude. La chapelle des Pénitents-Blancs, décorée de fresques peintes au XVᵉ siècle par Giovanni Canavesio, garde l'entrée des ruelles qui conduisent à l'église (XVIIIᵉ s.), sanctuaire baroque restauré avec goût, et à un beau panorama sur les alentours. Un sentier de randonnée suit le tracé d'une ancienne voie romaine jusqu'à Peille.

Arcade d'une rue de Peillon

Peille ㉕

Carte routière F3. 🏠 *1 800*. 🚌 ℹ️ *la mairie (04 93 91 71 71).*

Au pied du pic de Baudon (1 264 m), les ruines du château du XIVᵉ siècle continuent à veiller sur ce village médiéval. La plate-forme où se dresse le monument aux morts commande une vue panoramique sur la vallée du Paillon portant jusqu'à la baie des Anges.

L'église Sainte-Marie (XIIᵉ-XIVᵉ siècles) associe nefs romanes et gothiques. Elle abrite une représentation de Peille au Moyen Âge et un beau retable du Rosaire (1579) par Honoré Bertone. Une fontaine gothique orne la

Les gorges et la vallée de la Vésubie

place la Colle bordée d'arcades, tandis que, rue de l'Arma, un petit musée gratuit expose dans une jolie maison des objets de la vie quotidienne de jadis.

Lucéram ㉖

Carte routière F3. 🏠 *1 000*. 🚌 ℹ️ *place Adrien-Bazzalis (04 93 79 46 50).*

Cette petite ville d'origine probablement romaine a conservé une partie de ses remparts médiévaux et le promeneur, en flânant dans ses ruelles, découvrira maisons gothiques et passages voûtés. Un ensemble unique de peintures religieuses de l'école de Nice des XVᵉ et XVIᵉ siècles, en particulier un retable attribué à Louis Brea, décore l'église. Celle-ci possède aussi un remarquable trésor. On y célèbre chaque année le Noël des bergers.

Lucéram et ses maisons évoquant l'Italie

La vallée de la Vésubie ㉗

🚌 *Nice.* 🚌 *Saint-Martin-Vésubie.* ℹ️ *Saint-Martin-Vésubie (04 93 03 21 28).*

À 24 km au nord de l'aéroport de Nice, le torrent de la Vésubie se jette dans le Var à Plan-du-Var. La D 2565 en remonte le cours au fond des gorges profondes de plusieurs centaines de mètres que les eaux ont creusées dans le calcaire. À Saint-Jean-la-Rivière, une route en lacets grimpe jusqu'à Utelle, beau village perché à 800 m d'altitude, puis jusqu'à la madone d'Utelle, important lieu de pèlerinage au panorama sans pareil.

À partir du vieux bourg de Lantosque, à dix kilomètres de Saint-Jean-la-Rivière, la vallée s'élargit et les paysages deviennent de plus en plus alpestres comme l'on monte vers Saint-Martin-Vésubie.

À 960 m d'altitude au pied de cimes culminant à 3 000 m, cette jolie petite ville est le point de départ de nombreuses randonnées, notamment dans le parc du Mercantour. La rue du Docteur-Cagnoli, qui la traverse du nord au sud, a gardé beaucoup de cachet avec son caniveau central *(p. 23)*. L'église baroque abrite la madone de Fenestre, vierge assise du XIVᵉ siècle portée en pèlerinage le 2 juillet jusqu'à une chapelle de montagne où elle passe l'été.

Le ski dans les Alpes du Sud

À moins de deux heures en voiture de la côte, skieurs et amateurs de sports de montagne trouveront dans les Alpes-Maritimes plus de 20 stations proposant aussi bien parcours de ski de fond que remontées mécaniques pour le ski de piste. Certaines disposent de patinoires et de piscines. Leur cadre en fait également de très agréables stations estivales où l'on peut pratiquer l'escalade, le VTT ou le cheval. Les sites protégés du parc naturel du Mercantour voisin offrent de superbes itinéraires de randonnée.

Valberg, station de sports d'hiver depuis 1935

AURON

ALTITUDE : 1 600 m-2 100 m.
SITUATION : à 97 km de Nice par la RN 202 et la D 2205.
PISTES : 5 noires, 14 rouges, 13 bleues, 4 vertes.
REMONTÉES MÉCANIQUES : 23 dont 8 télésièges et 3 télécabine.

ISOLA 2000

ALTITUDE : 1 800 m-2 610 m.
SITUATION : à 90 km de Nice par la RN 202, la D 2205 et la D 97.
PISTES : 5 noires, 16 rouges, 18 bleues, 7 vertes.
REMONTÉES MÉCANIQUES : 23 dont 10 télésiège et 1 télécabine. Funiculaire.

VALBERG

ALTITUDE : 1 430 m-2 100 m.
SITUATION : à 81 km de Nice par la RN 202 et la D 28.
PISTES : 12 noires, 22 rouges, 13 bleues, 11 vertes.
REMONTÉES MÉCANIQUES : 26 dont 6 télésièges.

Des guides initient à Valberg à l'escalade de cascades de glace

Derniers préparatifs avant une randonnée en raquettes

ACTIVITÉS ALPINES

Auron	Isola 2000	Valberg	
●	●	●	Cart sur glace
●	●	●	Ski de fond
	●	●	Escalade de cascades de glace
●	●	●	Promenades en traîneau
	●	●	Conduite sur glace
●	●	●	Patinage
	●	●	Monoski
	●	●	Ski de nuit
	●		Parapente
	●		Saut à skis
●	●	●	École de ski
●	●	●	Hors-piste
	●	●	Snowboard
	●		Kart sur glace
	●		Moto des neiges
●	●	●	Circuits pour scooters des neiges
●	●	●	Randonnées en raquettes
	●		École de ski de vitesse
	●		Centre aquatique (Sauna et jacuzzi)

Les joies du snowboard à Isola 2000

La forêt de Turini 28

📷 l'Escarène, Sospel. 🚌 Sospel, Moulinet. 🛈 Sospel (04 93 04 15 80).

Entre la vallée de la Vésubie et celle de la Bévéra s'étend une forêt de 3 500 hectares où pins et chênes cèdent la place à des essences rares si près de la Méditerranée telles qu'érables, châtaigniers, hêtres, sapins et mélèzes.

La montagne de l'Authion la borde au nord. En 1945, la flotte française participa depuis Menton aux combats qui s'y déroulèrent en bombardant les redoutes où se retranchaient les Allemands. La pointe des Trois-Communes (2 082 m) offre une vue superbe sur les Préalpes et le Mercantour.

Le parc national du Mercantour 29

Carte routière E2 et F2. 🚍 Nice. 🚌 Saint-Étienne-de-Tinée, Auron. 🛈 Maison du Parc (04 93 02 42 27).

S'étendant sur 68 500 ha à la frontière italienne dans un massif montagneux culminant à la cime du Gélas (3 143 m), cette réserve naturelle propose plus de 600 km de sentiers balisés dans des sites exceptionnels où abondent lacs et torrents. Quarante espèces de fleurs ne poussent plus que dans ce parc, notamment la *Saxifraga florentula* devenue son emblème. Parmi les animaux qui y prospèrent figurent le chamois, le bouquetin, le mouflon, la marmotte, l'aigle et la perdrix des neiges.

Clocher à Tende

Tende 30

Carte routière F2. 🏛 2200. 🚍 🚌 🛈 av. 16-Sept.-1947 (04 93 04 73 71). 🛍 mer.

Dominant la vallée de la Roya sur la route du col reliant le Piémont à la Provence, Tende a conservé un aspect austère. Ses maisons aux toits de lauze, construites en schiste sombre, datent,

pour les plus anciennes, du XVe siècle. Un pan de mur du château Lascaris détruit en 1691 domine un curieux cimetière en terrasses.

L'église présente un portail Renaissance encadré de lions et, à l'intérieur, des voûtes soutenues par des colonnes en pierre verte de la région. Ancien poste frontière sur la ligne de chemin de fer Nice-Cunéo, comme en témoigne sa gare impressionnante, Saint-Dalmas-de-Tende sert de point de départ à la visite de la **vallée des Merveilles**, célèbre pour les gravures rupestres *(p. 39)* qui la parsèment. L'itinéraire très court passe par le lac de Meches, où il faut laisser la voiture, puis par le lac Long et le refuge des Merveilles. Ces témoignages laissés par des bergers ligures de l'âge du bronze (1800-1000 av. J.-C.) ont subi des actes de vandalisme et certains itinéraires nécessitent la présence d'un guide. Les syndicats d'initiative de Tende ou de Saint-Dalmas vous renseigneront.

À La Brigue, de splendides peintures murales de Jean Canavesio ornent la chapelle Notre-Dame-des-Fontaines.

🏞 Vallée des Merveilles

📷 Tende. Saint Dalmas-de-Tende. 🚌 Tende. 🛈 Tende (04 93 04 73 71).

Saorge 31

Carte routière F3. 🏛 360. 📷 🛈 la mairie (04 93 04 51 23).

Dans un des plus beaux cadres de la vallée de la Roya, cet ancien village fortifié classé monument historique accroche à la montagne ses maisons aux toits de lauze des XVe, XVIe et XVIIe siècles.

L'église Saint-Sauveur a conservé une décoration baroque du XVIIIe siècle. Le couvent des franciscains, à la sortie du village, renferme un cloître orné de peintures murales que domine son clocher à bulbe. De style lombard avec son clocher octogonal, la chapelle (privée) de la **Madone del Poggio** date du XIe siècle.

Dans les rues de Tende

Saorge vu depuis la terrasse du couvent franciscain

Sospel ❸❷

Carte routière F3. 🚶 *2 800*. 🚆 🚌
ℹ️ *Pont-Vieux (04 93 04 15 80)*. 🏛 *jeu.*

D ans un bassin verdoyant,
cette petite ville s'étend sur
les berges de la Bévera que
relie le Pont-Vieux (XIVᵉ s.)
restauré avec sa tour de péage
en 1947. Sur la rive droite, des
maisons à arcades bordent la
place de la Cathédrale où se
dresse l'église Saint-Michel. Ce
sanctuaire baroque du
XVIIᵉ siècle au clocher roman de
style lombard renferme le
Retable de la *Vierge immaculée*
de François Bréa (1530-1540).
Édifié en 1932, le fort Saint-
Roch et ses kilomètres de
galeries abritent un musée.

🏛 Musée de la Ligne Maginot des Alpes

Fort St-Roch. 📞 *04 93 04 00 70.*
⭕ *avril-juin, oct. : sam., dim. et jours
fériés l'après-midi ; de juil. à sept. :
du mar. au dim. l'après-midi.* 📷

Trompe-l'œil à Sospel

Gorbio ❸❸

Carte routière F3. 🚶 *1 135*. 🚌
ℹ️ *la mairie, 30, rue Garibaldi (04 92
10 66 50).*

O n a répertorié plus d'un
millier d'espèces de fleurs
dans le val ensoleillé de ce
vieux village perché au-dessus
de terrasses qui produisent
fruits, vin et surtout olives. La
vue qu'il commande porte
jusqu'à la mer.
À l'entrée du réseau de
ruelles pavées de galets, la
fontaine Malaussène décore la
place de la République où se
dresse un orme planté en 1713.
L'église bâtie en 1683 élève
vers le ciel un clocher conique
typique de la région. Chaque

Gorbio et ses oliveraies au petit matin

année, les fidèles et les
pénitents du Midi se retrouvent
à la mi-juin pour la procession
nocturne « dai limaça » qui
parcourt le village à la lueur
des mèches glissées dans les
coquilles d'escargot emplies
d'huile d'olive qu'allument
partout les habitants.
Une promenade d'une
bonne heure conduit à Sainte-
Agnès, autre beau village
perché.

Roquebrune-Cap-Martin ❸❹

Carte routière F3. 🚶 *12 700*.
🚆 🚌 ℹ️ *218, av. Aristide Briand (04
93 35 62 87).* 🏛 *t.l.j.*

D ans une région déjà
habitée à la préhistoire,
comme l'ont révélé les vestiges
découverts dans les **grottes du
Vallonet** voisines, Roquebrune
domine la Grande Corniche.
Célèbre pour la procession de
la Passion qui réunit le 5 août

**Le château de Roquebrune domine
le cap Martin**

tout le village depuis 1467
pour remercier la Vierge de
l'avoir protégé de la peste
(p. 31), il possède un château
d'origine carolingienne, l'un
des derniers de France.
Donjon élevé en 970 par le
comte de Vintimille puis
transformé en résidence
fortifiée par les Grimaldi au
XVᵉ siècle, il doit sa restauration
à un riche Anglais, sir William
Ingram, qui l'acheta en 1911 et
le légua à la ville en 1926.
De son chemin de ronde, la
vue est exceptionnelle sur la
côte, et le cap Martin est un lieu
de villégiature qu'apprécièrent
Coco Chanel, la reine Victoria
et l'impératrice Eugénie. Cette
dernière possédait la villa
Cyrnos au cœur de la belle
forêt qui le couvre. La
promenade Le Corbusier (le
célèbre architecte se noya au
large du cap en 1965) en fait le
tour en longeant la mer.
Juste à la sortie de
Roquebrune en direction
de Menton se dresse l'olivier
millénaire, l'un des plus
vieux du monde, au tronc
d'une circonférence de dix
mètres.

⚜ Château de Roquebrune

📞 *04 93 35 07 22.* ⭕ *t.l.j.* 📷

Menton ❸❺

Carte routière F3. 🚶 *30 000*. 🚆
🚌 ℹ️ *palais de l'Europe, av. Boyer
(04 92 41 76 50).* 🏛 *t.l.j.*

À la frontière italienne, au
pied de montagnes
tombant dans la mer, Menton,
protégé des vents, jouit d'un
microclimat si clément que la

ville était en 1930 la plus grande productrice d'agrumes d'Europe. Elle était déjà aussi un lieu de villégiature apprécié de têtes couronnées telles que Victoria d'Angleterre ou Astrid de Belgique. Construit à la Belle Époque (1909), le **palais de l'Europe** *(p. 33)* témoigne des fastes de cette période. Cet ancien casino abrite désormais l'office du tourisme et un centre culturel.

Devant s'étend le **jardin Biovès**. C'est là que se tient en février la célèbre fête du citron *(p. 34)*. Le **jardin botanique exotique** se trouve, lui, dans le quartier du Garavan qui se déploie jusqu'à l'Italie au-dessus du nouveau port de plaisance. L'architecte Ferdinand Bac aménagea le **jardin des Colombières**.

Dans la vieille ville, la basilique baroque St Michel Archange domine le parvis du même nom. C'est sur cette superbe place à l'italienne, décorée d'une mosaïque en galets gris et blancs représentant les armes des Grimaldi, qu'ont lieu en août les concerts du festival de musique de chambre.

🏛 Palais Carnolès
Palais Carnolès, 3, av. de la Madone. 📞 04 93 35 49 71. ⭕ du mer. au lun. ⬤ jours fériés. ♿
Bâtie au début du XVIIIe siècle, cette ancienne résidence d'été des princes de Monaco a conservé son décor intérieur

JEAN COCTEAU (1889-1963)

Né à Paris, Jean Cocteau se fait remarquer par ses poèmes dès l'âge de 19 ans. Figure importante de l'avant-garde du XXe siècle, il entre à l'Académie française en 1955. Surtout connu en tant qu'écrivain, cinéaste et dramaturge, il a aussi toujours pratiqué les arts plastiques, en particulier sur la Côte d'Azur où il a notamment décoré la chapelle de Villefranche *(p. 88)*. Il est mort avant l'inauguration de son musée en 1967.

Mosaïque de l'entrée du musée Jean-Cocteau de Menton

et abrite, au cœur d'un jardin riche en agrumes, plusieurs remarquables collections d'art ancien et moderne.

🏛 Salle des mariages
Hôtel de ville. 📞 04 92 10 50 00. ⭕ du lun. au ven. ⬤ jours fériés. 🎥
Jean Cocteau la décora entièrement en 1957. Pour évoquer les différents visages de l'amour, une noce de village s'oppose au drame d'Orphée et d'Eurydice.

🏛 Musée Jean-Cocteau
Quai Monléon. 📞 04 93 57 72 30. ⭕ du mer. au lun. ⬤ jours fériés. 🎥
Aménagé selon les directives de l'artiste dans un bastion du XVIIe siècle, il présente plusieurs mosaïques en galets, des tapisseries, des

céramiques et de nombreux dessins et pastels, notamment les *Innamorati* inspirés par les amours des pêcheurs mentonais.

🏛 Vieux cimetière
De nombreuses célébrités reposent sur quatre terrasses, une par religion, qui commandent une vue panoramique.

🏛 Musée de la Préhistoire régionale
Rue Loredan-Larchey. 📞 04 93 35 84 64. ⭕ du mer. au lun. ⬤ jours fériés.
Vestiges découverts dans la région, documents et reconstitution de scènes quotidiennes y retracent l'histoire de l'évolution de l'homme.

Menton vu depuis le jardin des Colombières dessiné par Ferdinand Bac

LE VAR
ET LES ÎLES D'HYÈRES

épartement le plus ensoleillé de France, le Var présente un litto-ral varié au pied des massifs de la Sainte-Baume, des Maures et de l'Estérel qui le séparent d'un arrière-pays au cachet rural préservé. Au nord, des collines couvertes de vignes et de pinèdes s'étagent jusqu'aux plateaux où le Verdon a creusé ses gorges spectaculaires.

Entre Cannes et Aix-en-Provence, l'autoroute A8 partage d'est en ouest le département du Var en deux moitiés approximativement égales.
Au sud se dresse une succession de massifs culminant à la Sainte-Baume (1 147 m). Couverts de forêts, ils isolent le littoral où, au pied du mont Faron, Toulon et la Seyne-sur-Mer forment avec leurs banlieues une agglomération de 400 000 habitants dont les tours et les immeubles enlaidissent malheureusement l'une des plus belles rades du monde. Son développement est toutefois récent et c'est Fréjus qui fut au temps des Romains le plus grand port de la région, comme en témoignent les vestiges des édifices qu'ils bâtirent. Des calanques de Cassis aux criques de l'Estérel, en passant par les longues plages de sable de la pres-

qu'île de Saint-Tropez, la côte varoise offre une diversité propre à enchan-ter tous les amoureux de la mer. Malgré l'affluence qu'elle connaît en été, elle reste en partie sauvage et par endroits unique-ment accessible à pied.
Au nord de l'autoroute, un moutonne-ment de collines cache les villages qui s'accrochent à flanc de coteaux ou se nichent au creux des vallons. Peu tou-ristiques, ils ont pour la plupart gardé leur authenticité et offrent l'occasion de toucher à l'âme de la Provence dans des sites qui ont conservé la beauté qu'ils avaient au XIIe siècle quand les Cisterciens édifièrent l'abbaye du Thoronet.
On cultivait alors déjà la vigne sur ces terres calcaires et une visite du Var ne saurait être complète sans la dégusta-tion de ses crus de côtes de Provence.

Lever de soleil sur le port de Saint-Tropez

◁ **Boutique à Cotignac, village du haut Var**

À la découverte du Var et des îles d'Hyères

L e département du Var s'étend sur une superficie de 6 000 km²
mais compte moins de 800 000 habitants. 80 % d'entre eux
vivent sur le littoral et la moitié dans l'agglomération
toulonnaise. Prolongeant sa pointe la plus méridionale, les îles
d'Hyères forment un chapelet bordé de plages de sable fin où
s'épanouissent une faune et une flore spécifiques et protégées.
Deux grands lacs, Sainte-Croix et Saint-Cassien, permettent
dans l'arrière-pays la pratique des sports nautiques.

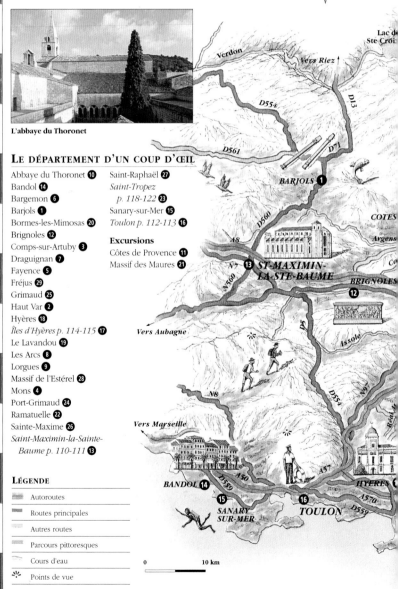

L'abbaye du Thoronet

LE DÉPARTEMENT D'UN COUP D'ŒIL

LÉGENDE

▬▬	Autoroutes
▬▬	Routes principales
▭▭	Autres routes
▭▭	Parcours pittoresques
	Cours d'eau
☀	Points de vue

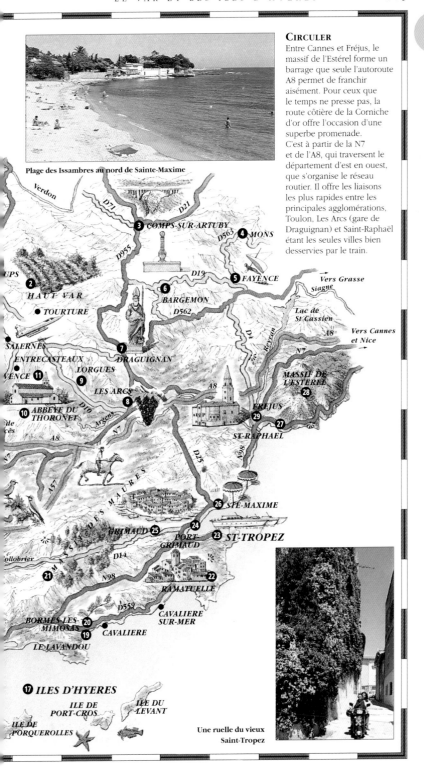

Plage des Issambres au nord de Sainte-Maxime

CIRCULER

Entre Cannes et Fréjus, le massif de l'Estérel forme un barrage que seule l'autoroute A8 permet de franchir aisément. Pour ceux que le temps ne presse pas, la route côtière de la Corniche d'or offre l'occasion d'une superbe promenade. C'est à partir de la N7 et de l'A8, qui traversent le département d'est en ouest, que s'organise le réseau routier. Il offre les liaisons les plus rapides entre les principales agglomérations, Toulon, Les Arcs (gare de Draguignan) et Saint-Raphaël étant les seules villes bien desservies par le train.

Une ruelle du vieux Saint-Tropez

Artisan façonnant un galoubet à Barjols

Barjols ❶

Carte routière D4. 🚗 2 150. 🅿️
🛈 bd Grisolle (04 94 77 20 01).
🛒 mar., jeu. et sam.

Les trois rivières qui arrosent ce village en amphithéâtre, niché dans un site verdoyant, ont permis, à partir de 1600, l'installation des tanneries qui assurèrent pendant près de quatre siècles sa prospérité. Leurs bâtiments abritent aujourd'hui des artisans.

Les fabricants des deux instruments qui accompagnent traditionnellement les danses provençales, le tambourin et le galoubet, petite flûte à trois trous, ont, parmi d'autres, fait la réputation de Barjols. Tous les quatre ans, le week-end le plus proche du 17 janvier, ils sonnent pour la fête des Tripettes qui célèbre un double événement : la découverte miraculeuse d'un bœuf au cours d'un siège et la translation des reliques de saint Marcel en 1350. Les réjouissances comprennent le sacrifice d'un bœuf qui est distribué à la population.

Elles se déroulent en partie à l'église Notre-Dame-des-Épines, rebâtie au XVIe siècle dans le style gothique mais qui a conservé, derrière les fonts baptismaux, le tympan roman de l'édifice original. Non loin se dresse l'hôtel des Pontevès au portail Renaissance sculpté. Ville d'eau qu'alimentent de nombreuses sources, Barjols compte des dizaines de lavoirs et fontaines, notamment la curieuse fontaine du Champignon sur la place Capitaine-Vincens.

La fontaine du Champignon à Barjols

Le haut Var ❷

✈️ Toulon-Hyères. 🚆 Les Arcs. 🚌 Aups. 🛈 Aups (04 94 70 00 80).

Entre Barjols et Comps-sur-Artuby s'étend au sud des gorges du Verdon *(p. 184-185)* l'immense camp militaire du plateau de Canjuers. Il borde la commune d'Aups, joli bourg dont la vieille ville abrite une église de style gothique provençal doté d'un portail Renaissance et le **musée Simon-Segal** qui présentent des peintures du XXe siècle dans un ancien couvent d'Ursulines. Tous les jeudis de mi-novembre à mi-février se tient à Aups le marché aux truffes. En été, la proximité du lac de Sainte-Croix lui donne une ambiance presque balnéaire.

Depuis Aups, la D557 conduit à Villecroze, village médiéval qui doit son nom de « ville creusée » aux grottes percées dans la falaise de tuf, d'où dévale la cascade alimentant les bassins du jardin public. Un seigneur y fit aménager au XVIe siècle une **habitation** qui se visite. À quelques kilomètres au nord-est de Villecroze, Tourtour a conservé son aspect moyenâgeux. Perché à 627 m au sommet d'une colline, ce « village dans le ciel » commande une vue portant de Saint-Raphaël au mont Ventoux. Presque à égale distance mais au sud-ouest, Salernes est réputé pour ses carrelages bien que la tommette hexagonale traditionnelle, trop difficile d'entretien, n'occupe plus qu'une place marginale dans la production de ses quinze fabriques. Son église romane offre la particularité de posséder deux clochers.

Le château d'Entrecasteaux dans le haut Var

Prendre la D560 qui conduit à l'ouest à Sillans-la-Cascade, petite localité fortifiée où la Bresque dévale une falaise de 45 m de hauteur (chemin balisé). Sur la D22, Cotignac niche ses maisons des XVIe et XVIIe siècles au creux d'une falaise de tuf. Elle offre un

Demeure troglodytique à Villecroze

Long de 110 m, le pont de l'Artuby domine les gorges du Verdon

décor majestueux aux spectacles donnés en été dans le théâtre de verdure créé à son pied. Ombragée et rafraîchie par la fontaine des Quatre-Saisons, la place de la Mairie est un coin provençal particulièrement agréable.

Entrecasteaux, sur la route qui mène à Lorgues, doit sa renommée à son château construit aux XVIe et XVIIe siècles sur le site d'une forteresse du XIe siècle. Il abrite une exposition retraçant son histoire et des expositions temporaires. Le Nôtre dessina le jardin (public).

🏛 Musée Simon-Segal
Rue Albert-Ier, Aups. **☎** 04 94 70 01 95. ◯ de mi-juin à mi-sept. : t.l.j. 🚫
♨ Grottes troglodytiques
Villecroze. **☎** 04 94 70 63 06. ◯ fév. et vacances de Pâques, de mi-mai à juin : t.l.j. après-midi ; de juil. à mi-sept. : t.l.j. ; de mi-sept. à mi-oct. : sam. et dim. ap.-midi. ● de nov. à Pâques. 🚫
♨ Château d'Entrecasteaux
83570 Entrecasteaux. **☎** 04 94 04 43 95. ◯ de sept. à juin : du jeu. au mar. ; juillet-août, t.l.j. ● 25 déc au 2 jan. et fév. 🚫

Comps-sur-Artuby ❸

Carte routière D3. 🏃 270. 🅿 ℹ
la mairie (04 94 76 90 16).

Construite au XIIe siècle et récemment restaurée, **l'église Saint-André** domine cet ancien carrefour de transhumance. Depuis son rocher, elle offre une belle vue des gorges creusées par l'Artuby avant de se jeter dans le Verdon (p. 184-185).

Au-dessus de la D21 menant au Logis du Pin, le village le plus haut du Var, Bargème, s'accroche à la montagne du Brouis à 1 067 m d'altitude. De son château, construit au XIVe siècle par les Pontevès, subsistent les ruines impressionnantes des tours et des remparts. Interdit aux voitures, le village se compose de belles maisons anciennes transformées en résidences secondaires. L'**église Saint-Nicolas**, élevée au XIIIe siècle, abrite un superbe retable (XVIe s.) du martyr saint Sébastien.

Mons ❹

Carte routière E3. 🏃 460. 🅿 ℹ
pl. St Sébastien (04 94 76 39 54).

Il émane un charme presque magique des ruelles étroites surplombées d'arcades de ce village qui occupe un site magnifique sur un promontoire rocheux. Depuis la place Saint-Sébastien, la vue s'étend sur toute la côte, de l'Italie à Toulon.

Ancien oppidum celto-ligure, Mons fut ravagé par la peste en 1348 et resta abandonné jusqu'en 1468 où Arnaud de Villeneuve y installa des immigrés génois. Ceux-ci élevèrent les kilomètres de murets soutenant les terrasses, ou « restanques », qui servaient aux cultures et ils gardèrent pendant des siècles leur propre dialecte : le figoun. Au sud, près du château privé de Beauregard, l'aqueduc de la Roche-Taillée fut creusé par les Romains dans le rocher.

L'aqueduc romain de la Roche-Taillée près de Mons

LES TRUFFES

Le diamant noir se ramasse en hiver au pied des chênes truffiers, généralement plantés, qui prospèrent sur les terrains calcaires. Tous les jeudis de novembre à mars, récoltants et acheteurs, souvent les cuisiniers de grands restaurants, se retrouvent à Aups pour d'âpres discussions autour des paniers d'osier.

Porc dressé à la recherche des truffes

Les toits de Bargemon vus depuis la colline surplombant le village

Fayence ❺

Carte routière E3. 🚶 *4 000.* 🚌
ℹ️ *place Léon-Roux (04 94 76 20 08).*
🗓️ *mar., jeu. et sam.*

Depuis les contreforts du plateau des Plans de Provence, Fayence domine la route qui relie Draguignan et Grasse. Abritant de nombreux artisans, le village aux ruelles pittoresques a conservé une partie de ses remparts du XIVe siècle, notamment sa porte sarrasine. Construite au début du XVIIIe siècle, l'**église Saint-Jean-Baptiste** renferme un maître-autel d'inspiration baroque sculpté en 1757 par Dominique Fossatti. De sa terrasse, la vue porte jusqu'aux Maures et à l'Estérel et permet de découvrir l'ancien

aérodrome militaire devenu l'un des plus grands centres de vol à voile d'Europe.

Le village de Tourrettes touche Fayence. Un curieux édifice se différencie des maisons : la copie de l'École des Cadets de Saint-Pétersbourg édifiée en 1824 pour le général du génie Alexandre Fabre. C'est aujourd'hui une luxueuse résidence privée.

Parmi les autres beaux villages accrochés au rebord du plateau figurent Montauroux, Callian et surtout Seillans qui a conservé un cachet très médiéval. En octobre, pour le Festival de musique du pays de Fayence, leurs charmantes églises accueillent des concerts de quatuor à cordes.

Bargemon ❻

Carte routière E3. 🚶 *1 050.* 🚌 *Les Arcs.* 🚌 ℹ️ *av. Pasteur (04 94 47 81 73 ap.-midi.)* 🗓️ *jeu.*

On a retrouvé autour de Bargemon des vestiges celto-ligures, et le village a conservé de nombreuses maisons anciennes et une grande partie de ses remparts médiévaux, notamment des portes fortifiées du XIIe siècle (*p. 19*). L'**église Saint-Étienne** (XVe s.) est accolée à l'une de ces anciennes portes. Pierre Puget aurait sculpté les têtes d'anges de son maître-autel.

Dressant sa flèche au-dessus des toits, la **chapelle Notre-Dame-de-Montaigu** porte le nom de la forêt de Belgique où fut sculptée la statuette miraculeuse de la Vierge qu'elle abrite et que rapporta un prêtre de Bargemon en 1635.

Draguignan ❼

Carte routière D4. 🚶 *34 000.* 🚌
ℹ️ *2, bd Lazare Carnot (04 98 10 51 05).* 🗓️ *mer. et sam.*

Difficile d'imaginer en visitant aujourd'hui la sous-préfecture du Var qu'elle fut au XVe siècle la quatrième ville de Provence.

Comme en témoigne le dolmen de la Pierre de la Fée (signalé par un panneau) qui se dresse à gauche de la route

---

ARTISANATS TRADITIONNELS

Alors que leurs activités agricoles n'ont cessé de régresser depuis la dernière guerre, Fayence et les villages aux alentours ont vu renaître de nombreux artisanats traditionnels, notamment, la poterie, la sculpture sur olivier et sur pierre et la peinture sur verre. Petites boutiques et ateliers vendent cette production le plus souvent de qualité mais parfois chère. Comparez les prix avant d'acheter.

Potier à Fayence

conduisant à Montferrat, la plaine où elle s'étend au pied du Malmont était déjà occupée avant l'époque romaine. C'est au Ve siècle, selon la légende, que saint Hermentaire, futur évêque d'Antibes, donna son nom à la cité en tuant le dragon qui hantait la région, et c'est en 1797 qu'elle acquit sa vocation administrative en ravissant la préfecture à Toulon, coupable de s'être livrée aux Anglais. Cette dernière prendra sa revanche en 1974 et Draguignan, en compensation, est devenue la plus importante ville de garnison de France.

Son vieux quartier, en grande partie piétonnier, conserve beaucoup de charme avec ses placettes, ses rues étroites et ses anciennes portes fortifiées. Coiffée d'un campanile, la tour de l'Horloge (1663) domine ses toits. Elle offre une belle vue du haut de ses 24 mètres. Place de la Paroisse, l'**église Saint-Michel**, reconstruite en style néo-gothique en 1869, renferme la statue de saint Hermentaire.

Deux musées occupent d'anciens couvents : le **musée des Arts et Traditions provençales**, qui présente les métiers et travaux agricoles d'autrefois, et le **musée municipal**, qui propose des peintures de Rembrandt à Renoir et de belles collections de meubles et de céramiques. Une salle est réservée aux expositions temporaires.

La bibliothèque, au premier étage, détient un manuscrit enluminé du Roman de la Rose datant du XIVe siècle.

Musée des Arts et Traditions provençales
15, rue Joseph-Roumanille.
04 94 47 05 72. du mar. au sam., dim. après-midi. jours fériés

Musée municipal
9, rue de la République. 04 94 47 28 80. du lun. au sam. jours fériés.

La Pierre de la Fée, à côté de Draguignan

Saint Hermentaire tuant le dragon

Les Arcs ❽

Carte routière D4. 🏠 5 000. 🚌 🚍 🛈 pl. du Général-de-Gaulle (04 94 73 37 30). 🎪 jeu.

À l'entrée du village en venant de Draguignan, l'**église Saint-Jean-Baptiste** (1850) abrite un polyptique de Louis Bréa (1501) et une crèche animée représentant le vieux quartier du Parage dont les ruelles bordées de maisons bien restaurées enserrent les ruines du château bâti par les Villeneuve au XIIIe siècle. La chapelle Saint-Pierre XII, au centre du passage, est devenue un lieu culturel où se succèdent des expositions variées.

À l'est, la D91 conduit à la **chapelle Sainte-Roseline** où voisinent un retable de la Nativité datant de 1541 et des œuvres d'artistes modernes comme Chagall et Giacometti. Cette chapelle, rachetée par la ville, appartenait à l'abbaye de la Celle-Roubaud, dont Sainte Roseline fut prieure de 1300 à 1329. Malgré l'interdiction de son père, seigneur des Arcs, elle nourrissait les pauvres. Elle vit selon la légende se transformer en roses les aliments qu'elle lui avait dérobés.

🔒 Chapelle Sainte-Roseline
Route Ste-Roseline, près du Muy et de La Motte. 🔲 du mar. au dim., l'ap.-m. ♿

Mosaïque de Marc Chagall (1887-1985) à la chapelle Sainte-Roseline

Lorgues ❾

Carte routière D4. 🚶 *7 500.* 🅿 🛈 *pl. d'Entrechaus (04 94 73 92 37).* 🅿 *mar.*

Dans une région vallonnée où pins et chênes verts côtoient vignes et oliveraies, Lorgues a conservé une partie de ses fortifications du XIIe siècle, notamment deux portes fortifiées. De jolies fontaines animent le quartier médiéval qu'elles enserrent.

Percé en 1835 et ombragé d'immenses platanes, le cours, particulièrement long, est le cadre de l'un des plus beaux marchés de la région.

La **collégiale**, consacrée en 1788, domine de sa masse imposante l'approche de la ville. Derrière une façade classique, elle abrite un orgue (1857) de la facture d'Augustin Zeiger, récemment restauré, et une Vierge à l'Enfant en marbre provenant de l'abbaye du Thoronet et attribuée à Pierre Puget.

L'abbaye du Thoronet ❿

Carte routière D4. *Le Thoronet.* 📞 🅗 *04 94 60 43 90.* ⊙ *tous les jours.* ● *1er jan., 1er mai, 1er et 11 nov., 25 déc.* 📷

Fondé en 1098, l'ordre de Cîteaux correspondait au désir de pureté dans la foi chrétienne qui anima toute

Le cloître de la partie nord de l'abbaye du Thoronet

l'Europe au XIe siècle. Les monastères qu'édifièrent ses moines répondaient à cet idéal. Entre 1160 et 1190, ils construisirent l'abbaye du Thoronet au creux d'un vallon isolé et propice à la méditation. L'architecture de ses bâtiments romans répond à la même philosophie : pas de décoration mais une beauté des proportions et des jeux de lumière qui invite à l'élévation de l'esprit. Des concerts organisés en été permettent d'apprécier l'acoustique remarquable de l'église, en particulier pour les voix.

Comme ses deux sœurs cisterciennes de Provence, Sénanque *(p. 164)* et Silvacane *(p. 174)*, l'abbaye du Thoronet commença à décliner au XIVe siècle. Très abîmée à la Révolution, elle fut rachetée par l'État en 1854, à l'instigation de Prosper Mérimée, et sauvée de la ruine. Les travaux de restauration continuent encore aujourd'hui.

Excursion au pays des côtes-de-provence ⓫

Le Var rural se consacre au vin partout où terrain et climat le permettent et ses vignobles s'étendent du haut Var à la côte. De nombreux domaines et coopératives jalonnent l'itinéraire que nous vous proposons. Il en existe beaucoup d'autres sur les routes environnantes. N'hésitez pas à les prendre, ne serait-ce que pour découvrir les paysages qu'elles traversent. Pour plus d'informations sur les régions viticoles de la Provence, voir pages 206 et 207.

CARNET DE ROUTE

Itinéraire : 100 km
Où faire une pause ? *Ouverte toute la journée et dotée d'un restaurant, la maison des Vins devrait être votre première halte. Vous pourrez même y réserver une chambre dans un domaine. Sinon sur la route, vous n'aurez aucun problème à trouver un lieu où déguster (sauf entre midi et 14 h). Pour un pique-nique, pensez au lac de Carcès.*

Entrecasteaux ⑥
Suivez la D50 vers Lorgues pendant environ 4 km puis prenez à gauche le chemin de Salgue menant au château Mentone.

les Salgues

CHATEAU MENTONE

D50

D31

⑥

D562

D562

Argens

⑤

D13

DOMAINE DE L'ABBAYE

D17

D79

④

Le Thoronet ④
Le nom du domaine de l'Abbaye évoque le superbe monastère cistercien.

D13

Carcès ⑤
Au sud de ce village qui a conservé son château, le lac de Carcès occupe le fond d'une vallée encaissée.

LÉGENDE

▬▬▬ Itinéraire

——— Autres routes

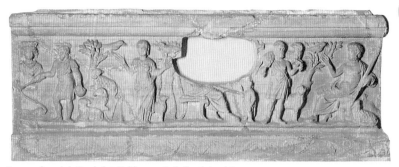

Le sarcophage de la Gayole (IIIᵉ siècle) au musée du Pays brignolais

Brignoles ⓬

Carte routière D4. 🏠 *12 500.*
🛈 *carrefour de l'Europe
(04 94 72 04 21).* 🅰 *mer., sam.*

D ans la vallée du Carami,
Brignoles s'est développé
sur une colline dominant
la rivière. Le palais que fit
construire le comte de
Provence vers 1260 se dresse
à son sommet, entouré de la
vieille ville médiévale. Il abrite

le **musée du Pays brignolais**,
célèbre pour son sarcophage
de la Gayole (IIIᵉ siècle)
sculpté de motifs où se mêlent
inspirations païenne et
chrétienne. On peut également
y découvrir la reconstitution
d'un intérieur traditionnel,
une collection de peintures et
la chapelle du palais ornée
de boiseries du XVIIᵉ siècle et
d'une Vierge noire.
À l'autre extrémité de la rue
des Lanciers s'élève l'église

Saint-Sauveur à la nef
gothique derrière un portail
roman. Une porte latérale
donne dans la rue du Grand-
Escalier qui, par la rue Louis-
Maître, conduit à la place
Carami et sa belle fontaine.

🏛 Musée du Pays brignolais
Palais des Comtes de Provence.
📞 *04 94 69 45 18.* ⭘ *du mer. au
dim.* ● *1ᵉʳ jan., Pâques, 1ᵉʳ mai,
1ᵉʳ nov., 25 déc.* 🎟

Flayosc ⑦
La vue depuis
l'église embrasse les
vignobles. Sur la
D57 en direction
des Arcs, une petite
route conduit au
domaine Rabriga.

Taille des vignes

Les Arcs ①
La maison des Vins se trouve
sur la N7, au sud du village.
La chapelle Sainte-Roseline
(*p. 107*) et le domaine du
même nom se trouvent à l'est.

Lorgues ③
La coopérative vend
vins et huile d'olive. Le
Château de Berne occupe
un superbe vallon.

Vidauban ②
Vous trouverez
rouges, rosés et
blancs de qualité
au château
d'Astros.

DRAGUIGNAN

CHATEAU
SAINTE-ROSELINE

FREJUS

Taradeau
CHATEAU
SAINT-MARTIN

MAISON DES VINS

CHATEAU D'ASTROS

0   2 km

La maison des Vins près des Arcs

Saint-Maximin-la-Sainte-Baume ⓭

Après avoir débarqué aux Saintes-Maries-de-la-Mer
(p. 34-35), Marie-Madeleine aurait vécu trente ans
en pénitence dans une grotte de la Sainte-Baume avant
d'être enterrée auprès de saint Maximin, le premier
évêque d'Aix. Les invasions sarrasines font oublier
l'emplacement du tombeau, mais des fouilles entreprises
par Charles d'Anjou en 1279 remettent au jour la crypte
et ses sarcophages. Seize ans plus tard commence sur
le site la construction du plus bel édifice gothique de la
région, la basilique Sainte-Marie-Madeleine.

Sarcophage de saint Sidoine
*C'est l'un des quatre sarcophages
du IVe siècle qu'abrite la crypte,
ancien caveau funéraire d'une
villa romaine.*

★ **Les reliques de
sainte Marie-
Madeleine**
*Ce reliquaire exécuté en
1860 renferme le chef
vénéré par les pèlerins
comme étant celui
de la sainte.*

**Escalier vers
la crypte**

L'abside fut
achevée au
début du
XIVe siècle ; la
tour de son
escalier tient
lieu de clocher.

★ **Le retable de Ronzen** *(1520)
En 22 panneaux, il illustre la
Passion du Christ et comprend
la plus ancienne vue connue
du palais des Papes d'Avignon.*

★ **L'orgue**
*Construit en 1773
par Jean-Esprit Isnard,
il est, avec 2 960 tuyaux,
l'un des plus beaux
de France. Lucien
Bonaparte le sauva
des destructions
révolutionnaires en lui
faisant jouer la Marseillaise.*

Entrée de la basilique
Les sculptures ornant le portail contrastent avec la façade du sanctuaire, restée inachevée. En effet, le manque d'argent mit un terme en 1532 à la dernière tranche des travaux.

MODE D'EMPLOI

Carte routière D4.
🛈 Place de l'Hôtel-de-Ville.
📞 04 94 59 84 59.
Basilique
🕐 de 9 h à 18 h, t.l.j.
✝ 10 h 30 dim. ⌀ ♿
Couvent royal
🕐 de 9 h à 18 h, t. l. j.
📷

Hôtel de ville
Il occupe, avec l'office du tourisme, l'ancienne hôtellerie (1750) du couvent royal.

Borne milliaire
Découverte sur la voie aurélienne (p. 125), cette borne du Ier siècle est exposée à l'entrée du cloître.

Ancien réfectoire

À NE PAS MANQUER

★ **Les reliques de sainte Marie-Madeleine**

★ **L'orgue**

★ **Le retable de Ronzen**

Cloître
Entourant un très agréable jardin, il dessert l'ancien couvent royal, devenu un hôtel restaurant et un centre culturel.

Sanary-sur-Mer où voisinent « pointus » et bateaux de plaisance

Bandol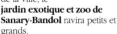

Carte routière C4. 🏔 7 500. 🚊 🚌
ℹ️ Service du Tourisme, allée Vivien
(04 94 29 41 35). 🚢 t.l.j.

Au creux d'une baie
protégée des vents du
nord, le port de Bandol s'est
développé grâce à l'exportation
de ses vins, les plus
réputés des côtes-de-
provence. Devenu
une agréable station
de villégiature, il
offre un excellent
point de départ pour
des promenades en
mer ou des
expéditions de
pêche. À la sortie
de la ville, le **Une appellation réputée**
jardin exotique et zoo de
Sanary-Bandol ravira petits et
grands.

🌿 **Jardin exotique et**
zoo de Sanary-Bandol
quartier Pont-d'Aran. 📞 04 94 29 40
38. 🕐 du lun. au sam., dim. ap.-midi.
🎞 ♿ 🚻

Sanary-sur-Mer 🔢

Carte routière C4. 🏔 16 000. 🚊
Ollioules-Sanary. 🚌 ℹ️ Pavillon du
Tourisme, Jardins-de-la-Ville (04 94 74
01 04). 🚢 mer.

Au pied du Gros Cerveau,
cette agréable station

balnéaire a pris le nom du saint
(Nazaire, san Nazari en
provençal) à qui est dédiée sa
charmante église paroissiale
(XIXᵉ siècle). Aujourd'hui
incorporée à un hôtel, une tour
médiévale (v. 1300) domine
le port. Fréquenté par Aldous
Huxley et Joseph Kessel
pendant l'entre-deux-guerres,
Sanary a accueilli
des écrivains et
intellectuels
allemands, tels
Bertolt Brecht,
Thomas Mann ou
Herbert Marcuse,
exilés après l'arrivée
d'Hitler au pouvoir.
Accessible
par le boulevard
Amiral-Courbet,
la chapelle Notre-Dame-de-
Pitié (1560), aux murs couverts
d'ex-voto, commande une
belle vue sur la baie et l'île des
Embiez.
Un bac assure des liaisons
régulières avec Le Brusc,
village niché dans un creux
de la presqu'île de Sicié à
l'emplacement de l'ancien port
massaliote de Tauroention.
Quelques kilomètres à l'est, la
chapelle **Notre-Dame-du-Mai**
(1625) se dresse au point
culminant (328 m) du cap Sicié,
d'où le panorama sur la côte
et les montagnes surplombant
Toulon est superbe. Lieu
de pèlerinage, elle renferme
de nombreux ex-voto.

Toulon 🔢

Carte routière D4. 🏔 160 000. ✈️
🚊 🚌 ℹ️ O.T., place Raimu
(04 94 18 53 00) 🚢 t.l.j. le matin.·

Situé au fond d'une des
plus belles et des plus sûres
rades de France, Toulon
ne connut de véritable
développement qu'au
XVIᵉ siècle quand son port servit
de base à la flotte française
pendant les guerres d'Italie.
Auparavant, les Romains
y avaient créé une teinturerie
impériale qui utilisait le murex
abondant dans les eaux
côtières, pour produire
le pourpre.
Quand, sous Louis XIV,
Colbert puis Vauban
agrandissent l'arsenal et

L'ancienne porte de l'arsenal
au musée de la Marine

renforcent les fortifications, le destin militaire de la ville est scellé. À la même époque, Pierre Puget sculpte les atlantes (1657) qui ornent aujourd'hui la mairie d'honneur bâtie sur le quai Cronstadt à l'emplacement de l'ancien hôtel de ville détruit, comme 4 000 maisons, en 1945.

Ne manquez pas les deux nouveautés : le **musée des Arts asiatiques** et le **musée de la Figurine**.

🏛 Musée de la Marine

Place Monsenergue. 📞 *04 94 02 10 61.* ⏰ *du mer. au lun.* ⬤ *jours fériés.* 📷 ♿ 🏠
Depuis 1976, les visiteurs pénètrent dans ce musée fondé en 1814 en franchissant l'ancienne porte (1738) de l'arsenal ornée de nombreuses sculptures, notamment les statues de Mars et de Minerve. Au rez-de-chaussée, la figure de proue du Neptune et les maquettes à très grande échelle de *La Sultane* et du *Duquesne*, navires du XVIIIᵉ siècle, dominent l'exposition.
Sur la galerie, peintures, estampes et maquettes retracent l'histoire de la marine jusqu'à nos jours.

🏛 Musée d'Art de Toulon

113, av. du Général-Leclerc.
📞 *04 94 36 81 00.* ⏰ *t.l.j. l'après-midi.* ⬤ *jours fériés.* ♿ *limité.*
Outre une collection de plus de 300 peintures provençales et de nombreuses œuvres des écoles italienne, flamande et française, il présente par roulement un très riche fonds d'art moderne et contemporain.

🏛 Musée du Vieux-Toulon

69, cours Lafayette. 📞 *04 94 92 29 23.*
⏰ *l'ap.-m. du lun. au sam.* ⬤ *vac. scol.*
Dans l'ancien évêché, datant en partie du Moyen Âge,

plans, estampes, peintures et objets évoquent les hauts faits d'armes de la ville et ses traditions provençales.

⛪ Cathédrale Sainte-Marie-Majeure

Place de la Cathédrale. ⏰ *t.l.j.*
Élevée au XIᵉ siècle, plusieurs fois remaniée, elle associe éléments romans et gothiques derrière une façade classique. Elle possède des œuvres d'art remarquables, notamment de Pierre Puget et de Jean-Baptiste Van Loo (1684-1745). Un très bel autel baroque orne la chapelle du Corpus Domini.

L'Opéra de Toulon domine la place Victor-Hugo

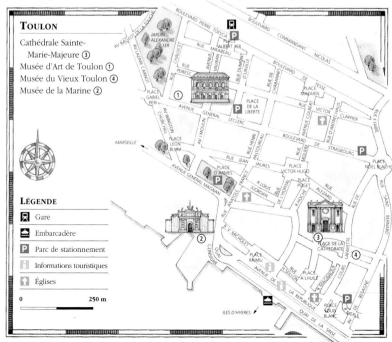

TOULON

Cathédrale Sainte-Marie-Majeure ③
Musée d'Art de Toulon ①
Musée du Vieux Toulon ④
Musée de la Marine ②

LÉGENDE

🚇 Gare
⚓ Embarcadère
🅿 Parc de stationnement
ℹ Informations touristiques
⛪ Églises

0   250 m

ILES D'HYÈRES

Les îles d'Hyères ⑰

Appartenant par leur géologie au massif des Maures, Porquerolles, Port-Cros et l'île du Levant ferment la rade d'Hyères, position stratégique dont profitèrent les Grecs, les Romains et les pirates sarrasins. Aujourd'hui encore, une base militaire occupe la presque totalité de l'île du Levant à côté du village naturiste d'Héliopolis. Classé parc national, Port-Cros offre aux visiteurs de nombreuses

Un cru rare : le côte des Îles

promenades, y compris un sentier sous-marin. Plus vaste et partiellement cultivée, Porquerolles ravira les amateurs de plages de sable fin. Des allées qui permettent d'explorer à pied ou à vélo la ville la sillonent.

CARTE DE SITUATION

LA FAUNE MARINE DE PORT-CROS

Palmes, masque et tuba suffisent pour suivre le sentier sous-marin de Port-Cros et découvrir dans une eau limpide les poissons qui se glissent entre les algues.

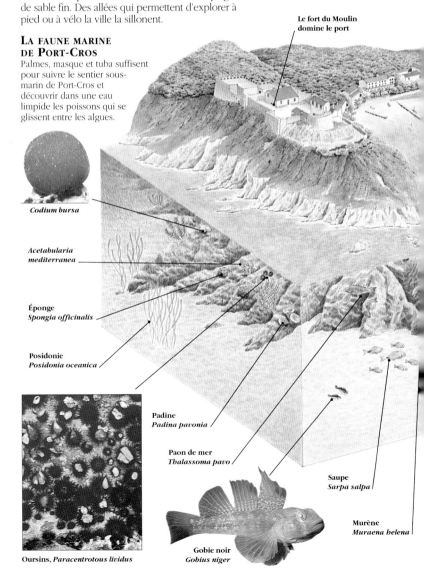

Le fort du Moulin domine le port

Codium bursa

Acetabularia mediterranea

Éponge *Spongia officinalis*

Posidonie *Posidonia oceanica*

Padine *Padina pavonia*

Paon de mer *Thalassoma pavo*

Saupe *Sarpa salpa*

Murène *Muraena belena*

Oursins, *Paracentrotous lividus*

Gobie noir *Gobius niger*

Port-Cros
*Au nord-est de l'île,
le minuscule village
de Port-Cros est niché
dans une rade
bordée de palmiers.*

MODE D'EMPLOI

Carte routière D5. 🚂 *Toulon-
Hyères.* 🚌 *Hyères.* 🚢 *Hyères.* 🚢
*d'Hyères (Tour-Fondue) à Porque-
rolles, t.l.j. (toutes les 30 mn en
été) ; d'Hyères et du Lavandou à
l'île du Levant et Port-Cros t.l.j.
(3 fois par semaine de nov. à mars).*
🛈 *Porquerolles (04 94 58 33 76).*

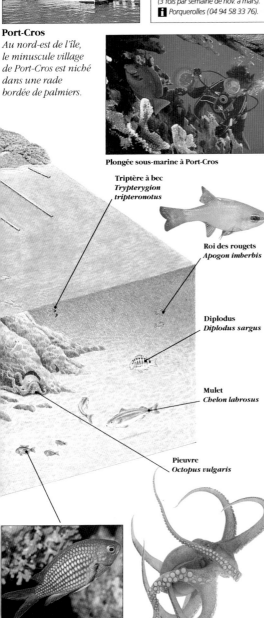

Plongée sous-marine à Port-Cros

Triptère à bec
*Trypterygion
tripteronotus*

Roi des rougets
Apogon imberbis

Diplodus
Diplodus sargus

Mulet
Chelon labrosus

Pieuvre
Octopus vulgaris

Demoiselle, *Chromis chromis*

Hyères ⑱

Carte routière D4. 🚶 *52 000.* ✈
Toulon-Hyères. 🚌 🚢 🚢 🛈
*rotonde Jean-Salusse, av. de Belgique
(04 94 01 84 50).* 🛒 *du mar. au sam.*

Si la cité actuelle doit son
développement au tourisme
et aux riches étrangers qui la
fréquentèrent à partir du
XVIIIe siècle, les Grecs
occupaient déjà la presqu'île de
Giens vers 300 av. J.-C. Au
Moyen Âge, les habitants se
réfugièrent sur la colline que
dominent toujours les ruines du
château seigneurial construit au
XIe siècle. Dans ce parc se
dresse la **villa de Noailles**
(1924), remarquable réalisation
d'avant-garde de Robert Mallet-
Stevens. Pittoresque, la vieille
ville s'étend à ses pieds. La
collégiale Saint-Paul date du
XIIe siècle dans ses parties les
plus anciennes et renferme de
très nombreux ex-voto peints.
Le sanctuaire le plus important
est toutefois l'église Saint-Louis,
gracieux exemple de la
transition du roman au
gothique.

Hyères s'est beaucoup
agrandie au XIXe siècle, perçant
de grands boulevards qu'ornent
des centaines de palmiers. Elle
offre aux vacanciers trois ports
de plaisance et 35 km de plages
de sable. Situés hors du centre,
les **jardins Olbius-Riquier**
proposent sur 6,5 ha des
plantes exotiques, un petit zoo
et une aire de jeux pour les
enfants.

🦋 Jardins Olbius-Riquier
Av. Amboise-Thomas. ⬜ *t.l.j.* ♿

**Architecture mauresque et
palmiers à Hyères**

Plage, hôtels et luxueuses villas au Lavandou

Le Lavandou ⑲

Carte routière D4. 🏃 *5 200.* 🚌 🚤 ❶ *quai Gabriel-Péri (04 94 00 40 50).* 🏠 *jeu.*

Petit port de pêche qui se sépara de la commune de Bormes-les-Mimosas en 1913, Le Lavandou devrait son nom au lavoir que représente la peinture (1736) de Charles Ginoux qui orne la mairie. Le compositeur Ernest Reyer (1823-1899) contribua à faire connaître le village ; la place où se dresse l'hôtel de ville porte son nom. En bord de mer, elle donne vue sur l'île du Levant et Port-Cros avec lesquelles sont assurées des liaisons régulières. Les premiers touristes, fortunés, qui fréquentèrent Le Lavandou ont laissé quelques belles villas sur la colline, quartier de la Renarde.

Ses plages de sable et son port de plaisance ont permis au petit port de se développer en une agréable station balnéaire où une clientèle plutôt jeune et décontractée trouve un large choix de bars, de restaurants et de boîtes de nuit. Un sentier maritime permet de découvrir les petites criques qui creusent le cap Bénat, où se touve le fort de Brégançon, résidence d'été du président de la République.

Bormes-les-Mimosas ⑳

Carte routière D4. 🏃 *5 100.* 🚌 ❶ *1, place Gambetta (04 94 01 38 38).* 🏠 *mar. et mer.*

Accroché aux contreforts des Maures à l'orée de la forêt du Dom, ce joli village médiéval s'étend sous son château auquel mène un

La rue Rompi-Cuou à Bormes-les-Mimosas

Excursion dans le massif des Maures ㉑

Le nom de ce massif ancien qui s'étend sur 60 km de long et 30 km de large entre Fréjus et Hyères ne viendrait pas des pirates sarrasins (ou maures) implantés à la Garde-Freinet jusqu'en 972 mais de *maouro* qui, en provençal, désigne un bois sombre. D'épaisses forêts couvrent en effet ses flancs nord. La nature cristalline du sol, une exception en Provence où règne le calcaire, leur donne une composition particulière. Châtaigniers, chênes-lièges et bruyère y abondent. L'itinéraire que nous vous proposons, par endroits étroit et sinueux, passe au cœur de cet espace sauvage et presque désert.

CARNET DE ROUTE

Itinéraire : 75 km
Où faire une pause ? Collobrières pour y déjeuner (p. 212). Visitez la chartreuse de la Verne (04 94 48 08 00) bien que la route qui y mène soit étroite. (Voir aussi p. 242-243.)

Village de tortues ③
Sur la D75 à la sortie de Gonfaron, un centre d'élevage essaie d'éviter la disparition de la tortue d'Hermann.

Notre-Dame-des-Anges ④
Ce prieuré à la chapelle ornée d'ex-voto se dresse près du point culminant (780 m) du massif.

Collobrières ⑤
Le village ombragé que traverse une rivière franchie par un pont du XIᵉ siècle est réputé pour ses marrons glacés.

À Collobrières

« parcours fleuri ». Pittoresques, ses rues en pente aux noms expressifs, comme la rue Rompi-Cuou, abritent de nombreux magasins d'artisanat. Partout, mimosas et essences rares agrémentent voies et jardins.

Édifiée en 1560, la **chapelle Saint-François-de-Paule** témoigne de la reconnaissance des villageois qu'il aurait sauvés de la peste. D'inspiration romane bien que construite à la fin du XVIIIᵉ siècle, l'église Saint-Trophime renferme un chemin de Croix (1980) par Alain Noon. Le musée « Art et Histoire », met l'œuvre paysagiste de Charles Cazin (1841-1901) à l'honneur.

Le port de plaisance de la Favière occupe une partie des 17 km de côtes de la commune.

🏛 **Musée « Art et Histoire »**
103, rue Carnot. ☎ 04 94 71 56 60.
⭕ du mer. au lun. (dim. : après-midi seulement). ♿

Vignes et pentes boisées entourent Ramatuelle

Ramatuelle ㉒

Carte routière E4. 🏘 1 950. 🚌
ℹ pl. de l'Ormeau (04 94 79 26 04).
🗓 jeu. et dim.

Ramatuelle, qu'occupèrent pendant 80 ans les Sarrasins, tirerait son nom de *Rahmatu'llah* qui signifie en arabe « bienfait de Dieu ». Entouré de vignobles, ce village perché a gardé le tracé de son enceinte fortifiée détruite pendant les guerres de Religion. Gérard Philipe (1922-1959) y repose et en son honneur, chaque été, des festivals proposent des concerts et des représentations théâtrales. À quelques kilomètres à l'ouest, les anciens moulins à vent de Paillas coiffent le point culminant (325 m) de la splendide presqu'île de Saint-Tropez, d'où le panorama est saisissant.

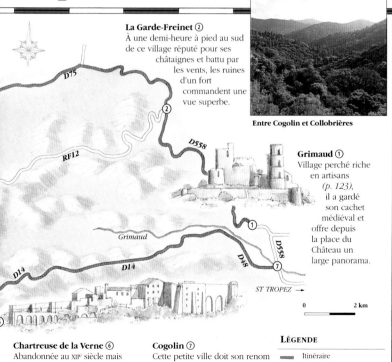

La Garde-Freinet ②
À une demi-heure à pied au sud de ce village réputé pour ses châtaignes et battu par les vents, les ruines d'un fort commandant une vue superbe.

Entre Cogolin et Collobrières

Grimaud ①
Village perché riche en artisans *(p. 123)*, il a gardé son cachet médiéval et offre depuis la place du Château un large panorama.

ST TROPEZ →

0   2 km

Chartreuse de la Verne ⑥
Abandonnée au XIIᵉ siècle mais restaurée, elle occupe un site splendide au milieu des châtaigniers.

Cogolin ⑦
Cette petite ville doit son renom à ses pipes de bruyère et à sa manufacture de tapis *(p. 219)*.

LÉGENDE

▬▬▬ Itinéraire
═══ Autres routes

Saint-Tropez pas à pas ❷❸

**Saint Torpes
dans sa barque**

Ancienne cité grecque puis romaine, Saint-Tropez, plusieurs fois détruite par les Sarrasins, fut du XVᵉ au XVIIᵉ siècles une république indépendante. Port de pêche et de cabotage, de corsaires aussi, elle repoussa de nombreuses attaques, exploits qu'évoquent ses bravades *(p. 34)*. Découverte au XIXᵉ siècle par des peintres, la localité devient après guerre une annexe de Saint-Germain-des-Prés. Malgré l'affluence touristique en été, ses ruelles et son port, aux maisons reconstruites à l'identique après de graves destructions en 1944, ont gardé une élégance un peu magique.

De la Fontanette part un sentier d'où la vue porte jusqu'à Sainte-Maxime.

Le quartier de la Ponche, relativement paisible, est resté typique.

Tour Vieille

Port de pêche
La tour Vieille le sépare d'un autre lieu de baignade : la crique de la Glaye.

Place de la Ponche

LA GLAYE

RUE DE LA PONCHE

Tour du Portalet

PLACE DE L'HÔTEL DE VILLE

RUE SIB

RUE DU CEPO

QUAI FRÉDÉRIC MISTRAL

Vieux Saint-Tropez
Une faune branchée envahit ses ruelles en été.

QUAI JE

Môle Jean Réveille

★ **Le quai Jean-Jaurès**
Bordé de maisons peintes, de boutiques et de grands cafés tel Sénéquier, c'est l'endroit où voir et être vu.

**Sur les remparts
de la citadelle**
*Dominant la ville à l'est,
la citadelle offre
une superbe vue des
toits et du golfe de
Saint-Tropez.*

MODE D'EMPLOI

Carte routière E4. 🏃 *5 750.*
🚌 *ancienne gare routière (04 94
97 88 51).* 🛈 *quai Jean-Jaurès
(04 94 97 45 21).* 🛒 *mar. et sam.*
🎭 *Bravades : du 16 au 18 mai,
15 juin.* Ⓦ *www.saint-tropez.st*

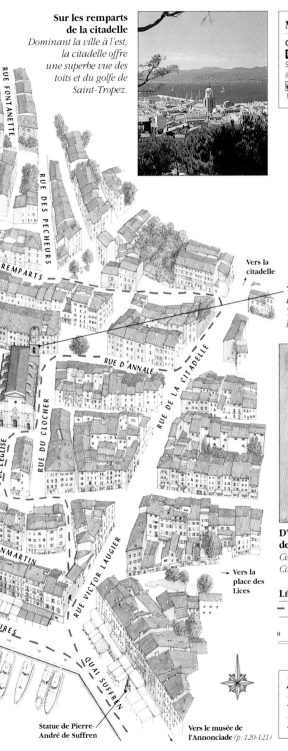

Vers la
citadelle

★ **L'église Saint-Tropez**
*Elle abrite le buste de saint
Torpes porté en procession
lors de la bravade de mai.*

RUE FONTANETTE

RUE DES PÊCHEURS

REMPARTS

RUE D'ANNALE

RUE DE LA CITADELLE

RUE DU CLOCHER

DE L'ÉGLISE

N MARTIN

RUE VICTOR LAUGIER

Vers la
place des
Lices

**D'une fenêtre, vue sur le port
de Saint-Tropez** *(1925-1926)*
*Cette aquarelle de Charles
Camoin se trouve à l'Annonciade.*

LÉGENDE

— — — Itinéraire

0   50 m

URES

QUAI SUFFREN

Statue de Pierre-
André de Suffren

Vers le musée de
l'Annonciade *(p. 120-121)*

À NE PAS MANQUER

★ **le quai Jean-Jaurès**

★ **L'église de St-Tropez**

Le musée de l'Annonciade

En 1955, l'architecte Louis Süe aménagea l'ancienne chapelle Notre-Dame-de-l'Annonciade (1568) pour présenter la collection d'art moderne constituée à partir de tableaux légués à l'État par Georges Grammont. Dans un cadre sobre sont exposées des œuvres peintes de la fin du XIXᵉ siècle à l'entre-deux-guerres par des artistes pointillistes, nabis ou fauves comme Signac, Bonnard ou Matisse. Elles témoignent de la volonté d'explorer les possibilités offertes par la couleur. Le musée possède également quatre sculptures d'Aristide Maillol.

Le Rameur *(1914)*
Cette œuvre est de Roger de la Fresnaye.

★ **Saint-Tropez, la place des Lices et le café des Arts**
(1925)
Charles Camoin, Tropézien d'adoption, peignit à plusieurs reprises cette célèbre place.

★ **L'Orage** *(1895)*
Ce tableau pointilliste de Paul Signac rend avec force la lumière d'un temps d'orage à Saint-Tropez.

Expositions temporaires

SUIVEZ LE GUIDE !
Le choix d'œuvres exposées change fréquemment au gré des thèmes choisis. Le rez-de-chaussée est souvent consacré aux expositions temporaires en rapport avec le fonds.

LÉGENDE DU PLAN

☐ Rez-de-chaussée

☐ Mezzanine

☐ Premier étage

☐ Circulations et services

★ **Nu devant la cheminée** *(1919)*
Toute la maîtrise de la couleur de Pierre Bonnard s'exprime dans cette peinture aux teintes douces et sensuelles.

Étude pour Le Temps de l'harmonie *(1893-1895)*
Paul Signac peignit cette petite huile préparatoire pour un personnage de la vaste toile aujourd'hui à la mairie de Montreuil.

MODE D'EMPLOI

Pl. Grammont, Saint-Tropez. ☎ 04 94 97 04 01. ◯ du mer. au lun. : de 10 h à 12 h, de 14 h à 18 h (juin-sept. : de 15 h à 19 h). ● 1er jan., ascension 1er mai, 25 déc. ▨ ⏀ ▣

Mezzanine

La Nymphe *(1930)*
Cette gracieuse évocation de la beauté idéale est l'une des quatre sculptures d'Aristide Maillol exposées à l'Annonciade.

Deauville, le champ de courses
Cette toile peinte par Raoul Dufy en 1928 témoigne de son attirance pour les stations balnéaires.

Entrée principale
(XVIIIe siècle)

À NE PAS MANQUER

★ **Saint-Tropez, la place des Lices et le café des Arts**

★ **L'Orage par Paul Signac**

★ **Nu devant la cheminée par Pierre Bonnard**

À la découverte de Saint-Tropez

Comptant moins de 6 000 habitants, Saint-Tropez accueille 5 millions de visiteurs par an. En été, pendant la journée, une partie de la foule se répartit sur les longues plages de sable situées hors de la ville. Malgré les embouteillages, celle-ci se remplit à nouveau avec le soir. Autour du quai Jean-Jaurès où sont amarrés de somptueux yachts se concentre l'animation qui déborde dans les ruelles des vieux quartiers et dans les nombreuses boîtes de nuit. Pour les amateurs de calme, un sentier pédestre de 35 km longe la mer jusqu'à Cavalaire.

Peintures en vente sur le quai Gabriel-Péri

Un aperçu de la ville

À moins de pouvoir arriver par la mer, c'est du môle Jean Réveille, digue fermant le port, que la vue des maisons du quai Jean-Jaurès est la plus belle. Elles inspirèrent Paul Signac qui se fixa à Saint-Tropez en 1892 et fit venir de nombreux peintres dont les œuvres sont exposées à l'Annonciade *(p. 120-121)*. À leur pied s'étalent les terrasses des grands cafés, le Paris, le Gorille ou Sénéquier *(p. 217)*.

La vieille ville s'étend derrière, autour de l'église, de l'hôtel de ville (la porte sculptée, en face, proviendrait de Zanzibar), et du château Suffren dont la tour date de 980. Pierre André de Suffren de Saint-Tropez, vice-amiral sous Louis XVI, a également donné son nom au quai qu'orne sa statue.

Le marché se tient le matin sur la place aux Herbes et le mardi et le samedi place des Lices. S'ouvrant devant le château Suffren, la rue Gambetta passe devant la chapelle de la Miséricorde, à l'harmonieux portail en serpentine, pour rejoindre la place des Lices, haut lieu de la vie bouliste tropézienne.

À l'est, au-delà du joli quartier de la Ponche qui borde l'ancien port de pêche, la citadelle occupe le sommet d'une colline. De ses remparts, le panorama s'étend jusqu'au cap Drammont. Son donjon hexagonal (1583) abrite le Musée naval de Saint-Tropez.

🏛 **Musée de l'Annonciade**
Voir p. 120-121

Clocher de l'église Saint-Tropez

🔒 Église Saint-Tropez
Rue de l'Église. ⭕ *t.l.j.*
Édifiée au début du XVIIIe siècle dans le style baroque, lumineuse et colorée, elle renferme plusieurs bustes de saints, notamment celui de Torpes, martyr romain dont le corps décapité aurait dérivé dans une barque avec un coq et un chien affamés, pour échouer miraculeusement intact en 68 à l'emplacement du village actuel.

La citadelle

🏛 Musée naval de Saint-Tropez
Forteresse. 📞 04 94 97 59 43.
⭕ *du mer. au lun.* ⬤ *nov., 1er jan., 1er mai, 25 déc.* 📷 ♿
Annexe du musée de la Marine de Paris, il est installé dans le donjon de la citadelle qui domine à l'est la ville et son golfe. Ses collections de vestiges archéologiques, maquettes, instruments de navigation, peintures et documents retracent le passé maritime de Saint-Tropez et illustrent le débarquement du 15 août 1944. Sont présents aussi une galère grecque, des canons espagnols du XVIe siècle et la coupe d'une torpille.

Brigitte Bardot à Saint-Tropez en 1973

Port-Grimaud ❷❹

Carte routière E4. 🚶 150. 🚌
ℹ️ 1, bd des Aliziers, 83310 Grimaud
(04 94 43 26 98). 🚌 jeu. et dim.

C'est en 1966 que commença à sortir des marais de l'embouchure de la Giscle, au fond du golfe de Saint-Tropez, le rêve d'un promoteur et architecte alsacien, François Spoerry. Sur 90 ha, 2 500 logements bordent aujourd'hui le réseau de canaux ouvert sur la mer de Port-Grimaud. Ce village créé de toutes pièces vit surtout en été malgré le souhait de son fondateur de le voir habité toute l'année par des propriétaires qui auraient « garé » leur bateau devant chez eux. Il n'en a pas moins acquis avec le temps un cachet presque authentique et attire près d'un million de visiteurs chaque année. Un service de coche d'eau permet de circuler sur les canaux. Inspirée du style roman provençal, l'**église Saint-François-d'Assise** est éclairée par des vitraux de Vasarely.

Grimaud ❷❺

Carte routière E4. 🚶 3 300. 🚌 ℹ️ 1, bd des Aliziers (04 94 43 26 98). 🚌 jeu.

E n 983, un noble génois, Gibelin de Grimaldi, se vit offrir un fief dans les Maures par le comte de Provence en récompense de ses loyaux services contre les Sarrasins. Pour veiller sur le golfe de Saint-Tropez, son successeur, Grimaldus, édifia sur un piton

Port-Grimaud vu depuis l'église Saint-François-d'Assise

situé à 6 km de la mer le château dont les ruines dominent toujours le village auquel il donna son nom.

La forteresse passa aux Templiers en 1119 puis aux Castellane qui l'abandonnèrent en 1655 sur l'ordre de Mazarin. Du pied de ses tours, le panorama est superbe.

Grimaud a gardé son aspect médiéval, et ses venelles et placettes rafraîchies par des fontaines offrent un très agréable cadre de promenade. Dans la rue des Templiers, remarquable pour ses arcades gothiques et ses portails en serpentine, la **maison des Templiers** (fermée au public), de style Renaissance, se dresse en face de l'église Saint-Michel, beau sanctuaire roman du XIᵉ siècle. C'est le roi René qui aurait offert son bénitier en marbre (XIIᵉ siècle).

À l'est du village sur la D14, la chapelle Notre-Dame-de-la-Queste (XIᵉ-XIIᵉ siècles) renferme un intéressant retable baroque.

Sainte-Maxime ❷❻

Carte routière E4. 🚶 12 000. 🚌 Saint-Raphaël, Saint-Tropez. ℹ️ promenade Simon-Lorière (04 94 96 19 24). 🚌 ven.

Plage à Sainte-Maxime

F ace à Saint-Tropez de l'autre côté du golfe, Sainte-Maxime appartint aux moines de Lérins qui la fortifièrent contre les pirates. Édifiée en 1520 comme moyen de défense, la tour Carrée servit successivement de grenier à grains, de prison et enfin de mairie jusqu'en 1935. Elle abrite aujourd'hui le **musée des Traditions locales**. Construite en vis-à-vis en 1762, l'église possède un autel baroque en marbre du XVIIᵉ siècle provenant de la chartreuse de la Verne.

C'est le tourisme qui a permis à la ville de se développer depuis la fin du XIXᵉ siècle et elle propose aujourd'hui, outre ses plages de sable, un port de plaisance et un casino.

🏛 Musée des Traditions locales
Place des Aliziers. 📞 04 94 96 70 30. ⬜ du mer. au lun. ⬛ lun. ap.-midi, 1er jan., 1er mai, 25 déc. 📷

Les ruines de son château veillent toujours sur Grimaud

Saint-Raphaël ❷⓽

Carte routière E4. 🏘 *30 000*. 🚉
🚌 ℹ️ *rue Waldeck-Rousseau (04 94 19 52 52).* 🚢 *du mar. au dim.*

Le château de La Napoule devenu un centre d'art

Lieu de villégiature de la *provincia* romaine, puis paisible village de pêcheurs, Saint-Raphaël entra dans l'Histoire quand Napoléon y débarqua à son retour d'Égypte en 1799. Lorsqu'il revint en 1813, c'était pour partir en exil à l'île d'Elbe. La cité se développa à la fin du XIXᵉ siècle avec l'arrivée du chemin de fer.

La gare sépare toujours la station balnéaire, créée à cette époque, de la vieille ville serrée autour de l'église Saint-Pierre (XIIᵉ siècle) dont l'ancien presbytère abrite le **Musée archéologique**.

🏛 Musée archéologique

Place de la Vieille-Église. 📞 *04 94 19 25 75.* ⏰ *du mar. au sam.* ⬤ *jours fériés.* 🈂️

Affiche du XIXᵉ siècle vantant Saint-Raphaël

Le massif de l'Estérel ❷⓼

Carte routière E4. 🚶 *Nice.* 🚉 🚌
Agay, Saint-Raphaël. ℹ️ *rue Waldeck-Rousseau, Saint-Raphaël (04 94 19 52 52).*

Entre les contreforts des Alpes et la mer où il tombe en impressionnantes falaises de porphyre rouge, le massif de roches éruptives de l'Estérel s'étend de Fréjus, à l'est, à la Napoule, à l'ouest. Il culmine à 618 m au mont Vinaigre.

Ce territoire âpre, aux forêts régulièrement ravagées par les incendies, ne fut totalement exploré qu'à la fin du XIXᵉ siècle. Il offrit longtemps un lieu de retraite aux ermites. Les brigands et les évadés du bagne de Toulon s'y cachaient, quant à eux, pour échapper à la maréchaussée. C'est notamment là que le célèbre Gaspard de Besse avait son repaire au XVIIIᵉ siècle.

La N7 contourne le massif sur son flanc nord, suivant approximativement le tracé de l'ancienne voie Aurélienne. À 11 km de Fréjus, au carrefour du Testanier, à droite, une route forestière mène au mont Vinaigre. À son terme, 15 mn de marche permettent de profiter au sommet d'un impressionnant panorama des Alpes jusqu'à la Sainte-Victoire.

Au sortir de Saint-Raphaël, la N98, la route du littoral justement appelée Corniche d'Or, traverse Boulouris puis serpente dans un décor grandiose jusqu'à Agay, petite station balnéaire au fond d'une rade sûre. L'exploitation de ses carrières de porphyre a cessé il y a seulement 20 ans. À la pointe de la Baumette se trouve un mémorial à Antoine de Saint-Exupéry. La route passe ensuite par Anthéor puis continue jusqu'à la pointe de l'Observatoire. Juste avant d'y parvenir, une route forestière part sur la gauche. Avant d'atteindre le col de Belle-Barbe, elle dépasse à droite une bifurcation vers le pic du Cap-Roux au sommet accessible, en une heure de marche, depuis le parking du plateau d'Anthéor.

Du parking du col de Belle-Barbe, un sentier conduit en 40 mn jusqu'au superbe ravin du Mal Infernet. Pour les bons marcheurs, il permet ensuite de rejoindre le col Notre-Dame, et de là (45 mn à pied depuis le parking) la cime du pic de l'Ours et son panorama extraordinaire. En voiture, depuis le col de Belle-Barbe, revenez sur vos pas jusqu'à la bifurcation, à gauche, pour le pic de l'Ours.

Après la pointe de l'Observatoire, la Corniche d'Or dessert plusieurs stations balnéaires avant d'atteindre La Napoule où le sculpteur américain Henry Clews (1876-1937) a restauré un château du XIVᵉ siècle devenu une fondation.

🏛 Fondation d'Art de la Napoule

Château de La Napoule, bd Henry-Clews. 📞 *04 93 49 95 05.* ⏰ *de mars à nov. : du mer. au lun. ap.-midi.* 🈂️ 🚻

Forêts et incendies se disputent l'Estérel

Fréjus ㉙

Carte routière E4. 👥 *52 000.* 🚉
🚌 ℹ️ *325, rue Jean-Jaurès (04 94 51 83 83).* 🛒 *mer., sam. et dim.*

C'est Cicéron qui mentionne pour la première fois en 43 av. J.-C. le Forum Julii qu'aurait fondé Jules César avant que son fils adoptif, Auguste, le premier empereur de Rome, en fasse un port militaire. Installée sur un banc rocheux dans la vallée alluviale de l'Argens, la colonie se développe et devient un grand centre commercial.

Il subsiste de cette ville romaine une partie des remparts, notamment la porte des Gaules qui s'ouvre à l'ouest près de l'amphithéâtre. Ces dernières pouvaient accueillir dix mille spectateurs. Aujourd'hui y sont organisés des jeux taurins et des concerts. À l'est, l'aqueduc arrivait au niveau de la porte de Rome, aujourd'hui détruite. Près de celle-ci, le théâtre,

Mosaïque au Musée archéologique de Fréjus

construit au Ier siècle av. J.-C., accueille toujours des spectacles.

La porte d'Orée (IIe siècle), vestige d'une salle voûtée appartenant à des thermes, marque l'emplacement de l'ancien port qu'un canal reliait à la mer.

Les Sarrasins rasèrent la ville en 940 et il fallut attendre 990 pour que l'évêque Riculphe la relève. L'agglomération médiévale se développa autour de l'ensemble fortifié du **groupe épiscopal** qui comprend notamment la cathédrale et le cloître abritant le Musée archéologique.

Elle ne retrouva toutefois pas l'importance de la cité antique et le port, mal entretenu, s'ensabla. Devenu un marécage insalubre, il est comblé en 1810 et transformé en terrain agricole si bien que Fréjus-Plage et son sable fin se trouvent aujourd'hui à 2 km du centre.

À 2 km également, mais à l'est de l'amphithéâtre (entrée

Puits du cloître du groupe épiscopal de Fréjus

place Calvini), se dresse la pagode bouddhique construite pendant la Première Guerre mondiale par des soldats vietnamiens engagés dans l'armée française.

🏛 **Amphithéâtre de Fréjus**
Rue Henri-Vadon, Provence de Puget-sur-Argens. 📞 *04 94 51 34 31.* 🕐 *du mer. au lun.*
🔹 **Groupe épiscopal**
58, rue de Fleury. 📞 *04 94 51 26 30.*
🕐 *d'avril à sept. : t.l.j., d'oct à mars : du mar. au dim.* ⬤ *jours fériés.*
🎫 *pour le cloître.* 🔧

GROUPE ÉPISCOPAL

Cet ensemble élevé à partir du XIIe siècle et fortifié au XIVe comprend un baptistère datant du Ve siècle, le plus vieux de France.

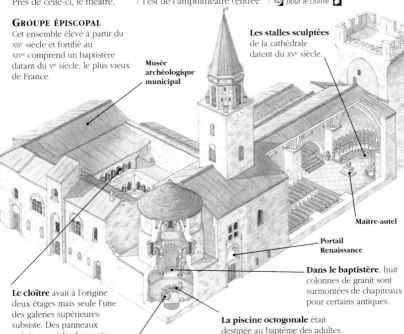

Musée archéologique municipal

Les stalles sculptées de la cathédrale datent du XVe siècle.

Maître-autel

Portail Renaissance

Dans le baptistère, huit colonnes de granit sont surmontées de chapiteaux pour certains antiques.

Le cloître avait à l'origine deux étages mais seule l'une des galeries supérieures subsiste. Des panneaux peints ornent la charpente.

Bassin en terre

La piscine octogonale était destinée au baptême des adultes.

LES BOUCHES-DU-RHÔNE
ET NÎMES

L e sud-ouest de la Provence renferme à la fois sa plus grande et sa plus vieille cité, Marseille, fondée alors que Paris était à peine un village, et sa partie la plus sauvage, la Camargue, terre de liberté pour les oiseaux et les taureaux. Dans la riche plaine du Rhône, les Romains ont laissé de nombreux vestiges, notamment à Arles et Nîmes.

C'est vers 600 av. J.-C. que des Grecs venus de Phocée, en Asie Mineure, fondent Massalia. La ville devient très vite un grand centre de commerce et malgré des périodes de déclin, elle ne perdra jamais sa vocation marchande et une farouche volonté d'indépendance. Les Romains, à partir du IIe siècle av. J.-C., vont surtout s'intéresser au développement de l'intérieur des terres. Les vestiges qu'ils laissèrent à Arles, Glanum et Nîmes, tout comme le pont du Gard, élément de l'aqueduc alimentant cette ville en eau depuis Uzès, témoignent de la richesse de la *provincia* qu'ils créèrent.

« Une race d'aiglons », tels sont les mots qu'utilise Frédéric Mistral pour décrire les seigneurs qui régnèrent au Moyen Âge sur près de quatre-vingts fiefs depuis leur repaire des Baux-de-Provence. Leur Cour d'Amour *(p. 142-143)*, en ce site extraordinaire, connaît un grand renom auprès des dames de haute naissance et des troubadours du XIIIe siècle. Pendant qu'ils inventent les bases de la littérature occidentale, Saint Louis fonde Aigues-Mortes d'où il part en croisade. Au XVe siècle, le bon roi René *(p. 46-47)* tient sa cour à Aix-en-Provence où l'université, fondée en 1409 par son père, anime toujours la vie de la cité. Lorsqu'il veut s'en échapper, il gagne son château de Tarascon qui se dresse au bord du Rhône.

Les randonneurs découvriront de superbes paysages dans les Alpilles ou les calanques de Marseille. La Camargue permettra à tous les amoureux de la nature d'aller, notamment à cheval, à la rencontre d'une faune et d'une flore d'une grande richesse.

Produits du terroir au marché d'Aix-en-Provence

◁ **La statue de Saül à Aix-en-Provence, sculptée par Joseph Sec en 1792**

À la découverte des Bouches-du-Rhône et de Nîmes

Le delta du Rhône constitue la partie la plus plate de la Provence. Au sud la Camargue, au nord une plaine fertile propice aux cultures maraîchères et des villes chargées d'histoire comme Arles et Nîmes. L'est du département est plus accidenté avec la chaîne des Alpilles, idéale à découvrir depuis Saint-Rémy-de-Provence, et les hauteurs entourant Aix et Marseille, très différentes malgré leur proximité. Entre Marseille et Cassis, les Calanques, criques étroites bordées de blanches falaises, se découvrent à pied ou en bateau.

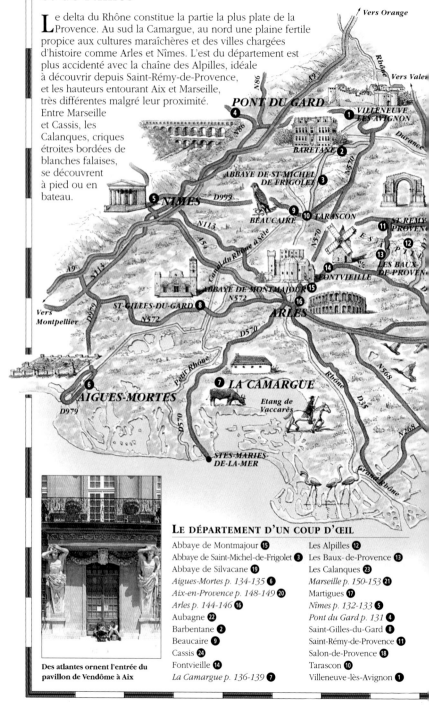

Des atlantes ornent l'entrée du pavillon de Vendôme à Aix

LE DÉPARTEMENT D'UN COUP D'ŒIL

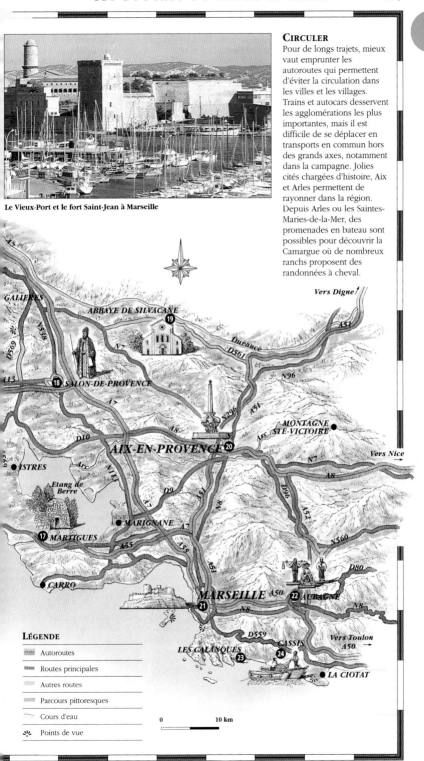

Le Vieux-Port et le fort Saint-Jean à Marseille

CIRCULER

Pour de longs trajets, mieux vaut emprunter les autoroutes qui permettent d'éviter la circulation dans les villes et les villages. Trains et autocars desservent les agglomérations les plus importantes, mais il est difficile de se déplacer en transports en commun hors des grands axes, notamment dans la campagne. Jolies cités chargées d'histoire, Aix et Arles permettent de rayonner dans la région. Depuis Arles ou les Saintes-Maries-de-la-Mer, des promenades en bateau sont possibles pour découvrir la Camargue où de nombreux ranchs proposent des randonnées à cheval.

LÉGENDE

Autoroutes

Routes principales

Autres routes

Parcours pittoresques

Cours d'eau

Points de vue

0   10 km

Fontaine Saint-Jean de la
chartreuse du Val-de-Bénédiction

Villeneuve-lès-Avignon ❶

Carte routière B3. 🏃 *12 500.* 🚊 *Avignon.* 🚌 🛈 *1, pl. Charles-David (04 90 25 61 33).* 🚍 *jeu. et sam.*

F ace à Avignon, Villeneuve s'est développée au XIVe siècle quand les cardinaux de la cour pontificale y construisirent leurs résidences : les livrées. La **tour Philippe-le-Bel** (1307) gardait le pont Saint-Bénézet qui reliait les deux villes par-dessus le Rhône. De sa terrasse, en haut de 176 marches, la vue est superbe comme celle que l'on peut avoir des deux tours rondes de l'entrée du **fort Saint-André** (XIVe s.).

Reconstruit au XVIIe siècle, l'hôtel où mourut Pierre de Luxembourg en 1387 abrite le **musée municipal Pierre-de-Luxembourg** réputé pour ses collections de peintures religieuses. Elles

comprennent l'une des plus belles œuvres de l'école d'Avignon : *Le Couronnement de la Vierge* (1453) d'Enguerrand Quarton.

Fondée en 1356 par Innocent VI, la **chartreuse du Val-de-Bénédiction** est devenue un centre culturel, mais ses trois cloîtres, son église et sa chapelle pontificale sont ouverts à la visite.

♠ Fort Saint-André
Villeneuve-lès-Avignon. 📞 *04 90 25 45 35.* ⏰ *t.l.j.* ⬤ *jours fériés.* 📷

🏛 Musée municipal Pierre-de-Luxembourg
Rue de la République. 📞 *04 90 27 49 66.* ⏰ *de juin. à sept. : t.l.j. ; d'oct. à mai : du mar. au dim.* ⬤ *fév. et jours fériés.* 📷 ♿

⛪ Chartreuse du Val-de-Bénédiction
Rue de la République. 📞 *04 90 15 24 24.* ⏰ *t.l.j.* ⬤ *1er jan., 1er mai, 1er et 11 nov., 25 déc.* 📷

Barbentane ❷

Carte routière B3. 🏃 *3 300.* 🚊 *Avignon, Tarascon.* 🚌 🛈 *la mairie (04 90 95 50 39).*

L es membres de la cour papale aimaient à résider à Barbentane, mais le village établi sur les pentes de la Montagnette n'a gardé que le donjon (tour Anglica) du château que fit construire au XIVe siècle le frère d'Urbain V. À côté se dresse la porte Séquier qui permet l'accès à la vieille ville où la maison des Chevaliers, à l'élégante façade Renaissance, fait face à l'église bâtie au XIIe siècle et maintes fois remaniée.

Construit en 1674 à proximité du quartier médiéval, le **château de Barbentane**, de style classique, a conservé une somptueuse décoration intérieure.

♠ Château de Barbentane
Barbentane. 📞 *04 90 95 51 07.* ⏰ *de Pâques à juin, oct. : du jeu. au mar. ; de juil. à sept. : t.l.j. ; de nov. à mars : dim.* ⬤ *1er jan., 1er nov., 25 déc.* 📷

Poupée provençale et son coche
au château de Barbentane

L'abbaye de Saint-Michel-de-Frigolet ❸

Carte routière B3. 📞 *04 90 95 70 07.* ⏰ *t.l.j.* ⬤ *(cloîtres) sam. et jours fériés.* 📷 *obligatoire pour les cloîtres : 14 h 30 du lun. au ven., 16 h le dim.* ♿

A u creux d'un vallon de la Montagnette où pousse en abondance le thym *(férigoulo)* qui lui donna son nom, cette abbaye fondée au Xe siècle juxtapose des bâtiments d'époques différentes. Somptueusement décorée, l'église néo-gothique (1863-1866) incorpore ainsi la chapelle romane Notre-Dame-de-Bon-Remède (XIe s.) qui fait office d'abside du bas-côté gauche.

Installés depuis 1858 dans le monastère dont ils furent chassés entre 1880 et 1923, les prémontrés vendent toujours l'élixir du père Gaucher, rendu célèbre par Daudet dans les *Lettres de mon moulin.*

Plafond de l'abbatiale de Saint-Michel-de-Frigolet

Le pont du Gard ❹

Carte routière A3. 🚃 *Nîmes.*
🛈 *route du Pont du Gard,*
30120 Vers (04 66 37 50 99).

Le pont du Gard et la vallée du Gardon qu'il enjambe

Aussi souvent qu'on ait pu le voir en reproduction, découvrir le pont du Gard dans son cadre de verdure, de rochers et d'eau reste un moment marquant.

Construit au Iᵉʳ siècle ap. J.-C., cet extraordinaire ouvrage d'art long de 275 m et haut de 48 m faisait partie de l'aqueduc romain qui alimentait Nîmes *(p. 132-133)* en eau fraîche captée à Uzès.

D'une longueur de 50 km, l'aqueduc acheminait

**Graffitis laissés par des maçons au
XVIIIᵉ siècle**

20 000 m³ d'eau par jour. Coupé chaque fois que Nîmes subissait un siège, par manque d'entretien, il commença à s'obstruer au IVᵉ siècle. Au IXᵉ siècle, il ne fonctionnait plus.

Devenu un pont routier, le pont du Gard se détériora jusqu'au XIXᵉ siècle et sa restauration fut commandée par Napoléon III. Sauf en juillet et en août, les voitures circulent toujours sur le tablier le plus bas que l'on peut emprunter à pied toute l'année. Un parc culturel vient tout juste d'ouvrir, avec un musée et un auditorium racontant l'histoire du pont.

**Des pierres en saillie supportaient
les échafaudages**

LES VESTIGES DE L'AQUEDUC

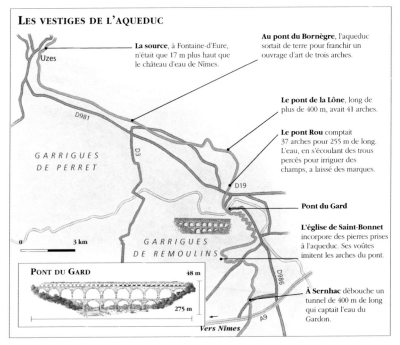

La source, à Fontaine-d'Eure, n'était que 17 m plus haut que le château d'eau de Nîmes.

Au pont du Bornègre, l'aqueduc sortait de terre pour franchir un ouvrage d'art de trois arches.

Le pont de la Lône, long de plus de 400 m, avait 41 arches.

Le pont Rou comptait 37 arches pour 255 m de long. L'eau, en s'écoulant des trous percés pour irriguer des champs, a laissé des marques.

Pont du Gard

L'église de Saint-Bonnet incorpore des pierres prises à l'aqueduc. Ses voûtes imitent les arches du pont.

À Sernhac débouche un tunnel de 400 m de long qui captait l'eau du Gardon.

Uzes

D981

GARRIGUES DE PERRET

D3

D19

GARRIGUES DE REMOULINS

D986

A9

0   3 km

PONT DU GARD   48 m

275 m

Vers Nîmes

Nîmes ❺

Affiche pour la feria de Nîmes

À l'entrée de l'avenue Jean-Jaurès, la grande artère de la ville, la statue d'un taureau témoigne de la passion des Nîmois pour les corridas, passion qui emplit les arènes romaines à chacune des trois ferias annuelles *(p. 30-31)*. Si la cité se tourne aujourd'hui vers le tourisme pour son développement, mettant en valeur son riche patrimoine architectural et artistique, elle entretient également une tradition textile séculaire. La serge bleue qu'utilisa monsieur Levi Strauss pour fabriquer les premiers jeans était de Nîmes (denim).

À la découverte de Nîmes

En fondant après la bataille d'Actium (31 av. J.-C.) une colonie à l'emplacement de la capitale des Volques Arécomiques, les Romains donnèrent à la ville le crocodile enchaîné de ses armoiries. L'Antiquité lui a également laissé les nombreux monuments qui entourent le vieux Nîmes médiéval serré autour de sa cathédrale romane. Ruelles et passages y sont très animés et d'audacieuses réalisations modernes, tel le Carré d'Art, apportent un contrepoint harmonieux aux vieux immeubles de pierres blanches.

Les armes de la ville, un crocodile et un palmier

⌂ Arènes

Bd des Arènes. ☎ 04 66 76 72 77. ◷ t.l.j. ● 1ᵉʳ jan., 1ᵉʳ mai, 25 déc. et les jours de représentations. 🎦 ♿
Construites au Iᵉ siècle av. J.-C., elles sont probablement les mieux conservées de tout l'Empire romain. Longues de 130 m, larges de 100 m et hautes de 21 m, elles possèdent une arène de 68 m sur 37 m. 20 000 spectateurs venaient y regarder les gladiateurs s'entretuer. Converties en forteresse au Moyen Âge, elles se transformèrent ensuite en un véritable village où vivaient 700 habitants au début du XIXᵉ siècle, avant leur restauration. Elles peuvent accueillir aujourd'hui jusqu'à 7 000 spectateurs pour des corridas ou des concerts.

⌂ Porte d'Auguste

Bd Amiral-Courbet.
Vestige de l'enceinte fortifiée antique, cette porte sur la voie domitienne qui reliait l'Espagne à Rome comporte deux passages pour les piétons et une arche centrale qu'empruntaient chars et chevaux. Une inscription révèle que les remparts, élevés en 15 av. J.-C., faisaient près de 6 km.

L'amphithéâtre romain accueille désormais corridas et spectacles

♜ Maison Carrée

Pl. de la Maison-Carrée.
☎ 04 66 36 26 76. ◷ t.l.j.
● 1ᵉʳ jan., 1ᵉʳ mai, 25 déc.
C'est le temple romain le mieux conservé du monde. Élevé à la fin du Iᵉʳ siècle av. J.-C., il bordait le forum au tracé indiqué par des pieds de colonnes. Ses chapiteaux corinthiens dénotent une influence hellénique.

🏛 Carré d'Art

Pl. de la Maison-Carrée.
☎ 04 66 76 35 80. ◷ du mar. au dim. 🎦 ♿ 🅿 ▢
Dessiné par le Britannique Norman Foster comme un pendant moderne à la Maison Carrée, cet édifice est depuis 1993 un centre culturel et un musée d'art contemporain.

Le Carré d'Art de Norman Foster

🏛 Musée du Vieux-Nîmes

Pl. aux Herbes. ☎ 04 66 76 73 70.
◷ du mar. au dim. ● 1ᵉʳ jan., 1ᵉʳ mai, 1ᵉʳ nov., 25 déc. 🎦 ▢
Dans l'ancien palais épiscopal du XVIIᵉ siècle, près de la cathédrale, ce musée présente dans un intérieur superbement restauré, les arts et traditions populaires de la ville et de sa région. L'exposition comprend des céramiques et de beaux meubles, notamment une table de billard marquetée.

🏛 Musée archéologique et musée d'Histoire naturelle

13 bis, bd Amiral-Courbet. ☎ 04 66 76 74 80. ◷ du mar. au dim. ● 1ᵉʳ jan., 1ᵉʳ mai, 1ᵉʳ et 11 nov., 25 déc. 🎦
Dans l'ancien collège des jésuites, ce musée présente au rez-de-chaussée des sculptures, armes et poteries datant d'avant les Romains. Au premier étage, objets et ustensiles gallo-romains donnent une bonne

image de la vie quotidienne pendant l'Antiquité. Les collections comprennent également de la verrerie, de la céramique et des monnaies. La chapelle accueille des expositions temporaires.

🏛 Musée des Beaux-Arts

Rue Cité-Foulc. 📞 *04 66 67 38 21.* ⭘ *du mar. au dim.* ⬤ *1ᵉʳ jan., 1ᵉʳ mai, 1ᵉʳ et 11 nov., 25 déc.* 📷 ♿

Outre la remarquable mosaïque romaine *Le Mariage d'Admée*, il rassemble un ensemble de tableaux des écoles italienne, française, flamande et hollandaise du xvᵉ au xixᵉ siècle. À remarquer : *Suzanne et les Vieillards* de Jacopo Bassano.

🏛 Cathédrale Notre-Dame-et-Saint-Castor

Pl. aux Herbes. ⭘ *t.l.j.*

Bâtie en 1096, elle a été presque intégralement reconstruite dans le style romano-byzantin au xixᵉ siècle. La frise supérieure de sa façade (xiᵉ s.) retrace les épisodes de la Génèse (les six premières scènes sont romanes).

🏛 Castellum

Rue de la Lampèze.

Entre la porte d'Auguste et la tour Magne, ce bassin pris dans l'enceinte romaine servait de réceptacle aux eaux apportées d'Uzès par l'aqueduc du pont du Gard *(p. 131)*. Dix canalisations la répartissaient ensuite dans les quartiers.

🌿 Jardins de la Fontaine

Quai de la Fontaine.

En aménageant au xviiiᵉ siècle ce superbe parc dans le prolongement de l'avenue Jean-Jaurès, J.-P. Mareschal le dota d'une réplique de la fontaine sacrée de la source de Nemausus. Les plans d'eau, agrémentés de statues, s'étendent devant les ruines du temple de Diane (iiᵉ s.) avant d'alimenter un bassin et un canal. Occupé par des bénédictines au Moyen Âge, le temple fut ravagé pendant les guerres de Religion. Le mont Cavalier domine les jardins. À son sommet (114 m) se dresse la tour Magne, ancienne défense de l'enceinte romaine.

Statue au Musée archéologique

MODE D'EMPLOI

Carte routière A3. 🚗 *130 000.* ✈ *Nîmes-Arles-Camargue.* 🚇 *bd Talabot.* 🚌 *rue Sainte-Félicité.* ℹ *6, rue Auguste (04 66 58 38 00).* 🍴 *t.l.j.* 🎭 *feria d'Hiver (fév.) ; feria de Pentecôte (Pentecôte) ; feria des Vendanges (mi-sept.).* 🌐 *www.ot-nimes.fr*

Élevée en 15 av. J.-C., octogonale et haute de 34 m, elle offre aux courageux prêts à grimper ses 140 marches une vue splendide sur la ville, les Cévennes et le mont Ventoux.

L'Obéissance récompensée par **Boucher, musée des Beaux-Arts**

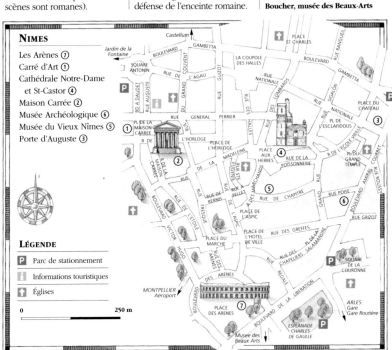

NÎMES

Les Arènes ⑦
Carré d'Art ①
Cathédrale Notre-Dame et St-Castor ④
Maison Carrée ②
Musée Archéologique ⑥
Musée du Vieux Nîmes ⑤
Porte d'Auguste ③

LÉGENDE

🅿 Parc de stationnement

ℹ Informations touristiques

⛪ Églises

0 ————— 250 m

Aigues-Mortes ❻

L es rois de France ne possédant pas de port sur la
Méditerranée au début du XIIIe siècle, Louis IX, qui
projetait de partir en croisade, acheta en 1240 une vaste
étendue désolée et marécageuse à la limite de la Camargue.
Il y fonda une ville au plan en damier. En 1248, il pouvait
embarquer avec 1 500 navires *(p. 42-43)* et non d'une cité
étrangère comme Marseille. Aigues-Mortes présente
aujourd'hui le même aspect que vers 1300 quand s'acheva
la construction de son enceinte fortifiée, bien qu'elle ait
perdu sa fonction portuaire car les sédiments du
Rhône ont ensablé le chenal qui la reliait à la mer.

**Dans la tour de la
Poudrière** étaient
entreposées armes et
munitions.

**Porte de
l'Arsenal**

Louis IX
*Celui qui allait devenir
Saint Louis dut proposer
d'énormes avantages
fiscaux pour attirer
des habitants dans
cette zone
insalubre.*

RUE DE L'ARSENAL

RUE HOCHE

RUE ROUGET DE L'ISLE

RUE S ARSENAL

RUE ROGER

SALENGRO

BOULEVARD GAMBETTA

RUE EM

RUE PAUL BERT

RUE BAUDIN

RL

RUE DE

La porte de la Reine
doit son nom à Anne
d'Autriche qui visita
la ville en 1622.

**Dans la tour de la
Mèche**, une flamme
brûlait en permanence
pour allumer les canons.

**Chapelle des
Pénitents-Blancs**

Tour des Sels

★ **Les remparts**
*Longs de 1 634 m, percés de
meurtrières et surmontés d'un
chemin de ronde, ils comportent
dix portes et six tours.*

**Chapelle des
Pénitents-Gris**
*Construite de 1676 à
1699, elle est toujours
utilisée par l'ordre fondé
en 1400 qui lui a donné
son nom.*

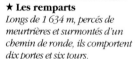

À NE PAS MANQUER

★ **La tour de Constance**

★ **Les remparts**

Porte de la Marine
C'était la porte d'apparat donnant sur le quai où les navires s'amarraient, notamment devant la poterne des galions.

MODE D'EMPLOI

Carte routière A4. 🚶 5 800.
🚃 av. de la Liberté 🚌 route de
Nîmes. 🛈 porte de la Gardette
(04 66 53 73 00). 🛒 mer. et dim.
🎭 fêtes de la Saint-Louis (fin août).
Nuits d'Encens (août).
🌐 www.ot-aiguesmortes.fr

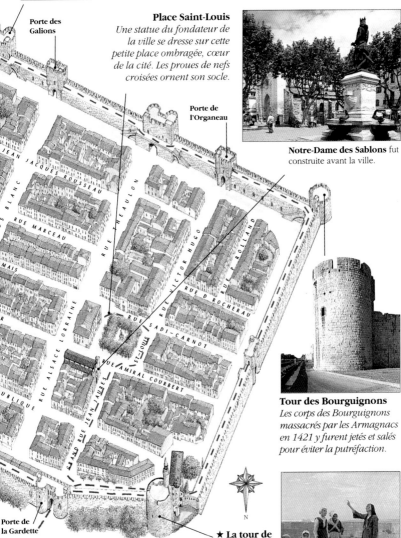

Porte des Galions

Place Saint-Louis
Une statue du fondateur de la ville se dresse sur cette petite place ombragée, cœur de la cité. Les proues de nefs croisées ornent son socle.

Porte de l'Organeau

Notre-Dame des Sablons fut construite avant la ville.

RUE JEAN JACQUES ROUSSEAU
RUE BLANC
RUE MARCEAU
RUE THÉAULON
RUE VICTOR HUGO
RUE E. ROLLAND
RUE DE ROCHERAU
RUE SADI-CARNOT
RUE ALSACE LORRAINE
RUE ST-LOUIS
RUE AMIRAL COURBERT
RUE JEAN JAURÈS
PUBLIQUE

Tour des Bourguignons
Les corps des Bourguignons massacrés par les Armagnacs en 1421 y furent jetés et salés pour éviter la putréfaction.

N

Porte de la Gardette

LÉGENDE

- - - Itinéraire conseillé

0   100 m

★ La tour de Constance
Ce donjon servit de geôle à des religieux, notamment Marie Durand, huguenote, qui y demeura 38 ans sans renier sa foi.

La Camargue ❼

Les gardians veillent sur les chevaux et les taureaux

Le Rhône transporte chaque année des tonnes de sédiments détachés de ses rives. À son embouchure s'est ainsi formée une immense plaine alluviale (près de 100 000 ha) dont le point le plus haut ne dépasse pas 4,5 m d'altitude. Cette étendue presque déserte, toujours fragile malgré les digues élevées par l'homme, présente trois grands types de paysages : la Camarge agricole, au nord, où de vastes domaines exploitent rizières, champs de céréales et cultures maraîchères ; la Camargue naturelle, au sud, où les gardians continuent d'élever les taureaux en liberté au milieu des marais et lagunes ; et les salins, dominés par leurs montagnes de sel, près de Salin-de-Giraud et d'Aigues-Mortes.

Taureaux camarguais
Élevés en semi-liberté, ils participent pour la plupart aux jeux taurins. Les plus forts sont vendus en Espagne.

Chevaux blancs
Descendant direct de chevaux préhistoriques, cet animal rustique prend sa robe blanche entre 4 et 7 ans.

Au parc ornithologique du Pont-de-Gau *(p. 138),* plus de 350 espèces d'oiseaux migrateurs font étape chaque année lors de leurs traversées vers le nord ou le sud.

N572

D570

Le Petit Rhône

Méjanes

PLAINE DE LA CAMARGUE

PETITE CAMARGUE

D570

Centre de Gines

Stes-Maries-de-la-Mer

LES OISEAUX

Les passionnés d'ornithologie se pressent en Camargue au printemps quand les migrateurs font étape dans leur voyage vers le nord. Parmi les espèces résidant en permanence figurent l'aigrette garzette et le busard des roseaux. C'est la seule région de France où se reproduit encore le goéland railleur.

Aigrette garzette
(Egretta garzetta)

Goéland railleur
(Larus genei)

Busard des roseaux
(Circus aeruginosus)

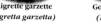

Glaréole à collier
(Glareola pratincola)

Échasse blanche
(Himantopus himantopus)

Nette rousse
(Netta rufina)

Castors européens

Ces mammifères nocturnes chassés pour leur fourrure faillirent disparaître au début du XXᵉ siècle. Protégée depuis 1905, l'espèce est florissante dans la région depuis les années 70.

MODE D'EMPLOI

Carte routière B4. ✈ *90 km à l'est de Marignane-Marseille.* 🚌 🚗 *av. Paulin-Talabot, Arles.* 🛈 *5, av. Van-Gogh, Saintes-Maries-de-la-Mer (04 90 97 82 55).* 🎪 *pèlerinage des gitans (fin mai, fin oct.).*

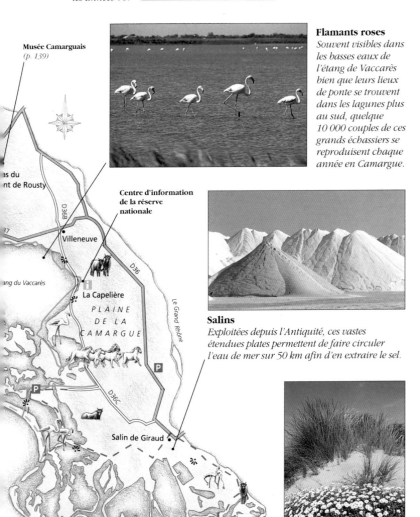

Flamants roses

Souvent visibles dans les basses eaux de l'étang de Vaccarès bien que leurs lieux de ponte se trouvent dans les lagunes plus au sud, quelque 10 000 couples de ces grands échassiers se reproduisent chaque année en Camargue.

Musée Camarguais
(p. 139)

Centre d'information de la réserve nationale

as du
nt de Rousty

D36B

37

Villeneuve

D36

ang du Vaccarès

La Capelière

PLAINE
DE LA
CAMARGUE

Le Grand Rhône

P

Salins

Exploitées depuis l'Antiquité, ces vastes étendues plates permettent de faire circuler l'eau de mer sur 50 km afin d'en extraire le sel.

P

D36C

Salin de Giraud

Dune

Salicornes et saladelles abondent dans la maigre végétation, la sansouïre, *de la ligne de dunes qui sépare de la mer lagunes et marais.*

LÉGENDE

―――― Limites de la réserve naturelle

― ― Sentiers pédestres

‑ ‑ Sentiers pédestres et cyclables

0   5 km

À la découverte de la Camargue

Entrée des arènes de Méjanes

Les caractéristiques naturelles uniques de la Camargue ont donné naissance à des traditions et des modes de vie particuliers, et s'il n'existe quasiment plus de cabanes de gardians en roseaux *(p. 20)*, ces célèbres cow-boys français continuent de galoper avec leurs troupeaux, ou *manades*, dans les marais. Entre Arles et les Saintes-Maries-de-la-Mer, où les taureaux locaux se produisent dans les jeux taurins, temps forts, avec les pèlerinages, de la vie locale, nombreux sont les ranchs à proposer promenades et randonnées à cheval dans la réserve naturelle. Aux Saintes-Maries, la piste piétonnière et cyclable de la Digue-à-la-Mer (12 km) en offre également un superbe aperçu. Partout, des centres d'information renseignent sur les itinéraires de découverte pédestre. Plusieurs musées présentent la faune et la flore de la région ainsi que son histoire.

Course de taureaux camarguais à Méjanes

Un lieu de pèlerinage

Selon la tradition, vers 40 av. J.-C., une barque arrivée miraculeusement de Palestine, sans voile ni rames, accosta à l'emplacement actuel des Saintes-Maries-de-la-Mer avec à son bord Marie Jacobé, sœur de la Vierge, Marie Salomé, mère des apôtres Jacques et Jean, Marie-Madeleine, la pécheresse, Lazare, le ressuscité, sa sœur Marthe et Maximin. Selon les versions, Sarah les accompagnait comme servante ou les accueillit sur le rivage en tant que chef d'une tribu de gitans.

Quoi qu'il en soit, elle resta sur place avec les saintes Marie, Jacobé et Salomé, qui donnèrent son nom à la ville.

Devenue patronne des gitans, elle est aujourd'hui célébrée lors du grand pèlerinage de printemps *(p. 34-35)*. À l'emplacement de l'oratoire élevé par les saintes, se dresse désormais l'église fortifiée qui abrite leurs reliques découvertes en 1448.

Paisible en hiver, hors des pèlerinages, le bourg est devenu une cité balnéaire très animée en été, saison où touristes et autochtones se mêlent dans les arènes pour les jeux taurins. Le petit musée Baroncelli est consacré aux traditions et à l'histoire locale tandis qu'à 4,5 km du centre s'étend le parc ornithologique du Pont-de-Gau. Le boulevard longeant la plage conduit, à l'est, à la promenade de la Digue-à-la-Mer.

🏛 Musée Baroncelli

Ancien hôtel de ville, rue Victor-Hugo. 📞 04 90 97 87 60. ⏰ mi-juin à mi-sept. : t.l.j. ; de sept. à mi-juin : du mer. au lun. ⬤ 1er jan., 25 déc. ♿

Installé dans l'ancien hôtel de ville, il présente les collections et documents assemblés par le marquis Folco de Baroncelli-Javon (1869-1943), manadier et ami de Mistral, qui évoquent l'histoire de la ville, la vie et le travail des éleveurs camarguais.

🏛 Centre d'information et d'animation de Ginès

Pont-de-Gau. 📞 04 90 97 86 32. ⏰ d'avril à août : t.l.j. ; de sept. à mars : du sam. au jeu. ⬤ 1er jan., 1er mai, 25 déc.

De grandes baies vitrées facilitent l'observation du marais, une exposition présente les milieux naturels protégés et une salle de projection avec des montages audiovisuels permettent d'aborder des thèmes tels que les oiseaux, le cheval de Camargue ou les salins.

🦅 Parc ornithologique du Pont-de-Gau

Pont-de-Gau. 📞 04 90 97 82 62. ⏰ t.l.j. ⬤ 25 déc. ♿ &

Sur 60 ha, des sentiers balisés et des postes d'observation offrent la possibilité de voir la plupart des oiseaux qui vivent en Camargue ou y transitent lors de leurs migrations. Panneaux pédagogiques, fiches d'identification et cartes de migrations offrent une initiation très claire. De vastes volières permettent en outre de découvrir les espèces les plus difficiles à approcher dans leur milieu naturel.

Bondrée apivore au parc ornithologique du Pont-de-Gau

🏛 Musée camarguais

Parc naturel régional de Camargue, mas du Pont-de-Rousty (sur la D570, à 10 km au S.O. d'Arles). 📞 *04 90 97 10 82.* ⏰ *d'avril à sept. : t.l.j. ; d'oct. à mars : du mer. au lun.* ⚫ *1er jan., 1er mai, 25 déc.* 📷 ♿

Installé dans la bergerie de l'ancien domaine agricole qui abrite l'administration du parc naturel, le mas du Pont-de-Rousty, il retrace l'histoire géologique, naturelle et humaine de la Camargue depuis la formation du delta du Rhône vers 5 000 av. J.-C. Ses collections, constituées avec l'aide de la population qui donna de nombreux objets, évoquent la préhistoire, l'Antiquité et le Moyen Âge mais sont très riches sur le XIXe siècle, notamment sur la vie des gardians et l'organisation sociale.

Un sentier balisé de 3,5 km dans le domaine permet de

L'église fortifiée Notre-Dame-de-la-Mer (IXe s.), aux Saintes-Maries-de-la-Mer

découvrir au fil des canaux d'irrigation comment marais, pâturages et terrains cultivés se complètent dans l'exploitation d'un mas.

🏛 Musée du riz

La Rizerie du petit Manusclat, Le Sambuc (à 20 km au sud d'Arles, par la D570 puis la D36). 📞 *04 90 97 20 29.* ⏰ *t.l.j.* 📷 *obligatoire, sur r.v. uniquement.* 📷

La Camargue est le pays du riz. Autrefois cultivé en monoculture, aujourd'hui il ne recouvre plus que la moitié des terres cultivables. Le musée du riz raconte son histoire dans la région et une riziculture reconstituée dévoile tous les secrets de cet ancestral graminé.

Façade romane de l'abbatiale de Saint-Gilles-du-Gard

Saint-Gilles-du-Gard ➑

Carte routière A3. 👥 *12 000.* 🚌 ℹ️ *place F.-Mistral (04 66 87 33 75).* 🛒 *jeu. et dim.*

Porte de la Camargue et étape importante sur la route de Saint-Jacques-de-Compostelle, Saint-Gilles fut un centre religieux et commercial de premier plan pendant les croisades. Ravagée pendant les guerres de Religion, son abbatiale (XIe-XIIe s.) a perdu son cloître et ses bâtiments monastiques, mais, malgré d'importantes dégradations, elle a conservé sa façade qu'orne un ensemble de sculptures romanes remarquables. La frise des portails retrace la Passion du Christ.

La crypte renferme les reliques de saint Gilles et présente des voûtes en ogives du XIIe siècle qui font partie des plus anciennes de France.

Escalier en colimaçon du clocher, la *Vis* (1142) a inspiré par sa perfection des générations de compagnons tailleurs de pierres.

Beaucaire ➒

Carte routière B3. 👥 *13 400.* 🚌 🚉 ℹ️ *24, cours Gambetta (04 66 59 26 57).* 🛒 *jeu. et dim.*

La foire organisée aujourd'hui en juillet à Beaucaire n'égale pas, de loin, l'exubérance de celles où se pressèrent chaque année jusqu'au XIXe siècle un quart de million de personnes. Fondées en 1217 par Raymond VI de Toulouse, elles attiraient marchands, clients et saltimbanques de toute l'Europe et fixaient les prix du royaume. Elles ne survécurent pas au chemin de fer.

Bâti au XIe siècle et agrandi au XIIIe, le château de Beaucaire, démantelé sur ordre de Richelieu, a conservé une chapelle romane et une tour triangulaire qui offre une large vue du haut de ses 104 marches. Des démonstrations de dressage de rapaces s'y tiennent de Pâques à octobre.

À 5 km au centre, l'abbaye de Saint-Roman, dont les origines remontent au Ve siècle, est le seul monastère troglodytique d'Europe. Elle fut transformée en forteresse au XVIIe siècle, mais conserve sa chapelle et ses cellules taillées dans le roc.

♟ Château de Beaucaire

Place Raymond VII. 📞 *04 66 59 47 61.* ⏰ *mer.-lun.* ⚫ *j. fériés.* 📷

L'abbaye troglodytique de Saint-Roman près de Beaucaire

La tarasque, monstre légendaire

Tarascon ⓾

Carte routière B3. 🏠 13 000. 🚏
🚍 ⓘ 59, rue des Halles (04 90 91
03 52). 🏛 mar. matin.

Le site de la ville était
occupé dès l'Antiquité.
Mais, selon la légende, la cité
doit son nom au monstre
amphibie, la tarasque, qui à
l'époque romaine nichait dans
le Rhône et dévorait hommes
et bêtes. Sainte Marthe,
débarquée vers 48 aux
Saintes-Maries-de-la-Mer,
l'aurait dompté d'un signe de
croix et livré au peuple.

Reconnaissante, la cité la
prit pour patronne et la
collégiale Sainte-Marthe,
fondée au Xe siècle mais
reconstruite après la
découverte de ses reliques au
XIIe, abrite dans sa crypte son
sarcophage (IVe s.). Une
grande fête (p. 31) célèbre
toujours aujourd'hui la mort
de la créature monstrueuse.
Le roi René la présida en
1469.

Le **château** se dresse au
bord du Rhône. Entreprise en
1400 par Louis II d'Anjou, et
achevée par le roi René, son
fils, en 1449, cette forteresse
marque par son raffinement
intérieur la transition entre
Moyen Âge et Renaissance.
Prison de 1800 à 1926, ce qui
est sans doute le plus beau
château-fort de France est
remarquablement conservé.

Pittoresque, la vieille ville
renferme plusieurs beaux
édifices anciens, notamment
l'hôtel de ville (1648) et le
cloître des Cordeliers (XVIIe s.)
qui accueille désormais des
manifestations culturelles.

Le **musée Souleïado**
retrace le passé de l'entreprise
fondée en 1938 par Charles
Deméry pour relancer
l'industrie locale du tissu
imprimé et dont le nom
signifie « pluie en même
temps que soleil » en
provençal. Il possède entre
autres 40 000 tampons de bois
du XVIIIe siècle.

La ville rend hommage au
héros d'Alphonse Daudet
dans un petit musée, la
maison de Tartarin. Ses
quatre pièces reprennent des
scènes du roman (p. 26).

♣ **Château de Tarascon**
Bd du Roi-René. 📞 04 90 91 01 93.
🕐 d'avril à sept. : t.l.j. ; d'oct.
à mars : du mer. au lun. ● 1er jan.,
1er mai, 1er et 11 nov., 25 déc. 🈲 📷
🏛 **Musée Souleïado**
39, rue Proudhon. 📞 04 90 91 50
11. 🕐 d'oct. à avril : du mar.
au sam. ; de mai à sept. : t.l.j. 🈲
🏛 **Maison de Tartarin**
55 bis, bd Itam. 📞 04 90 91 05 08.
🕐 de mi-mars à mi-déc. : du lun.
au sam. ● 1er mai, 1er et 11 nov. 🈲

Le château de Tarascon, forteresse
raffinée du roi René

Saint-Rémy-de-Provence ⓫

Carte routière B3. 🏠 10 000. 🚍
Avignon. ⓘ pl. Jean-Jaurès (04 90 92
05 22). 🏛 mer.

Gros bourg paisible au pied
des Alpilles, Saint-Rémy est
un point de départ idéal pour
explorer cette chaîne de
collines dont la flore nourrit
depuis des siècles la pratique
de nombreux herboristes.
Le **musée des Arômes de
Provence**, sur le boulevard
Mirabeau, rend honneur
à leur art.

Reconstruite après un
écroulement en 1817, l'église
de la ville, la **collégiale Saint-
Martin**, n'a gardé que le
clocher (1330) de l'édifice
gothique antérieur. Son
principal intérêt est un orgue
exceptionnel (1983). Des
récitals, durant le festival
Organa et le samedi,

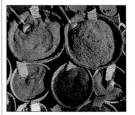

Arômates sur le marché de Saint-
Rémy-de-Provence

permettent d'en apprécier
la qualité. Dans la rue Hoche
voisine se dresse toujours la
maison où naquit Nostradamus
en 1503.

La vieille ville rassemble
également plusieurs beaux
hôtels du XVe au XVIIIe siècle.
De style Renaissance, l'hôtel
Mistral de Mondragon (v. 1550)
abrite le **musée des Alpilles**
qui évoque les traditions
locales. Datant de la fin du
XVe siècle, l'**hôtel de Sade**
abrite d'intéressants vestiges
provenant des sites
archéologiques voisins
(Glanum). Plus récent (XVIIIe s.),
l'hôtel Estrine est devenu le
**centre d'Art-Présence Van-
Gogh** qui consacre son rez-de-
chaussée à l'œuvre du peintre
et accueille aux étages des
expositions d'art contemporain.

Ancien monastère (XIIe s.),
la **maison de santé Saint-**

L'arc de Glanum, élevé pendant le règne d'Auguste, se trouve à 15 mn de marche du centre de Saint-Rémy

Paul, sur le plateau des Antiques, accueillit et soigna Van Gogh en 1889-1890. Non loin de là, le mas de la Pyramide est une habitation troglodytique transformée en un musée rural. Il occupe les carrières romaines qui servirent à l'édification de **Glanum** *(p. 40)*.

De cette ville gréco-latine abandonnée au IIIᵉ siècle, il ne reste aujourd'hui qu'un impressionnant champ de ruines dominé par un mausolée et un arc de triomphe du Iᵉʳ siècle av. J.-C.

⛫ Musée des Arômes
34, bd Mirabeau. ☎ 04 90 92 48 70. ◻ d'avr. à mi-sept. : t.l.j. ; de mi-sept. à avr. : du lun. au sam. ● jours fériés.

⛫ Musée des Alpilles
Place Favier. ☎ 04 90 92 68 24. ◻ de mars à déc. : t.l.j. ● 1ᵉʳ mai, 25 déc. ▨

⛫ Hôtel de Sade
Rue du Parage. ☎ 04 90 92 64 04. ◻ t.l.j. ● 1ᵉʳ jan., 1ᵉʳ mai, 1ᵉʳ et 11 nov., 25 déc. ▨

⛫ Le Centre d'Art-Présence Van-Gogh
8, rue Estrine. ☎ 04 90 92 34 72. ◻ du mar. au dim. ▨

⛫ Maison de santé St-Paul
Av. Vincent-Van-Gogh, Saint-Paul-de-Mausole. ☎ 04 90 92 77 01. ◻ t.l.j. ♿

⛫ Glanum
Route des Baux. ☎ 04 90 92 23 79. ◻ t.l.j. ● 1ᵉʳ jan., 1ᵉʳ mai, 1ᵉʳ et 11 nov., 25 déc. ▨

Les Alpilles ⑫

Carte routière B3. 🚊 *Arles, Tarascon, Salon-de-Provence.* 🚌 *Les Baux-de-Provence, Saint-Rémy-de-Provence, Eyguières, Eygalières.* ℹ *Saint-Rémy-de-Provence (04 90 92 68 24).*

Petite chaîne de collines calcaires, les Alpilles s'étendent sur 24 km entre le Rhône et la Durance.

Depuis Saint-Rémy, une fois dépassé Glanum, la route mène à **La Caume** (387 m), d'où la vue porte jusqu'à la Camargue et au mont Ventoux. Il faut prendre vers Cavaillon, à l'est de Saint-Rémy, puis tourner à droite, pour rejoindre Eygalières, jolie petite localité accrochée au rocher que domine son donjon. Un peu à l'extérieur, la chapelle Saint-Sixte, bel édifice roman du XIIᵉ siècle, simple et austère, s'élève sur le site d'un ancien sanctuaire païen. La D24B continue ensuite vers Orgon dont la chapelle Notre-Dame-de-Beauregard ouvre une jolie vue sur la vallée de la Durance et le Luberon.

Prise au sud sur la N7, la D569 dépasse les ruines du Castelas de Roquemartine peu avant Eyguières, charmant village à deux heures de marche des Opiès (493 m), cime que coiffe une tour. Depuis le Castelas de Roquemartine, de petites routes conduisent à l'ouest aux Baux-de-Provence.

Le massif calcaire des Alpilles, au cœur de la Provence

Fresque du XIIIᵉ siècle montrant un chevalier des Baux face à un Sarrasin en 1266

Les Baux-de-Provence ⑬

Carte routière B3. 🏛 *460.* 🚗 ℹ️
Grande Rue (04 90 54 34 39).

L e site des Baux doit son nom à la bauxite, minerai riche en alumine découvert par le minéralogiste Berthier en 1821 sur le territoire de la commune. Éperon calcaire dressé entre le val d'Enfer et le vallon de la Fontaine, il est si impressionnant qu'il attire chaque année 2 millions de visiteurs. En plein été, mieux vaut s'y rendre tôt le matin. Le village étant piétonnier, on peut garer sa voiture à l'entrée, porte Mage.

Monument au poète Charloun Rieu

La forteresse, dont les ruines jouent un grand rôle dans la majesté du paysage, date du XIᵉ siècle quand les seigneurs des Baux, descendants, selon la légende, du roi mage Balthazar, rejetèrent la tutelle des comtes de Provence et régnèrent un temps sur un territoire morcelé mais s'étendant de la Drôme au Var. L'accès à la citadelle se fait par la maison de la Tour-du-Brau (XIVᵉ s.) qui abrite **le musée d'Histoire des Baux-de-Provence**. L'extrémité du plateau, où se trouve un monument à la mémoire du poète provençal Charloun Rieu (1846-1924), offre une vue superbe.

Dans le village, on peut visiter la **fondation Louis-Jou** et le **musée des Santons**. Sur la place Saint-Vincent voisinent l'église paroissiale du XIIᵉ siècle où est célébrée à Noël la messe des bergers *(p. 33)* et la chapelle des Pénitents-Blancs bâtie au XVIIᵉ siècle, ornées de fresques en 1974 par Yves Brayer. Une carrière, dans le val d'Enfer, abrite la **Cathédrale d'images**.

🏛 Musée d'Histoire des Baux-de-Provence

Hôtel de la Tour-du-Brau, rue du Trencat. 📞 *04 90 54 37 37.* 🕐 *t.l.j.* 📷
Dans une belle salle voûtée, il présente des vestiges retrouvés aux alentours dans des nécropoles celto-ligures et une histoire des Baux et de la bauxite.

🏛 Fondation Louis-Jou

Hôtel Brion, Grande-Rue. 📞 *04 90 54 34 17.* 🕐 *sur r.-v. uniquement.* 📷
Manuscrits médiévaux et reliures anciennes voisinent avec des gravures de Dürer, Rembrandt et Goya ainsi que des œuvres de Louis Jou, maître-imprimeur.

🏛 Musée des Santons

Place Louis-Jou. 📞 *04 90 54 34 39.* 🕐 *t.l.j.*
Sous les ogives des trois salles voûtées d'une chapelle du XVIᵉ siècle qui servit un temps d'hôtel de ville, les crèches et figurines exposées permettent de suivre l'évolution du costume provençal.

🏛 Cathédrale d'images

Val d'Enfer. 📞 *04 90 54 38 65.* 🕐 *de mars à jan. : t.l.j.* 📷 ♿
Accessible en voiture par la D27 mais également à pied depuis le parc de stationnement des Baux. Dans ses falaises déchiquetées s'ouvrent grottes préhistoriques et carrières souterraines de calcaire.

C'est dans l'une d'elle que le photographe Albert Plécy (1914-1977) créa le spectacle

La citadelle et le village des Baux

audiovisuel total dont il rêvait. Les projections sur les murs, le sol et le plafond d'immenses salles entraînent pendant une demi-heure le spectateur dans une expérience extraordinaire dont la musique augmente la féerie. Le spectacle, généralement superbe, change de thème chaque année.

Chapelle des Pénitents-Blancs des Baux-de-Provence

Fontvieille ⑭

Carte routière B3. 🚶 3 650. ☐
🏠 5, rue Marcel-Honorat. 📞 04 90 54 67 49. ☐ lun. et ven.

Au cœur de la plaine maraîchère qui s'étend entre Arles et les Alpilles, le petit bourg de Fontvieille à la Grand-Rue pittoresque doit sa renommée à Alphonse Daudet et au moulin qui inspira ses *Lettres*. Des oratoires, aux quatre coins de la cité, rappellent la fin de la peste de 1721 *(p. 48-49)*.

À quelques kilomètres au sud, la D33 conduit à Barbegal et aux vestiges d'une meunerie romaine du IIIᵉ siècle et de l'aqueduc qui l'alimentait. Ce véritable complexe industriel s'étendait sur plus d'un hectare et comprenait 16 moulins pouvant produire 300 kilos de farine à l'heure.

L'abbaye de Montmajour ⑮

Carte routière B3. Route de Fontvieille.
📞 04 90 54 64 17. ☐ d'avril à sept. : t.l.j. ; d'oct. à mars : du mer. au lun. ☐ 1ᵉʳ mai. ☐

La butte où s'élève ce sanctuaire à 5 km au nord-ouest d'Arles n'était au haut Moyen Âge qu'une île dans l'immense marécage qui s'étendait du Rhône aux Alpilles. Les bénédictins qui s'y installèrent au Xᵉ siècle drainèrent les marais, créant la plaine que nous connaissons aujourd'hui, au prix d'un immense labeur qui ne fut achevé qu'au XVIIIᵉ siècle.

Après avoir perdu son autonomie au XIVᵉ siècle, l'abbaye vit se succéder à sa tête des cardinaux ne songeant qu'à s'enrichir. Le dernier, le cardinal de Rohan, lui porta un coup fatal en se compromettant dans l'affaire du « collier de la reine ».

Vendue comme bien national en 1791, dépecée, elle

Cloître et donjon de l'abbaye de Montmajour

commence à être restaurée au XIXᵉ siècle. Une partie des bâtiments, élevée au XVIIIᵉ siècle, reste en ruines.

L'**église Notre-Dame**, l'un des plus grands édifices romans de Provence, repose sur une chapelle basse creusée en partie dans le rocher pour compenser la pente du terrain. Le cloître, qu'enserrent la salle capitulaire et le réfectoire, n'a conservé qu'une de ses galeries d'origine, à l'est, les trois autres ayant connu des remaniements. Elles n'en présentent pas moins d'intéressants décors sculptés. Le donjon (1369) qui les surplombe offre une vue jusqu'à la plaine du Crau justifiant l'ascension de ses 124 marches. La **chapelle Saint-Pierre**, en partie souterraine, et la **chapelle Sainte-Croix**, bâtie un peu à l'écart, complètent le monastère.

LE MOULIN DE DAUDET

Au sud de Fontvieille, dans un cadre superbe, un large panorama ouvre sur les Alpilles et l'abbaye de Montmajour. L'un des plus célèbres lieux de pèlerinage littéraire de France domine la plaine de Tarascon. Le moulin n'appartint jamais à Alphonse Daudet qui écrivit les *Lettres de mon moulin* à Paris et résidait au château de Montauban (XIXᵉ siècle) lors de ses séjours à Fontvieille. Mais l'auteur aimait venir bavarder avec son meunier et il s'inspira des anecdotes que lui rapportait ce dernier. Restauré, l'édifice présente au premier étage le mécanisme des meules qui moulaient le grain. Un petit musée, au sous-sol, est dédié à l'écrivain qui sut si bien chanter la Provence et les Provençaux. Il propose documents, manuscrits, souvenirs, portraits et illustrations.

Arles pas à pas ⑯

Arles ne peut renier ses antécédents romains et deux des plus beaux monuments antiques de France ne se trouvent qu'à quelques pas du cœur de sa vieille ville, la place de la République, où se dresse l'hôtel de ville (XVIIe s.). Au Moyen Âge, la cité devint un grand centre religieux et son ancienne cathédrale reste un chef-d'œuvre de l'art roman. Mais la capitale de la Camargue n'est pas tournée vers le passé : le beau marché du boulevard des Lices, les fêtes populaires et les ferias, ou les Rencontres internationales de la photographie, témoignent de son dynamisme.

Les thermes de Constantin sont les vestiges de thermes construits au IVe siècle.

Musée Réattu
Ses collections, notamment d'art moderne comme ce Griffu *(1952), bronze de Germaine Richier, occupent au bord du Rhône l'ancien prieuré des chevaliers de Malte (XVe s.).*

Hôtel de ville

Museon Arlaten
L'hôtel de Laval-Castellane (XVIe s.) abrite un musée des traditions provençales d'une richesse sans égal.

★ **L'église Saint-Trophime**
Cette ancienne cathédrale possède un portail sculpté du XIIe siècle qui est l'un des plus beaux du style roman.

Espace Van-Gogh

À NE PAS MANQUER

★ **Les arènes**

★ **Le théâtre antique**

★ **L'église St-Trophime**

Obélisque
Transformé en fontaine, il décore la place de la République. Il ornait à l'origine la spina du cirque romain (milieu du IIe s.).

★ Les arènes
Trois des tours ajoutées au Moyen Âge sont conservées.

MODE D'EMPLOI

Carte routière B3. 🏃 *50 500*. ✈
Nîmes-Arles-Camargue. 🚉 🚌 *av.
Paulin-Talbot.* 🛈 *esp. Charles-de-
Gaulle (04 90 18 41 20).* 🛒 *mer. et
sam.* 🎭 *feria pascale ; fête des
Gardians (1er mai) ; feux de la St-Jean
(24 juin) ; feria des Prémices du riz
(début sept.) ; fête du Cheval (fin sept.).*

★ Le théâtre antique
Il ne subsiste que deux colonnes, les « deux veuves », de son mur de scène.

Notre-Dame-de-la-Major est consacrée à saint Georges, patron des gardians.

Cloître de Saint-Trophime
Ce chapiteau offre un exemple de la beauté de son décor sculpté.

VAN GOGH À ARLES

L'artiste, qui s'installa à Arles en 1888, réalisa plus de 100 dessins et 200 tableaux pendant les 15 mois qu'il passa dans la ville, mais celle-ci ne possède aucune de ses œuvres. L'ancien hôtel-Dieu a cependant été transformé en un centre culturel à son nom, l'Espace Van-Gogh, et le café Van-Gogh, sur la place du Forum, a retrouvé l'aspect qu'il avait sur la toile du *Café le soir*.

L'Arlésienne **par Van Gogh (1888)**

À la découverte d'Arles

S i le nom d'Arles, issu d'*Arelate*, signifie à l'origine la « ville aux marécages », c'est parce que la cité s'est développée sur un piton cerné par le marais qui s'étendait jadis jusqu'aux Alpilles. Les celto-ligures l'occupaient déjà au VIᵉ siècle av. J.-C., mais ce sont les Romains qui jetèrent les bases de la cité actuelle et leur empreinte est toujours visible. Mieux vaut laisser sa voiture à l'extérieur de la vieille ville.

L'Enlèvement d'Europe, mosaïque, musée de l'Arles antique

Sarcophages aux Alyscamps

⋔ Arènes
Rond-point des Arènes. ⓒ *04 90 49 36 86.* ◐ *t.l.j.* ⬤ *1ᵉʳ jan., 1ᵉʳ mai, 1ᵉʳ nov., 25 déc. et les jours de corrida.*
À l'est de la vieille ville se dresse le plus important des monuments gallo-romains. Amphithéâtre ovale de 136 m de long sur 107 m de large, il pouvait accueillir 21 000 spectateurs. Dans son arène se déroulent des corridas espagnoles et des courses camarguaises (sans mise à mort).

Le **théâtre antique** voisin est beaucoup moins bien conservé. Douze mille spectateurs prenaient place sur ses gradins épousant la forme d'un demi-cercle de 102 m de diamètre. La Vénus d'Arles aujourd'hui exposée au Louvre provient des décombres du mur de scène.

🏛 Musée de l'Arles antique
Presqu'île du Cirque romain. ⓒ *04 90 18 88 88.* ◐ *t.l.j.* ⬤ *1ᵉʳ jan., 1ᵉʳ mai, 25 déc.*
Inauguré en 1995 à proximité du cirque romain, ce musée conçu par Henri Ciriani présente une collection archéologique d'une très grande richesse : mosaïques gallo-romaines, statuaire (statue colossale d'Auguste, copie de la Vénus d'Arles…), sarcophages (sarcophage de Phèdre et Hippolyte…). Huit maquettes montrent l'organisation de la cité antique. Expositons temporaires.

⋔ Cryptoportiques
Rue Balze. ◐ *t.l.j.*
Vastes galeries souterraines (90 m sur 60 m) bâties au 1ᵉʳ siècle av. J.-C. pour soutenir le forum, ils servirent probablement d'entrepôts.

⋔ Les Alyscamps
Av. des Alyscamps. ◐ *t.l.j.*
Malgré son charme, difficile d'imaginer aujourd'hui, en suivant l'allée ombragée bordée de tombeaux qui conduit à l'église Saint-Honorat en ruines que la nécropole antique des Alyscamps sur la voie Aurélienne devint au Moyen Âge l'un des plus prestigieux lieux de sépulture chrétiens.

🔒 Église Saint-Trophime
Place de la République. ◐ *t.l.j.*
Ce superbe édifice roman entrepris au XIᵉ siècle élève derrière un portail aux sculptures somptueuses une nef d'une grande pureté. Le cloître compte quatre galeries romanes et gothiques.
Le réfectoire et le dortoir accueillent des expositions temporaires.

🏛 Museon Arlaten
Hôtel Laval-Castellane, 29, rue de la République. ⓒ *04 90 93 58 11.* ◐ *de juil. à sept. : t.l.j. ; d'oct. à juin : du mar. au dim.* ⬤ *1ᵉʳ jan., 1ᵉʳ mai, 1ᵉʳ nov., 25 déc.*
Des Arlésiennes en costume traditionnel accueillent les visiteurs de ce musée que Frédéric Mistral fonda en 1886 dans un hôtel du XVIᵉ siècle acheté grâce à son prix Nobel de littérature en 1904. Les collections dressent un tableau de la vie en Provence.

🏛 Musée Réattu
10, rue du Grand-Prieuré. ⓒ *04 90 96 37 58.* ◐ *t.l.j.* ⬤ *1ᵉʳ jan., 1ᵉʳ mai, 1ᵉʳ nov., 25 déc.*
Outre des œuvres modernes, dont une donation Picasso, ses collections présentent celles du peintre arlésien Jacques Réattu (1760-1833) et de ses contemporains.

Arles vue depuis l'autre rive du Rhône

Martigues ⑰

Carte routière B4. 🏠 *43 000*. 🚉
🚌 🛈 *2, quai Paul-Doumer (04 42 42 31 10)*. 🔄 *jeu. et dim.*

Entre Marseille et la Camargue, ce port de pêche s'est développé sur les rives du canal de Caronte et sur l'île Brescon qu'il enserre.

Malgré l'extension de la ville depuis la création du complexe pétrochimique de Fos, le centre de Martigues a conservé le charme qui séduisit le peintre Félix Ziem (1821-1911), auquel un musée aux collections éclectiques rend hommage. Derrière l'église Saint-Geniès, la chapelle de l'Annonciade surprend par l'exubérance de sa décoration intérieure. L'église de la Madeleine, à la belle façade baroque, conserve un tableau de Michel Serre.

🏛 Musée Ziem

Bd du 14-Juillet. 📞 *04 42 80 66 06.*
🕐 *juil.-août : du mer. au lun. ; de sept. à juin : du mer. au dim. après-midi.*
⚫ *jours fériés.*

Le canal Saint-Sébastien à Martigues

Salon-de-Provence ⑱

Carte routière B3. 🏠 *35 000*. 🚉
🚌 🛈 *56, cours Gimon (04 90 56 27 60)*. 🔄 *mer., ven., sam. et dim.*

Ancien palais des archevêques d'Arles, le **château de l'Empéri** dont la construction commença au Xᵉ siècle domine la vieille ville autour de laquelle s'est développée la cité moderne

Abbaye cistercienne de Silvacane (XIIᵉ siècle)

aérée par plusieurs cours ombragés. Il abrite un musée dont les collections, qui comptent près de 10 000 pièces, retracent l'histoire des armées françaises de Louis XIV à 1918.

Au pied du château s'élève l'**église Saint-Michel** bâtie au XIIIᵉ siècle, de nombreuses fois remaniée, remarquable pour le tympan sculpté de son portail (XIIᵉ s.) et son maître-autel baroque. Gothique, la **collégiale Saint-Laurent**, renferme le tombeau de Nostradamus. Né à Saint-Rémy-de-Provence *(p. 140-141)*, le célèbre astrologue s'installa à Salon en 1547 après y avoir rencontré Anne Ponsard qui allait lui donner six enfants. C'est là qu'il écrivit ses *Centuries*.

Pendant quatre jours en juillet, la cité vit au rythme d'un grand festival international de jazz et Gospel avec des concerts au château, des représentations libres au fil des rues et des concours de chants.

Nostradamus, célèbre citoyen de Salon

⚜ Château de l'Empéri

Monté du Puech. 📞 *04 90 56 22 36.*
🕐 *du mer. au lun.* ⚫ *1ᵉʳ jan., 1ᵉʳ mai, 25 déc.* 📷

Abbaye de Silvacane ⑲

Carte routière C3. 📞 *04 42 50 41 69.* 🕐 *d'avril à sept. : t.l.j. ; d'oct. à mars : du mer. au lun.* ⚫ *1ᵉʳ jan., 1ᵉʳ mai, 25 déc.* 📷

Comme ses sœurs cisterciennes du Thoronet *(p. 108)* et de Sénanque *(p. 164-165)*, l'abbaye de Silvacane cache son austère beauté romane dans un site isolé. Des cars relient régulièrement Aix-en-Provence à La Roque-d'Anthéron. Fondée en 1148 au milieu d'un marécage que les moines asséchèrent, abandonnée au XVᵉ siècle et transformée en église paroissiale, elle devint une ferme après la Révolution. L'État l'a rachetée au XIXᵉ siècle et a entrepris sa restauration.

Malgré les outrages du temps, l'abbatiale (1175-1230), sobre et superbe, a subsisté, ainsi que le cloître et la salle capitulaire, le parloir et le chauffoir voûtés d'ogives. Gothique, le réfectoire rebâti vers 1420 possède des chapiteaux richement ornés.

Aix-en-Provence ⑳

C'est Louis II d'Anjou qui fonda en 1409 l'université d'Aix-en-Provence qui continue aujourd'hui d'insuffler jeunesse et dynamisme à la ville. Son fils, le roi René (*p. 46-47*), lui donna ses plus grandes heures, au XVᵉ siècle, en la choisissant comme capitale. Au XVIIᵉ siècle, les fortifications romaines furent abattues pour permettre à la cité de s'agrandir et percer l'élégant cours Mirabeau. Au siècle suivant, de nombreuses fontaines vinrent rafraîchir places et rues. Pour en apprécier le charme, mieux vaut éviter d'y circuler en voiture.

Le cours Mirabeau, centre de la vie aixoise

À la découverte d'Aix

Toujours animées, les ruelles du vieil Aix sinuent entre le cours Mirabeau et la cathédrale Saint-Sauveur, bordées de belles maisons inspirées du baroque italien tout comme la façade de l'hôtel de ville (XVIIᵉ s.). Au pied de la tour de l'Horloge, beffroi élevé au XVIᵉ siècle, le bâtiment lui-même, œuvre de Pavillon, s'organise autour d'une harmonieuse cour pavée.

Véritable tunnel d'ombre en été, le cours Mirabeau, qui débouche sur la place du Général-de-Gaulle et sa grande fontaine de la Rotonde, est bordé au nord de commerces et de cafés, tel celui des Deux Garçons (*p. 217*), et au sud d'élégants hôtels particuliers comme l'hôtel de Villars (1710) au nº 4 ; celui d'Isoard de Vauvenargues, au nº 10, où le marquis d'Entrecasteaux assassina sa femme ; et surtout, au nº 38, l'hôtel Maurel de Pontevès (1647) où résida la duchesse de Montpensier, la

Atlante du pavillon de Vendôme

Grande Demoiselle.

Derrière s'étend le quartier Mazarin. Tracé de 1646 à 1651 autour du premier sanctuaire gothique (XIIIᵉ siècle) de la ville, il abrite également de riches demeures du XVIIᵉ et du XVIIIᵉ siècle. Le prieuré des Chevaliers de Malte qui jouxte l'église abrite les collections du musée Granet. Bâti en 1704 près des anciens thermes romains, l'établissement thermal occupe l'angle nord-ouest des remparts.

🔒 Cathédrale Saint-Sauveur

34, pl. des Martyrs-de-la-Résistance. 📞 04 42 23 45 65. 🕐 *du lun. au ven.*
L'histoire a marqué cet édifice dont le bas-côté droit est une ancienne église romane du XIIᵉ siècle, incorporant elle-même un baptistère octogonal du IVᵉ siècle. Une coupole Renaissance le coiffe, soutenue par des colonnes corinthiennes antiques. La nef principale, gothique, abrite dans sa troisième travée le triptyque du *Buisson ardent*,

chef-d'œuvre peint en 1476 par Nicolas Froment (*p. 46-47*). Le Toulonnais Jean Guiramand sculpta en 1504 les superbes vantaux en noyer du portail. Le cloître (XIIᵉ s.) comporte une grande variété de colonnettes.

🏛 Musée des Tapisseries

28, place des Martyrs-de-la-Résistance. 📞 04 42 23 09 91. 🕐 *du mer. au lun.* 🔴 *24-25 et 31 déc., 1ᵉʳ jan., 1ᵉʳ mai.* 🏷
Réputé pour un magnifique ensemble de tapisseries de Beauvais du XVIIIᵉ siècle, il présente également les costumes et les décors d'opéras donnés dans le cadre du Festival international (*p. 31*).

🏛 Musée du Vieil-Aix

17, rue Gaston-Saporta. 📞 04 42 21 43 55. 🕐 *de nov. à sept. : du mar. au dim.* 🔴 *24-25 et 31 déc., 1ᵉʳ jan., 1ᵉʳ mai.* 🏷
Dans un bel hôtel du XVIIᵉ siècle, il rassemble des souvenirs – meubles, marionnettes, crèches, documents, maquettes... – du passé de la ville.

Marché aux Fleurs devant l'hôtel de ville

🏛 Muséum d'Histoire naturelle

6, rue Espariat. 📞 04 42 26 23 67. 🕐 *t.l.j.* 🔴 *24-25 et 31 déc, 1ᵉʳ jan , 1ᵉʳ mai.* 🏷
Installé dans l'hôtel Boyer-d'Éguilles (1672), à la décoration intérieure achevée par un élève de Pierre Puget, il expose, entre autres, des œufs fossiles de dinosaures découverts près de la montagne Sainte-Victoire.

L'atelier de Cézanne, meublé de ses objets personnels

MODE D'EMPLOI

Carte routière C4. 124 000.
av. Victor-Hugo. av. de l'Europe.
2, place du Général-de-Gaulle (04
42 16 11 61). mar., jeu. et sam.
Festival int. d'Aix (juin-juillet). W
www.aixenprovencetourism.com

Musée Granet

13, rue Cardinale. 04 42 38
14 70. du mer. au lun.
jours fériés.
D'une grande richesse, ce
musée qui occupe l'ancien
prieuré des Chevaliers de
Malte porte le nom du peintre
aixois (1775-1849) qui en fut
l'un des principaux donateurs.
Il comprend un département
d'archéologie présentant
notamment des sculptures
celto-ligures ; un département
de peinture couvrant toutes
les écoles européennes du
XIVᵉ au XXᵉ siècle, notamment
des gravures et tableaux de
Cézanne ; et un département
de sculpture où figurent des
œuvres de Pierre Puget.

Fondation Vasarely

1, av. Marcel Pagnol. 04 42 20 01
09. t.l.j. 1ᵉʳ mai, du 24 déc.
au 10 jan.
Fidèle au projet de l'artiste,
Victor Vasarely, désireux
d'améliorer le cadre de vie
de chacun, ce centre
architectonique érigé en 1976
présente 42 œuvres intégrant
l'art à l'architecture sur
1 500 m².

Atelier Paul Cézanne

9, av. Paul-Cézanne. 04 42 21 06 53.
t.l.j. jours fériés.
L'artiste se fit construire en
1897 cette modeste maison,
à dix minutes à pied de la
cathédrale. De l'atelier, au
premier étage, la vue porte
jusqu'à la montagne Sainte-
Victoire. Cette pièce où il
peignit *Les Grandes Baigneuses*,
a gardé l'aspect qu'elle avait
lors de son décès en 1906.

Pavillon de Vendôme

34, rue Celony. 04 42 21 05 78.
du mer. au lun. 1ᵉʳ jan.,
1ᵉʳ mai, 25 déc.
C'est pour le petit-fils
d'Henri IV, le duc de
Vendôme, que Pierre Pavillon
édifia en 1667 cette élégante
folie dont la façade s'orne
d'un balcon soutenu par deux
atlantes. Meubles et objets
d'art composent le musée.

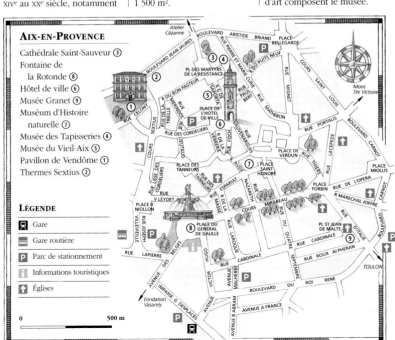

AIX-EN-PROVENCE

Cathédrale Saint-Sauveur ③
Fontaine de
  la Rotonde ⑧
Hôtel de ville ⑥
Musée Granet ⑨
Muséum d'Histoire
  naturelle ⑦
Musée des Tapisseries ④
Musée du Vieil-Aix ⑤
Pavillon de Vendôme ①
Thermes Sextius ②

LÉGENDE

- Gare
- Gare routière
- Parc de stationnement
- Informations touristiques
- Églises

0 _____ 500 m

Marseille ❹

G rand port où se mêlent depuis 2 600 ans toutes les
civilisations de la Méditerranée, Marseille, plus que
toute autre ville française, garde une identité profondément
originale. De là, sans doute, l'incompréhension qui lui vaut
une réputation imméritée. Difficile en se promenant sur
son Vieux-Port et dans ses ruelles où chante l'accent de
ne pas se sentir à la fois en France et dans une ville
exotique. Un plaisir à ne pas manquer.

Notre-Dame-de-la-Garde veille sur le Vieux-Port

À la découverte de Marseille

Devenu un paisible port de
plaisance, le Vieux-Port occupe
toujours la crique, entre la
colline du Panier, coiffée par la
Vieille-Charité et le piton
rocheux de Notre-Dame-de-la-
Garde, qui séduisit les
Phocéens au vie siècle av. J.-C.

Dans le prolongement, la
Canebière est une grande
artère dont l'église
néogothique Saint-Vincent-de-
Paul marque le terme. Depuis
le square de Stalingrad, de
l'autre côté de la chaussée, le
boulevard Longchamp conduit
au palais du même nom, vaste
folie élevée au xixe siècle qui
renferme un musée des
Beaux-Arts et un musée
d'Histoire naturelle.

Entre le début de la
Canebière et la préfecture, le
quartier commerçant de la ville
s'étend autour des rues de
Rome et Paradis. La rue de
Rome rejoint la place
Castellane, ornée d'une

fontaine monumentale, est
prolongée par l'avenue du
Prado. Celle-ci conduit à la
grande plage aménagée où les
Marseillais viennent se livrer
aux joies des sports nautiques.

Au sud du Vieux-Port et du
théâtre de la Criée, Notre-
Dame-de-la-Garde, perchée à
162 m au-dessus de la mer,
domine un panorama
extraordinaire.

🏛 Vieille-Charité

2, rue de la Vieille-Charité. ☎ 04 91
14 58 80. ⏰ du mar. au dim.
⬤ jours fériés. 📷 ♿
Pierre Puget dessina les plans
de cet ancien hospice,
construit à partir de 1671
afin d'accueillir les miséreux.
La chapelle qui en constitue
le cœur, joyau baroque,
offre un cadre superbe
aux expositions.
Remarquablement restaurés,
les bâtiments qui l'entourent,
quadrilatère tourné vers
la cour centrale, abritent
le musée d'Archéologie
méditerranéenne et sa riche
collection d'antiquités
égyptiennes.

⛪ Cathédrale de la Major

Place de la Major. ☎ 04 91 90 53 57.
⏰ du mar. au dim.
La construction, de 1852
à 1893, de ce gigantesque
monument romano-byzantin
en pierres vertes et blanches
sacrifia une partie de
l'ancienne Major, bel édifice
roman (xie s.) dont il ne
subsiste plus que le chœur,
l'abside et une travée de
la nef. Elle renferme une
déposition de Croix en
faïence de Lucca della Robbia
et un autel reliquaire de 1073.

🏛 Musée des Docks romains

28, place Vivaux. ☎ 04 91 91 24 62.
⏰ du mar. au dim. ⬤ jours fériés.
📷
Des travaux ont mis au jour
en 1947 les vestiges
d'entrepôts antiques dont
ce musée occupe une partie.
Il présente notamment des
dolia, jarres qui servaient
au stockage de l'huile,
des céréales ou du vin.

Le palais Longchamp, folie du xixe siècle bâtie autour d'une fontaine

Étal de pêcheur sur le quai des Belges au Vieux-Port

🏛 Musée du Vieux-Marseille

Maison diamantée, 2, rue de la Prison.
📞 04 91 55 28 68. ⏰ jusqu'à fin 2001.
Installé derrière l'hôtel de ville, dans un bel hôtel du XVIe siècle qui doit à sa décoration extérieure son nom de Maison diamantée, il présente en particulier du mobilier et des objets usuels du XVIIIe siècle, une maquette de Marseille en 1848, des santons et des crèches, des costumes traditionnels et une exposition consacrée à la fabrication des cartes à jouer.

🏛 Musée d'Histoire de Marseille

Centre Bourse, square Belsunce.
📞 04 91 90 42 22. ⏰ du lun. au sam. ⏰ jours fériés. 🎟 ♿
Au rez-de-chaussée du centre Bourse, il retrace l'histoire de la ville grecque et romaine (jusqu'au IVe siècle) autour de l'épave d'un navire antique de 20 m de long. D'ici, vous avez accès au Jardin des Vestiges, anciens quais et fortifications grecs datant du Ier s. av. J.-C.

🏛 Musée Cantini

19, rue Grignan. 📞 04 91 54 77 75.
⏰ du mar. au dim. ⏰ jours fériés. 🎟
Au cœur du quartier commerçant, le musée occupe l'hôtel de Montgrand (XVIIIe s.) et expose une collection d'art moderne riche en œuvres des nouveaux réalistes mais où sont aussi représentés des mouvements comme le cubisme ou le surréalisme.

⛪ Basilique Saint-Victor

Place Saint-Victor. 📞 04 91 33 25 06.
⏰ t.l.j.
Fondée au Ve siècle par saint Cassien au sud du port et consacrée au patron des

La basilique Saint-Victor fortifiée au XIVe siècle

meuniers et des marins, elle renferme de remarquables sarcophages païens et paléochrétiens et prit son aspect fortifié lors de sa reconstruction vers 1040. Enterré, le sanctuaire d'origine a subsisté comme crypte de l'église actuelle. La Chandeleur donne lieu le 2 février à une grande cérémonie de saint Victor. Les navettes, petits gâteaux en forme de barque préparés pour l'occasion, commémorent le débarquement des saintes Marie *(p. 35)*.

⛪ Basilique Notre-Dame-de-la-Garde

Rue Fort-du-Sanctuaire. 📞 04 96 11 22 60. ⏰ t.l.j. 🎟 crypte.
Élevée par Espérandieu à partir de 1853 dans le style romano-byzantin, elle porte au sommet de son clocher une immense statue dorée de la Vierge : la Bonne Mère protectrice des Marseillais. L'intérieur abrite de nombreux ex-voto naïfs. De sa terrasse, on découvre à ses pieds, un panorama fascinant sur la ville et la mer.

🏛 Musée Grobet-Labadié

140, bd Longchamp. 📞 04 91 62 21 82. ⏰ du mar. au dim. ⏰ jours fériés. 🎟
Dans la demeure que se fit construire le marchand Alexandre Labadié, ce musée présente les collections qu'il rassembla et qu'enrichit sa fille, épouse de l'amateur d'art Louis Grobet, avant de les léguer à la ville en 1925.
Plus de 5 000 objets d'art, meubles, tapisseries, faïences, pièces d'orfèvrerie religieuse, peintures, dessins, sculptures, miniatures ou instruments de musique, créent un décor dont la diversité n'est pas le moindre charme.

🏛 Musée des Beaux-Arts

Palais Longchamp, 142, bd Longchamp. 📞 04 91 14 59 30.
⏰ du mar. au dim. ⏰ 1er jan., 1er mai, 25 déc. 🎟 sauf le dim.
Riche en peintures françaises, italiennes, flamandes et

Détail de *La Flagellation du Christ* **(XVe s.) au musée Grobet-Labadié**

hollandaises, ce musée rassemble aussi une belle sélection d'œuvres de l'école provençale. Ne manquez pas les tableaux de Michel Serre (1658-1733) sur la peste de 1720 *(p. 48-49)*, une salle consacrée à Pierre Puget (1620-1694) et des sculptures d'Honoré Daumier (1808-1879).

⚓ Château d'If
(*04 91 59 02 30.* ⬤ *d'avr. à sept. : t.l.j. ; d'oct. à mars : du mar. au dim.* ✍
Rendue célèbre par le comte de Monte-Cristo, cette forteresse surveille la baie de

L'ancienne prison du château d'If dans la baie de Marseille

Le Sacrifice de Noé de Pierre Puget au musée des Beaux-Arts

Marseille depuis un îlot rocheux. Édifiée sur ordre de François Ier de 1524 à 1528, elle ne subit jamais d'assaut et servit de prison d'État de 1634 à 1872. Des milliers de protestants envoyés aux galères y furent emprisonnés ainsi que le Masque de fer et Mirabeau, incarcéré à la demande de son père en 1774.

🚇 Cité radieuse
280, boulevard Michelet.
Réalisée par Le Corbusier, inaugurée en 1952, elle comprend 337 appartements,

des boutiques, un hôtel, une crèche et une école maternelle.

🏛 Musée de la Faïence
Château Pastré, 157, av. de Montredon. **(** *04 91 72 43 47.* ⬤ *du mar. au dim.* ⬤ *jours fériés.* ✍
Dans une bastide du XIXe siècle ont été rassemblées des collections provenant des musées marseillais et de la donation Jourdan-Barry. Le musée présente des pièces des plus grandes fabriques marseillaises (Clérissy, Héraud, Fauchier, Robert, Veuve Perrin) et provençales (Moustiers).

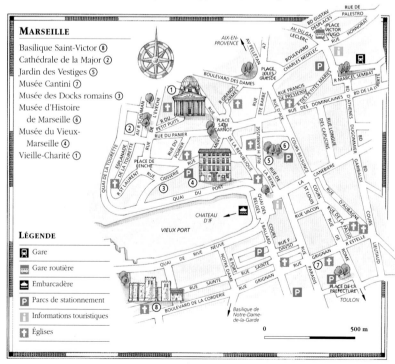

MARSEILLE

Basilique Saint-Victor ⑧
Cathédrale de la Major ②
Jardin des Vestiges ⑤
Musée Cantini ⑦
Musée des Docks romains ③
Musée d'Histoire de Marseille ⑥
Musée du Vieux-Marseille ④
Vieille-Charité ①

LÉGENDE

🚃 Gare
🚌 Gare routière
⛴ Embarcadère
🅿 Parcs de stationnement
ℹ Informations touristiques
✝ Églises

0   500 m

Aubagne

Carte routière C4. 🏠 *44 000.* 🚉
🚌 🛈 *av. Antide-Boyer (04 42 03 49 98).* 🚢 *mar., jeu., sam. et dim.*

À l'est de Marseille, au pied du Garlaban (715 m), Aubagne est la capitale des santons, fabrication traditionnelle que continuent plusieurs ateliers. Elle a pour autre titre de gloire d'avoir vu naître Marcel Pagnol. Les santonniers lui ont rendu honneur en s'inspirant de ses personnages pour créer le Petit Monde de Marcel Pagnol visible au syndicat d'initiative.

À la sortie de la ville se trouvent le camp de la Légion étrangère et son musée, riche en souvenirs des campagnes menées du Mexique à Diên Biên Phu.

🏛 Musée de la Légion étrangère
Caserne quartier Viénot. 📞 *04 42 18 82 41.* ◻ *de juin à sept. : du mar. au dim. (sf. jeu. ap.-midi) ; d'oct. à mai : mer., sam. et dim.* ♿

Les Calanques ㉓

Carte routière C4. 🚶 *Marseille.* 🚉 *Marseille, Cassis.* 🚌 *Cassis.* ⛴ *Cassis, Marseille.* 🛈 *Cassis (04 42 01 71 17).*

Entre Marseille et Cassis s'étendent les massifs calcaires de Marseilleveyre et du Puget. Culminant à plus de 500 m, ils tombent dans la mer en impressionnantes falaises blanches que creusent de profondes et étroites échancrures : les Calanques. Si le bateau offre le meilleur moyen de découvrir ces sites superbes et uniques en Europe, plusieurs sentiers permettent également de les atteindre.

Au départ de Marseille, la route conduit au petit port des Goudes puis s'arrête à Callelongue. Viennent ensuite les calanques de Sormiou et Morgiou, avec leurs petits villages de cabanons sans eau ni électricité, celle de Sugiton et enfin celles de Cassis : En-Vau, la plus célèbre et la plus belle avec son eau turquoise ; Port-Pin et sa petite plage ombragée ; puis Port-Miou qui est accessible en voiture.

En 1991, Henri Cosquer a découvert dans la calanque de Sormiou une grotte à l'entrée sous-marine dont l'une des salles est ornée de peintures rupestres vieilles, pour les plus anciennes, de 25 000 ans.

MARCEL PAGNOL

À Aubagne, une plaque au n° 16 du cours Barthélemy marque la maison où naquit en 1895 Marcel Pagnol. Le syndicat d'initiative propose une visite des sites qui marquèrent son enfance, racontée dans *La Gloire de mon père* et *Le Château de ma mère*, ou servirent de cadres à des films comme *Le Schpountz, Angèle* ou *Regain*. Le circuit passe par La Treille, village où grandit l'auteur et où il repose.

Affiche d'Angèle

Cassis ㉔

Carte routière C4. 🏠 *8 000.* 🚉 🚌
🛈 *place Baragnon (04 42 01 71 17).* 🚢 *mer. et ven.*

Niché entre les falaises du cap Canaille et de la Gardiole, cet ancien établissement romain ne résista pas au Vᵉ siècle à l'insécurité engendrée par la décadence de l'Empire. Au début du XIIIᵉ siècle cependant, Hughes, seigneur des Baux (*p. 142-143*), fait construire le château, devenu aujourd'hui une propriété privée, qui permet au site, superbe, de se repeupler.

Petit port de pêche pendant des siècles, Cassis vit aujourd'hui pour l'essentiel du tourisme et de son vin blanc réputé. Fruité, il accompagne particulièrement bien les produits de la mer. Outre celles des Calanques, la ville possède trois plages. La promenade des Lombards, qui offre de belles vues sur la baie, longe la plus agréable : la plage de la Grande-Mer.

Le petit **Musée municipal méditerranéen**, installé dans la maison de Cassis (1703) présente des tableaux de peintres provençaux, tels que Félix Ziem (*p. 24*) et Louis Audibert, et quelques vestiges antiques, notamment des pièces de monnaie.

🏛 Musée municipal méditerranéen
Rue X-d'Authier. 📞 *04 42 01 88 66.* ◻ *mer., jeu. et sam. après-midi.* ⊘ *1ᵉʳ jan., 1ᵉʳ mai, 25 déc.*

En-Vau, la plus belle des Calanques, près de Cassis

LE VAUCLUSE

*D*e la fertile plaine du Comtat Venaissin aux villes riches en monuments historiques remontant, comme Orange, à l'époque romaine ou, comme Avignon, au séjour des papes (p. 44-45), les vignobles des Côtes du Rhône grimpent jusqu'aux plateaux et montagnes qui forment tout l'ouest du département, notamment le massif du Luberon où artistes et écrivains ont restauré de nombreux villages.

Peu de villes autres qu'Avignon auraient pu fournir un meilleur décor à ce qui est sans doute le plus grand festival de théâtre du monde. À l'intérieur de ses murs médiévaux, la cité a en effet gardé un aspect assez semblable à celui qu'elle avait en 1377 après avoir servi de capitale à la Chrétienté pendant près de 60 ans. Si ce sont les souverains pontifes qui développèrent les vignobles de Châteauneuf-du-Pape, le vin de Gigondas, grand cru des Côtes du Rhône, était déjà vanté par Pline. Les Romains ont d'ailleurs laissé de nombreux vestiges dans la région, notamment à Vaison-la-Romaine, où la ville médiévale ne les recouvrit pas, et à Orange, célèbre pour son arc de triomphe et son théâtre antique qui accueille chaque année les Chorégies.

Ville d'origine romaine, Carpentras possède la synagogue la plus ancienne de France, témoignage de la tolérance dont jouirent les juifs dans le Comtat Venaissin au temps des papes. Les Vaudois protestants installés dans le Luberon ne furent, quant à eux, pas épargnés : la croisade lancée contre eux en 1545 fit plus de 3 000 victimes et détruisit 19 villages, notamment Lacoste que dominent toujours les ruines du château du marquis de Sade ravagé lors de la Révolution. À Fontaine-de-Vaucluse où résida Pétrarque, la source de la Sorgue jaillit d'un gouffre qui n'a toujours pas livré son mystère.

Façade ombragée au Bastidon près du Luberon

◁ **Fontaine de Châteauneuf-du-Pape**

À la découverte du Vaucluse

D'une superficie de 3 540 km², le département doit son nom à la « vallée close » *(vallis clausa)* où jaillit la source de la Sorgue à Fontaine-de-Vaucluse. Depuis la plaine du Rhône, à l'ouest, et la vallée de la Durance, au sud, il s'élève en une succession de collines et de plateaux jusqu'à son point culminant (1 909 m), l'imposant mont Ventoux *(p. 160).* Par leur géographie et leur histoire, ces reliefs, Luberon, plateaux de Vaucluse ou dentelles de Montmirail, possèdent des personnalités contrastées.

LE DÉPARTEMENT D'UN COUP D'ŒIL

Le village de Gordes dominant de 300 m la vallée du Coulon

LÉGENDE

	Autoroutes
	Routes principales
	Autres routes
	Parcours pittoresques
	Cours d'eau
	Points de vue

Le pont d'Avignon et le palais des Papes à la tombée de la nuit

CIRCULER

Les deux principaux axes routiers, l'autoroute du Soleil (A7) et la N7, passent par la vallée du Rhône. La voie ferrée suit leur tracé et le TGV s'arrête en Avignon, mais le train ne dessert pas tout l'est du département. Pour rejoindre des villes comme Vaison-la-Romaine ou Apt, il faut prendre le car. Des croisières organisées au départ d'Avignon permettent de découvrir le Rhône.

Ouvèze

D974

④ MONT VENTOUX

D974

D164

D1

D19

D942

Auzon

D4

D943

D4

ABBAYE DE SÉNANQUE

⑩ FONTAINE-DE-VAUCLUSE

⑨

D2

⑬ GORDES

⑭ ROUSSILLON

D2

Calavon

N100

Coulon

⑰ APT

N100

D36

D943

⑯ PETIT LUBERON

GRAND LUBERON

D973

D956

D943

D45

D135

⑲ ANSOUIS

⑱ CADENET

D56

㉑ LA TOUR D'AIGUES

D973

N96

N51

⑳ PERTUIS

Durance

0   10 km

Vers Aix-en-Provence

Belvédère Pasteur à Bollène

Bollène ❶

Carte routière B2. 14 000.
pl. Reynaud-de-la-Gardette
(04 90 40 51 44). lun.

Malgré la proximité de l'autoroute A7, il reste agréable de se promener à Bollène le long de la rivière Lez que borde le camping municipal. Il ne subsiste que quelques vestiges des remparts de la vieille ville, accrochée à flanc de coteau, dont les rues demeurent bordées de belles maisons anciennes. Elles grimpent jusqu'à la **collégiale Saint-Martin**, sanctuaire d'origine romane possédant un portail Renaissance qui sert désormais de lieu d'expositions.

C'est à Bollène que Louis Pasteur découvrit le vaccin contre le rouget du porc. Un petit jardin, le **belvédère Pasteur**, lui rend honneur. Aménagé autour de la **chapelle des Trois-Croix**, il offre une belle vue sur la cité et la vallée du Rhône.

Au nord de la ville, un oppidum celte, le Barry, devint un village troglodytique occupé jusqu'au XIXᵉ siècle.

Vaison-la-Romaine ❷

Carte routière B2. 5 600.
pl. du Chanoine-Sautel (04 90 36 02 11). mar.

Ancienne capitale des Voconces, peuple celte qui avait perché son oppidum à l'emplacement de l'actuelle Haute-Ville, Vaison se développa pendant la *pax romana* dans la vallée de l'Ouvèze jusqu'à devenir une opulente cité de 10 000 âmes. Au Moyen Âge, ses habitants retournèrent sur la colline se placer sous la protection du château, aujourd'hui en ruine, qu'avait fait édifier le comte de Toulouse en 1160. La ville moderne finit de recouvrir les vestiges antiques au XIXᵉ siècle, notamment le forum et ses abords.

Les fouilles entreprises, pour l'essentiel à partir de 1907, ont dégagé les ruines de quartiers périphériques sur une superficie de 15 ha. Au quartier de Puymin, on peut ainsi découvrir celles d'une grande demeure patricienne,

Mosaïque au musée de Vaison-la-Romaine

la maison des Messii, et d'une ancienne promenade aménagée, le portique de Pompée. Le théâtre, à la scène taillée dans le roc, accueillait 4 000 spectateurs. Le **musée Theo Desplans** présente des objets usuels et les statues en marbre retrouvées lors des fouilles. Un buste en argent (IIIᵉ siècle) provient du champ de ruines de la Villasse qui s'étend de l'autre côté de l'avenue du Général-de-Gaulle.

Très endommagé lors de l'inondation de 1992, un pont romain d'une seule arche de 17 m conduit à l'entrée du quartier médiéval. Une enceinte du XIVᵉ siècle entoure le rocher que dévalent ses ruelles pentues, les « calades ». Beaucoup d'artistes et d'artisans habitent désormais les maisons anciennes qui les bordent.

Hors des murs, sur l'autre rive de l'Ouvèze, la **cathédrale Notre-Dame-de-Nazareth** est un remarquable édifice roman doté d'un superbe cloître. Elle renferme un maître-autel en marbre du XIᵉ siècle. Des colonnes gallo-romaines ornent l'abside.

🐾 Ruines romaines
Fouilles de Puymin et musée Theo Desplans, pl. du Chanoine-Sautel. 04 90 36 02 11. de mars à oct. : t.l.j. ; de nov. à fév. : du mer. au lun. 1ᵉʳ jan., 25 déc.

Vestiges de la maison au buste d'argent, Vaison-la-Romaine

Les Dentelles de Montmirail ❸

Contrefort du mont Ventoux, ce massif de 15 km de long n'atteint en son point le plus élevé qu'une altitude de 734 m, mais ses hautes falaises blanches découpées en aiguilles délicates lui donnent un aspect spectaculaire. De nombreux sentiers le sillonnent et sa végétation très variée en fait un lieu de randonnée apprécié.

Les jolis villages qui l'entourent offrent autant d'étapes où apprécier les crus de côtes du Rhône et les fromages des chèvres qui broutent ses plantes aromatiques.

Vignes de muscat à Beaumes-de-Venise

Vaison-la-Romaine ①
Bourgade élégante où la ville médiévale n'a pas recouvert la cité antique, Vaison, outre des vestiges romains, renferme une superbe cathédrale romane.

Vignoble de Gigondas

Gigondas ⑥
Dominé par les ruines d'un château du XIVᵉ siècle, ce petit village contient de nombreux caveaux où déguster ses crus réputés.

Malaucène ②
La vieille ville de ce bourg de 2 000 habitants renferme de belles maisons, un beffroi de 1539 et une église romane fortifiée.

Le Barroux ③
Reconstruit dans le style Renaissance, le château bâti au XIIᵉ siècle par les seigneurs des Baux, domine ce petit village et ouvre sur un large panorama.

Vacqueyras ⑤
L'église du village natal du célèbre troubadour Raimbaud, mort aux croisades, possède un baptistère du VIᵉ siècle.

Beaumes-de-Venise ④
Outre d'excellents côtes-du-Rhône, les vignes de ce joli village accroché à flanc de colline produisent un muscat réputé et délicieux, notamment avec le melon.

LÉGENDE

▬▬▬	Itinéraire
‑ ‑ ‑	Autres routes

0   2 km

CARNET DE ROUTE

Itinéraire : 50 km
Où faire une pause ? Le village perché de Crestet ; Lafare, un hameau au pied du rocher du Turc (627 m) ; et Montmirail, station thermale au XIXᵉ siècle. (Voir aussi p. 242-243.)

Labels on map: VALREAS, D977, D88, Crestet, Séguret, D938, D23, D90, D7, D80, DENTELLES DE MONTMIRAIL, Lafare, D90, Montmirail, ORANGE, AVIGNON, D7, D21

Le mont Ventoux ❹

✈ *Avignon.* 🚶 *2 600.* 🚌 *Orange,*
Bédoin. ℹ *Espace Marie-Louis-Gravier,*
Bédoin (04 90 65 63 95).

Parfois surnommé l'Olympe de la Provence, le mont Ventoux culmine à 1 912 m et n'atteint donc pas, loin de là, la hauteur de son équivalent grec (2 917 m), mais sa position isolée, dominant la vallée du Rhône aux confins des Préalpes, lui confère un aspect imposant. De son sommet, le panorama est incomparable. Cette position isolée lui vaut aussi d'être battu par les vents, d'où son nom, et le mistral y souffle jusqu'à 230 km/h.

Après avoir servi au XVIᵉ siècle à la construction des nefs de la flotte royale, ses forêts ont été replantées à partir de 1860. L'automne les embrase. En hiver, la couverture neigeuse commence vers 1 300 m d'altitude et les remontées mécaniques des stations du mont Serein et du Chalet-Reynard s'ouvrent aux skieurs. L'été, le mont Ventoux reste une étape fréquente du Tour de France. Une ascencion si éprouvante que le Britannique Tom Simpson succomba à une crise cardiaque en 1967. La course automobile qui se déroule entre Bédouin et le sommet depuis 1902 a lieu en juin. Cette année-là, Jimmy

Sommet du mont Ventoux par temps de mistral

Bolide de 1904 à l'assaut du mont Ventoux

Mieusset avait réalisé l'ascension en 9'03" et 6/10 à la vitesse moyenne de 142,27 km/h.

Pour le visiteur, le meilleur moyen de découvrir le massif demeure néanmoins la marche à pied. Des itinéraires de randonnée partent de Bédoin, de Sault et de Brantes dans la vallée du Toulourenc. Depuis Malaucène, la route (21 km) dépasse la chapelle Notre-Dame-du-Groseau, dernier vestige d'une abbaye bénédictine du XIIᵉ siècle, puis atteint la source vauclusienne du Groseau, petit lac ombragé dont un aqueduc antique apportait les eaux à

Monument au cycliste Tommy Simpson

Vaison-la-Romaine.

C'est ensuite le mont Serein et ses chalets disséminés dans les prés puis le sommet où se trouvent un restaurant et un parc de stationnement. Un terre-plein aménagé propose des tables d'orientation. La vue porte des Cévennes à la Sainte-Victoire et à la Méditerrannée. Des brumes de chaleur la voilent souvent pendant les journées d'été et c'est généralement au lever du soleil, et plus encore à son coucher, que le panorama est le plus beau. Surtout quand les villages commencent à s'éclairer dans la plaine.

FLORE PROVENÇALE

Les moyennes de température affichent une différence de 11° entre le pied et le sommet du mont Ventoux. Sur ses pentes, les forêts de pins, de chênes, de cèdres et de mélèzes succèdent aux champs de lavande, avant de laisser place à une végétation, particulièrement belle en juin, où figurent des fleurs arctiques.

Orchis mâle
Orchis mascula

Pavot velu
Papaver rhaeticum

Gentiane
Gentiana clusii

Orange ❺

Carte routière 2B. 🏨 *28 000*. 🚗 🚗
ℹ️ *5, cours Aristide-Briand (04 90 34 70 88).* 🗓️ *jeu. matin.*

Colonie romaine fondée en 35 av. J.-C., au croisement de deux grandes voies de circulation, par les vétérans de la deuxième légion gallique, la cité, après avoir appartenu aux seigneurs des Baux, passa à la famille de Nassau, souverains hollandais qui portent toujours le titre de princes d'Orange. Louis XIV s'en empara en 1672 et le traité d'Utrecht la céda à la France en 1713.

Au cœur du vignoble des côtes-du-rhône, son terroir produit fruits, primeurs, olives, miel.

Chapelle latérale de l'ancienne cathédrale Notre-Dame, Orange

Orange romaine

Fondée 25 ans plus tôt, c'est en 10 av. J.-C. que la Colonia Julia Secundanorum Arausio s'entoure d'une enceinte fortifiée. À l'intérieur de ses remparts, entre l'arc de triomphe et un grand centre religieux et culturel dont ne subsiste que le théâtre, les rues obéissaient à un quadrillage régulier.

Vieille ville

Très animées, ses rues et ses places rafraîchies par des fontaines entourent l'hôtel de ville du XVIIe siècle et l'**ancienne cathédrale Notre-Dame**, d'origine romane, mais qui connut une importante reconstruction après les guerres de Religion. Son portail a conservé une partie de son décor du XIIe siècle. Le théâtre

antique domine de son imposant mur de scène la place des Frères-Mounet au pied de la **colline Saint-Eutrope** aménagée en jardin public et où subsistent les ruines d'un puissant château des princes d'Orange rasé par Louis XIV. Son sommet, doté d'une table d'orientation, commande une belle vue sur la ville et la plaine du Rhône.

🏛️ Arc de triomphe

Av. de l'Arc-de-Triomphe.
Élevé vers 20 av. J.-C. sur la via Agrippa conduisant d'Arles à Lyon, il célèbre les hauts faits de la deuxième légion gallique, dont les vétérans avaient fondé la colonie, et porte un riche décor sculpté représentant notamment des captifs, des panneaux d'armes et des trophées navals. À l'attique, une bataille oppose Celtes et Romains. Transformé un temps en forteresse, il a connu une importante restauration sur sa façade ouest. La face nord est dans un état remarquable.

🏛️ Musée municipal

rue Madeleine Roch. 📞 *04 90 51 18 24.* 🕐 *t.l.j.* 🚫 *1er janv., 25 déc.* 📷
Il est particulièrement intéressant pour les fragments des trois cadastres romains gravés dans le marbre retrouvés rue de la République. Le plus complet date du Ier siècle et montre que la colonie occupait, du Rhône jusqu'aux Dentelles

Centaure au Musée municipal d'Orange

de Montmirail, et du nord d'Orange jusqu'au nord de Montélimar, un territoire de plus de 800 km². L'exposition évoque également l'histoire ultérieure de la ville, notamment sous les princes d'Orange.

🏛️ Harmas J.-H.-Fabre

Harmas de J.-H.-Fabre. 📞 *04 90 70 00 44.* 🕐 *du mer. au sam. et lun.* 🚫 *jours fériés.* 📷
C'est à Sérignan-du-Comtat, à 8 km au nord-est d'Orange, que l'entomologiste Jean-Henri Fabre (1823-1915) passa les trente-six dernières années de sa vie. Son domaine, ou harmas, est devenu un jardin botanique dont les bâtiments abritent toujours ses collections, d'insectes notamment, et 700 aquarelles représentant des champignons.

L'arc de triomphe d'Orange

Le théâtre antique d'Orange

Édifié sous Auguste vers 25 av. J.-C. contre la colline Saint-Eutrope, aussi vaste que celui d'Arles *(p. 146)*, il est le théâtre romain le mieux conservé du monde. Son mur de scène, en particulier, est remarquable. C'est par la porte royale, au centre, surmontée d'une statue d'Auguste, qu'entraient les acteurs principaux, les seconds rôles devant se contenter des deux accès latéraux. Trente-sept rangs de gradins en hémicycle pouvaient accueillir près de 10 000 spectateurs répartis selon leur position sociale : chevaliers, prêtres et magistrats en bas, citoyens au milieu, Gaulois, mendiants et prostituées au plus haut.

Corbeaux du vélum
Ces supports sur le mur extérieur soutenaient les mâts du dais protégeant les spectateurs.

Entrée principale

LE THÉÂTRE ROMAIN
Cette reconstitution le montre tel qu'il fonctionnait. Quoique bien conservé, il n'est plus aujourd'hui que l'ombre de sa splendeur passée.

Un vélum protégeait les spectateurs de la pluie ou du soleil.

Le rideau de scène *(aulaeum)*, actionné par un mécanisme invisible, s'abaissait, et non le contraire, pour révéler le décor.

Concerts nocturnes
En été, le théâtre accueille les Chorégies d'Orange, prestigieux festival d'art lyrique fondé en 1869. Il sert aussi de cadre à de nombreux spectacles.

Mur de scène
Élevé en grès, il forme une muraille imposante longue de 103 m, haute de 37 m et épaisse de près de 2 m.

L'empereur Auguste
*Haute de 3,5 m,
cette statue domine la scène
depuis une niche au-dessus
de la porte royale.*

MODE D'EMPLOI

Place des Frères-Mounet. 04 90
51 17 60. d'avril à sept. : de 9 h
à 18 h 30 t.l.j. ; d'oct. à mars : de
9 h à 12 h, de 13 h 30 à 17 h t.l.j.
1er jan., 25 déc. valable
aussi pour le Musée municipal
(p. 161).

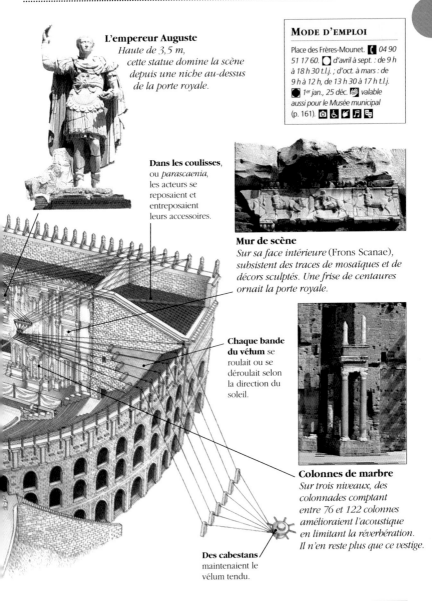

Dans les coulisses,
ou *parascaenia*,
les acteurs se
reposaient et
entreposaient
leurs accessoires.

Mur de scène
Sur sa face intérieure (Frons Scanae),
*subsistent des traces de mosaïques et de
décors sculptés. Une frise de centaures
ornait la porte royale.*

**Chaque bande
du vélum** se
roulait ou se
déroulait selon
la direction du
soleil.

Colonnes de marbre
*Sur trois niveaux, des
colonnades comptant
entre 76 et 122 colonnes
amélioraient l'acoustique
en limitant la réverbération.
Il n'en reste plus que ce vestige.*

Des cabestans
maintenaient le
vélum tendu.

Temples
*Les fouilles entreprises à
l'ouest du théâtre en 1925-
1937 ont mis au jour les
vestiges de ce qui semble
avoir été un ensemble de
temples que complétait
peut-être un cirque ou un
gymnase. Bâti sur une
plate-forme de 60 m sur 30,
le Capitole les dominait du
haut de la colline.*

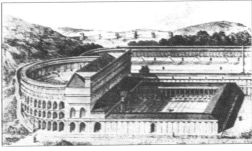

Église de Caderousse

Caderousse ❻

Carte routière B2. ⚐ 2 300. ℹ️ *la mairie (04 90 51 90 69)*. ⬛ *mar.*

B âti sur le bord du Rhône à l'endroit où Hannibal l'aurait franchi avec ses éléphants lorsqu'il partit attaquer Rome en 218 av. J.-C., Caderousse a souvent souffert des caprices du fleuve. En témoignent les plaques qui, sur la façade de l'hôtel de ville, indiquent les niveaux des crues les plus graves. À la suite de celle de 1856 qui s'éleva à 3 m, la ville s'entoura d'une digue qui lui donne un aspect de cité fortifiée.

Romane, l'**église Saint-Michel** incorpore une chapelle du XVIe siècle de style gothique flamboyant aux élégantes voûtes.

Châteauneuf-du-Pape ❼

Carte routière B3. ⚐ 2 100. 🚉 *Sorgues, puis le bus.* ℹ️ *place du Portail (04 90 83 71 08)*. ⬛ *ven.*

L e plus connu des crus de Côtes du Rhône porte le nom d'un bourg sans prétention perché sur une petite hauteur. Au sommet se dressent les ruines du **château des Papes** bâti par Jean XXII de 1317 à 1333 et ravagé pendant les guerres de Religion. De là, une belle vue sur la plaine porte jusqu'à Avignon.

Jean XXII ne se contenta pas de construire une résidence pontificale à Châteauneuf, il y implanta la vigne. Trente-cinq domaines se partagent aujourd'hui le territoire de l'appellation contrôlée qui, fait unique en France, autorise 13 cépages différents. De nombreux caveaux dans le village proposent des dégustations et le **musée du Père-Anselme** retrace l'histoire locale de la viticulture.

À quelques kilomètres, près de Carpentras, Pernes-les-Fontaines tire nom et réputation de ses 36 fontaines qui eurent chacune un garde jusqu'en 1914. Parmi les plus belles figurent celle du Reboul (XVe siècle) et celle du Cormoran (1761).

🏛 **Musée du Père-Anselme de Vignerons**
Route d'Avignon, Châteauneuf-du-Pape. 📞 04 90 83 70 07. ⬛ *t.l.j.* ⬛ *25 déc., 1er janv.* ♿

Carpentras ❽

Carte routière B3. ⚐ 27 000. ℹ️ *170, allée Jean-Jaurès (04 90 63 57 88)*. ⬛ *mar. et ven.*

C apitale du Comtat Venaissin et ville de marché au cœur du riche terroir agricole et viticole des côtes-du-Ventoux, Carpentras doit à ses truffes, et plus encore à ses berlingots, une réputation gourmande.

De ses remparts médiévaux, abattus au XIXe siècle pour percer les boulevards ombragés qui entourent la vieille ville, elle n'a gardé que la porte d'Orange, du XIVe siècle, et sa tour de 27 m. Fondée également au XIVe siècle, la **synagogue**, en face de l'hôtel de ville, est la plus ancienne de France. Reconstruite en 1741-1743, elle connut plusieurs restaurations au XXe siècle.

C'est par une porte de style gothique flamboyant, la porte Juive, que les juifs qui se convertissaient entraient dans la **cathédrale Saint-Siffrein** (XVe siècle) le jour de leur baptême. Le **musée Comtadin** évoque les traditions régionales et l'Hôtel-Dieu possède une belle pharmacie du XVIIIe siècle.

✡ **Synagogue**
Pl. Maurice-Charretier. 📞 04 90 63 39 97. ⬛ *du lun. au ven.* ⬛ *lors des cérémonies.*
⛪ **Cathédrale Saint-Siffrein**
Pl. du Général-de-Gaulle. ♿
🏛 **Musée Comtadin**
234, bd Albin-Durand. 📞 04 90 63 04 92. ⬛ *du mer. au lun.* ⬛ *Jours fériés.* 📷

Pharmacie de l'Hôtel-Dieu de Carpentras

L'abbaye de Sénanque ❾

Carte routière C3. 📞 04 90 72 05 72. ⬛ *de mars à oct. : du lun. au sam. et dim. ap.-midi ; de nov. à fév. : ap.-midi.* 📷 ⬛

C 'est en venant de Gordes *(p. 169)* qu'il faut découvrir l'abbaye de Sénanque dans son écrin de champs de lavande.

Comme ses sœurs cisterciennes de Provence *(p. 108 et 147)*, son dépouillement répondait aux vœux des disciples de saint Bernard qui la fondèrent en

Vignoble de Châteauneuf-du-Pape

1148. Le monastère reçoit cependant très vite d'importantes donations, principalement en terres, et la contradiction entre sa richesse et l'aspiration à la pauvreté de l'esprit de Cîteaux le conduit à entrer en décadence au XIVe siècle.

Par chance, malgré les représailles des Vaudois en 1544 et la peste de 1580, il conserve une communauté religieuse presque jusqu'en 1791 où il est vendu comme bien national. En 1854, racheté par l'abbé Barnoin, il accueille à nouveau des moines.

En dehors du bâtiment des convers, reconstruit au XVIIIe siècle, l'abbaye a ainsi gardé ses édifices originaux, élevés à partir de 1150, et même une partie de leurs toitures en lauze. Ils se composent de l'église, à l'austère simplicité, du cloître et des bâtiments conventuels : la salle capitulaire, le chauffoir, le réfectoire et le dortoir où les moines dormaient tout habillés.

C'est à Fontaine-de-Vaucluse que la Sorgue prend sa source

L'abbaye de Sénanque

Fontaine-de-Vaucluse ⓾

Carte routière B3. 🏠 *580.* 🚌 *Avignon.* 🛈 *chemin de la Fontaine (04 90 20 32 22).* 🛍 *mar.*

Au fond d'une vallée étroite, la Sorgue naît d'un gouffre au pied d'une falaise de plus de 308 m de haut. Le débit de sa source, qui peut atteindre 100 m³/s et ne descend pas en dessous de 4,5 m³/s, reste inexpliqué. Alimenté par les eaux de la rivière, le **moulin à papier Vallis Clausa** installé

dans une ancienne papeterie industrielle perpétue des techniques de fabrication traditionnelles du XVe siècle.

Le Monde souterrain de Norbert Casteret présente la collection de concrétions calcaires rassemblées par le spéléologue, du matériel qu'il utilisa et une exposition sur les progrès accomplis dans l'exploration de la Fontaine de Vaucluse. Pétrarque, qui habita seize ans la ville, est présent au **musée Pétrarque** à l'emplacement de la maison où il vécut. Le **musée d'Histoire 1939-45** qui évoque la vie sous l'Occupation, expose des œuvres d'écrivains ou d'artistes engagés.

🏭 **Moulin à papier Vallis Clausa**
Chemin du Gouffre. 📞 *04 90 20 34 14.* 🕐 *t.l.j.* ⊘ *1er jan., 25 déc.*
🏛 **Monde souterrain de Norbert Casteret**
Chemin du Gouffre. 📞 *04 90 20 34 13.* 🕐 *de fév. au 15 nov. : t.l.j.* 🎦 ♿
🏛 **Musée d'Histoire 1939-45**
Chemin de la Fontaine. 📞 *04 90 20 24 00.* 🕐 *de mi-avril à mi-oct. : du mer. au lun. ; de mi-oct. à déc. et de mars à mi-avril : sam., dim.* ⊘ *jours fériés.* 🎦 ♿
🏛 **Musée Pétrarque**
Rive gauche de la Sorgue. 📞 *04 90 20 37 20.* 🕐 *de mi-avril à mi-oct. : du mer. au lun.* ⊘ *1er jan., 25 déc.*

L'Isle-sur-la-Sorgue ⓫

Carte routière B3. 🏠 *18 000.* 🚌 🚃 🛈 *pl. de l'Église (04 90 38 04 78).* 🛍 *jeu., dim (brocante).*

Les bras de la Sorgue qui enserrent le cœur de cette jolie ville actionnaient jadis 70 roues à aube de moulins ou de manufactures. Il n'en reste que six en souvenir. Construite du XIIe au XVe siècle, restaurée au XVIIIe, l'**église Notre-Dame-des-Anges** possède un décor baroque d'une opulence rare en France. L'hôpital (XVIIIe siècle) présente, dans sa pharmacie, une belle collection de pots en faïence de Moustiers.

Roue à aube près de la place Gambetta, l'Isle-sur-la-Sorgue

Avignon pas à pas ⓬

Comptant plus de 89 450 habitants aujourd'hui, l'ancienne capitale pontificale s'est largement étendue à l'est et au sud de ses remparts, le Rhône la bordant au nord et à l'ouest.

Saint Jérôme, Petit Palais

L'enceinte fortifiée de la cité médiévale, bâtie au XIVe siècle pour protéger des crues du fleuve tout autant que des hommes, a cependant survécu et conservé 12 tours et 14 portes. À l'intérieur, le cœur de la ville aux monuments séculaires garde tout son dynamisme grâce à un opéra et à de nombreux cinémas et théâtres.

La chapelle Saint-Nicolas, accessible après le châtelet du pont, comporte un étage roman (XIIIe s.) et un autre gothique (1513).

Porte du Rhône

★ Le pont Saint-Bénézet
La légende attribue à un jeune pâtre, Bénézet, le début de la construction en 1177 du célèbre pont d'Avignon.

RUE FERRU

RUE DE LIMAS

RUE GRANDE FUSTERIE

RUE DES GROTTES

RUE DE LA BALANCE

RUE ST-ÉTIENNE

RUE PETITE FUSTERIE

RUE RACINE

PLACE DE L'HORLOGE

Conservatoire de musique
La façade de l'ancien hôtel des Monnaies (1619) porte les armes du cardinal Borghese.

Place de l'Horloge
Dominée par un beffroi gothique (1354), cette belle place ombragée occupe l'emplacement du forum antique. Elle est particulièrement animée pendant le festival.

LÉGENDE

– – – Itinéraire conseillé

0   100 m

Musée du Petit-Palais
*L'ancien palais épiscopal présente
un bel ensemble d'œuvres
italiennes et françaises du
Moyen Âge et de la
Renaissance, notamment
cette Vierge de pitié (1457).*

MODE D'EMPLOI

Carte routière B3. 🚶 89 450.
✈ 8 km Avignon-Caumont.
🚌 bd Saint-Roch. 🚆 bd Saint-
Roch. 🛈 41, cours Jean-Jaurès.
(04 32 74 32 74). 🛒 sam., dim.
📅 le Festival d'Avignon (voir p. 31).
🌐 www.avignon-tourism. com

Rocher des Doms
*Aménagé en un agréable
jardin, il commande un large
panorama sur la ville et le fleuve.*

★ Le palais des Papes
*Dans la forteresse que les papes bâtirent
au XIVe siècle (p. 44-45), une riche
décoration ornait leur chambre à coucher.*

Église Saint-Pierre
*Ce beau sanctuaire gothique
entrepris en 1358 et achevé
au XVIe siècle présente une
remarquable façade
flamboyante.*

À NE PAS MANQUER

★ Le palais des Papes

★ Le pont Saint-Bénézet

À la découverte d'Avignon

A vignon n'a conservé que très peu de vestiges de son passé grec puis romain. En 1309, les papes y installent pour un demi-siècle la capitale de la Chrétienté. Si les plus beaux monuments datent de cette période, le baroque (XVIIe siècle) a aussi paré la ville de superbes hôtels, et ses rues, comme la rue du Roi-René ou la rue des Teinturiers, possèdent des cachets variés.

Le palais des Papes d'Avignon vu depuis l'autre rive du Rhône

♣ Palais des Papes

Pl. du Palais. 📞 04 90 27 50 74. ⭘ t.l.j. (horaires variables). ⬛ ⬛ ⬛

Il faut franchir la porte des Champeaux pour accéder à la cour d'Honneur, haut lieu du Festival d'Avignon, de cet édifice grandiose composé de deux bâtiments juxtaposés. Construit pour Benoît XII à partir de 1336, le Palais-Vieux, qui borde la cour au nord et à l'ouest, s'organise autour d'un cloître. Il comprend, entre autres, l'ancienne salle de banquet, ou Grand Tinel, aux murs parés de tapisseries des Gobelins, et le Consistoire où se tenait le conseil des souverains pontifes et que décorent les portraits des papes. Ces deux salles donnent chacune sur une chapelle peinte de fresques par Matteo Giovannetti entre 1344 et 1348.

Élevé pour Clément VI de 1342 à 1352, le Palais-Neuf témoigne des goûts fastueux de ce grand prince de l'église, notamment dans des pièces comme la chambre du Pape, aux murs couverts d'une

Décor de la chambre du Pape

luxuriante décoration, ou la chambre du Cerf, dans la tour de la Garde-Robe, qui a conservé un beau plafond peint du XIVe siècle et des fresques remarquables exécutées en 1343.

La chapelle Clémentine, ou Chapelle pontificale, présente une nef de 52 m de long, 15 m de large et 20 m de haut.

♠ Cathédrale Notre-Dame-des-Doms

Pl. du Palais. 📞 04 90 86 81 01. ⭘ t.l.j.

Bâti au XIIe siècle et maintes fois remanié, le plus vieux sanctuaire chrétien d'Avignon a conservé, malgré des ajouts baroques, un plan et une ordonnance romane. Dans le chœur, le maître-autel et le trône épiscopal datent tout deux du XIIe siècle.

🏛 Musée du Petit-Palais

Pl. du Palais. 📞 04 90 86 44 58. ⭘ du mer. au lun. ● 1er jan., 1er mai, 14 juil., 1er nov., 25 déc. ⬛

Livrée construite en 1318 pour le cardinal Bérenger Frédol, cet élégant édifice, devenu l'évêché en 1335, abrite aujourd'hui un ensemble

remarquable d'œuvres d'art du Moyen Âge et de la Renaissance : écoles, florentine, vénitienne, siennoise et avignonnaise. On peut y voir, entre autres, une *Vierge à l'Enfant* par Botticelli (1445-1510), une *Sainte Conversation* de Vittore Carpaccio (1460-1525) et des peintures de Simone Martini (1280-1344) et d'Enguerrand Quarton (XVe s.).

🏛 Musée lapidaire

27, rue de la République. 📞 04 90 85 75 38. ⭘ du mer. au lun. ● jours fériés. ⬛ ⬛

Installé dans l'ancienne chapelle baroque du XVIIe s. du collège des Jésuites, il renferme de nombreuses statues antiques et gauloises, notamment celle du IIe siècle av. J.-C. appelée tarasque de Noves.

🏛 Musée Calvet

65, rue Joseph-Vernet. 📞 04 90 86 33 84. ⭘ du mer. au dim. ● jours fériés. ⬛ ⬛

Dans un élégant hôtel particulier du XVIIIe siècle sont proposées des collections variées comprenant aussi bien des objets préhistoriques que des œuvres de Soutine, Modigliani, Manet, Dufy, Gleizes et Marie Laurencin.

🏛 Musée Angladon

5, rue Laboureur. 📞 04 90 82 29 03. ⭘ du mer. au dim. ap.-midi. ⬛ ⬛

Ce musée rassemble une collection d'art allant du XVIIIe au XXe siècle, le tout dans une ambiance profondément moderne et l'intimité d'une maison privée.

🏛 Musée Lambert

Hôtel de Caumont, 5, rue Violette. 📞 04 90 16 56 20. ⭘ t.l.j. : de 11 h à 19 h. ● jours fériés. ⬛ ⬛ ⬛ ⬛ Librairie.

Ce musée, installé dans une maison du XVIIIe siècle, proche d'une école d'art, est la plus récente institution culturelle d'Avignon. On y trouve notamment une collection d'art contemporain venant de la galerie Yvon Lambert. La collection débuta dans les années 1960 et retrace les différents mouvements artistiques jusqu'à nos jours.

Gordes ⑬

Carte routière C3. 🚶 *2 000*. 🛈 *le château (04 90 72 02 75).* 🗓 *mar.*

Restaurants et hôtels chic témoignent de la popularité de ce village perché dans un site magnifique au-dessus de la vallée du Coulon. De nombreuses boutiques d'artisanat animent ses rues pentues qu'enjambent des arcades.

Si le cubiste André Lhote le précéda en 1938, c'est Victor Vasarely, peintre abstrait né en Hongrie en 1908, qui a donné ses lettres de noblesse à la localité en faisant restaurer, avec le plus grand soin, le **château de Gordes**. Cette ancienne forteresse construite au XIIe siècle par les d'Agoult et reconstruite vers 1525, abrite sur 3 étages une exposition des œuvres de Pol Mara (1920-1998), peintre flamand qui vécut de nombreuses années à Gordes.

D'une rigueur très géométrique, peintures, lithographies, tapisseries, sculptures et panneaux décoratifs trouvent un cadre

LES BORIES

Pour construire des abris sur les plateaux calcaires de Provence, bergers et paysans ont utilisé les pierres plates qui jonchaient prés et champs. Les empilant en léger déport, ils élevaient des voûtes en encorbellement qui ne nécessitent ni ciment ni charpente ni toiture. La région compte environ 3 000 de ces constructions, simples cabanes à outils, écuries ou véritables exploitations agricoles, groupées pour certaines en hameaux comme à Gordes.

sompteux dans le décor Renaissance du château.

À la sortie de Gordes, ne pas manquer le **village des Bories**, hameau entièrement composé de pittoresques constructions en pierres sèches.

♣ Château de Gordes
📞 *04 90 72 02 75.*
⚪ *tous les jours.* ⚫ *1ᵉʳ janv., 1ᵉʳ mai, 25 déc.* 📷
🏠 Village des Bories
Route de Cavaillon. 📞 *04 90 72 03 48.*
⚪ *t.l.j.* 📷 ♿

Roussillon ⑭

Carte routière C3. 🚶 *1 200*. 🛈 *pl. de la Poste (04 90 05 60 25).* 🗓 *jeu.*

Entre Gordes et Apt, Roussillon occupe, au sommet d'une colline, un site étonnant au milieu de falaises d'ocre allant du jaune vif au rouge sang. Ces teintes se retrouvent dans les crépis des maisons, composant un ensemble d'une harmonie et d'une chaleur rares.

Depuis l'hôtel de ville du XVIIIe siècle, des ruelles en pente conduisent à la tour du Beffroi puis à la table d'orientation du Castrum, à côté de l'église, d'où la vue embrasse un large panorama sur le Luberon et le mont Ventoux.

Depuis l'office du tourisme, une promenade d'une demi-heure mène aux anciennes carrières de l'impressionnant sentier des Ochres dont les rochers écarlates offrent un violent contraste avec le vert de la végétation. Au sud, les falaises de Sang dominent le val des Fées.

Commencée à Roussillon en 1780, l'exploitation de l'ocre, mélange naturel de quartz, de kaolinite et d'oxyde de fer, employait un millier de personnes au début du siècle. Concurrencée par les colorants synthétiques, cette industrie menacée fait aujourd'hui l'objet d'un plan de relance. Inaltérable, l'ocre ne présente en effet aucune toxicité pour une finesse de coloris sans pareille.

Le village perché de Gordes

Arc de triomphe à Cavaillon

Cavaillon ⑮

Carte routière B3. 🏛 *25 000.* 🚌
🚆 ℹ *Place François-Tourel (04 90 71 32 01).* 🛒 *lun.*

L e nom de Cavaillon évoque
le parfum du melon. La
production maraîchère de son
terroir alimente en effet le plus
grand marché de gros de
primeurs de France, assurant
à la cité une prospérité qu'elle
connaissait déjà à l'époque
romaine comme en témoigne
le petit arc du Ier siècle, déplacé
en 1880 sur la place François-
Fournel.

À gauche, un sentier escalade
la colline jusqu'à la **chapelle
Saint-Jacques** (XIIe s.) et son
enclos de cyprès. Depuis la
table d'orientation, au bord du
plateau, la vue porte jusqu'au
Ventoux et aux Alpilles.

En ville, la cathédrale Saint-
Véran, de style roman, possède
un élégant petit cloître et
le **Musée archéologique**
présente les vestiges découverts
dans la région, notamment
sur la colline Saint-Jacques.
Rue Hébraïque, la synagogue,
superbe, fut construite entre
1772 et 1774. Elle occupe
l'emplacement d'un sanctuaire
du XIVe siècle. Le petit **Musée
juif comtadin** évoque l'histoire
de la communauté juive en
terre pontificale.

🏛 **Musée archéologique**
Hôtel-Dieu, Porte d'Avignon. 📞 *04 90
76 00 34.* 🕐 *d'avril à sept. : du mer.
au lun. ; d'oct. à mai : sur r.-v.*
● *1er mai.* 📷
🏛 **Musée juif comtadin**
Rue Hébraïque. 📞 *04 90 76 00 34.*
🕐 *d'oct. à fév. : lun., mer.-ven. ;
avril-sept. : mer-lun.*
● *mar., 1er jan., 1er mai, 25 déc.* 📷

Excursion dans le Petit Luberon ⑯

A u cœur du massif calcaire qui s'étend de Cavaillon
à Manosque, le parc régional du Luberon couvre
une superficie de 130 000 ha sur le territoire d'une
cinquantaine de communes. La combe de Lourmarin
le divise en deux. À l'est, le Grand Luberon (*p. 172*)
forme une longue croupe rocheuse qui atteint
1 125 m d'altitude au Mourre-Nègre. À l'ouest, le Petit
Luberon, plus découpé, culmine à 700 m. Alors que
sur les flancs sud, les cultures et le vignoble ont
maintenu une population rurale, au nord, les villages
accrochés à flanc de rocher se vidaient de leurs
habitants jusqu'à
l'arrivée récente
d'artistes et d'artisans
séduits par leur beauté.

Oppède-le-Vieux ①
Les ruines du château de Jean
Maynier d'Oppède, au-dessus des
maisons, rappellent le massacre
des Vaudois du Luberon dont il
se rendit coupable en 1545.

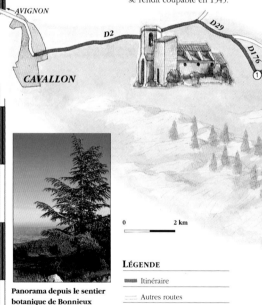

**Panorama depuis le sentier
botanique de Bonnieux**

LÉGENDE

▬▬ Itinéraire
═══ Autres routes

LE LUBERON SAUVAGE

Gorges escarpées, versants
nord abrupts et humides, et
adrets méditerranéens propices
aux cultures et à la vigne créent
dans le Luberon une grande
diversité d'habitats. La maison
du parc régional, à Apt
(*p. 172*), tient à disposition des
informations sur la faune et la
flore et propose des circuits de
randonnée ou d'excursion
permettant de les découvrir.

L'orchis simia, une
orchidée sauvage, pousse
dans les prés ensoleillés.

Les falaises ravinées du Petit Luberon

Ménerbes ②

Place forte où des calvinistes se retranchèrent pendant les guerres de Religion, ce joli village renferme une église du XIVᵉ siècle.
Le cimetière offre une belle vue.

Bonnieux ④

Le musée de la Boulangerie retrace l'histoire du pain. Un sentier botanique permet une promenade de 2 h dans une forêt de cèdres.

Lacoste ③

Si l'ombre du marquis de Sade plane toujours sur le village, son château ne résista pas à la Révolution.

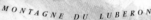

D188 ②   **D109**   ③

Abbaye St-Hilaire   ④

D3

D36

D943

MONTAGNE DU LUBERON

Lourmarin ⑤

La comtesse d'Agoult dont la famille possédait le château du village donna trois enfants à Franz Liszt, notamment la future épouse de Richard Wagner.

⑤

AIX-EN-PROVENCE ↓

Le sanglier (Sus scrofa) continue à prospérer dans le massif malgré les chasseurs.

Le grand duc (Bubo bubo) est le plus grand des rapaces nocturnes européens.

Le castor (Castor fiber) construit des barrages sur le Calavon et la Durance.

LE GRAND LUBERON

Belle montagne sauvage ceinte d'un chapelet de villages, le Grand Luberon dresse sa masse arrondie à l'est de la combe de Lourmarin. Depuis Auribeau, perché sur un mamelon du versant nord, deux heures de marche conduisent à la cime la plus haute, le Mourre-Nègre (1 125 m), inaccessible en voiture. Ce site superbe offre une vue qui embrasse la vallée de la Durance et le bassin d'Apt et porte jusqu'à l'étang de Berre, le mont Ventoux, la montagne de Lure, Digne et les Alpes.

Apt ⑰

Carte routière C3. 🏠 11 500. 🚌
Avignon. 🛈 *20, av. Philippe-de-Girard*
(04 90 74 03 18). 🛒 *sam.*

Dans la vallée où coule le Calavon entre le Luberon et le plateau de Vaucluse, cerisiers et champs de pastèques rappellent qu'Apt est la capitale des fruits confits et un centre important de production de confiture. C'est également le siège du parc naturel du Luberon, et la maison du parc, installée dans une demeure du XVIIIᵉ siècle, fournit tous renseignements sur la faune, la flore, les sentiers de randonnée et les gîtes. L'édifice abrite en outre dans ses caves voûtées un **musée de Paléontologie** dont l'exposition associe fossiles et reconstitutions pour présenter l'évolution des espèces.

Dans un élégant hôtel du XVIIIᵉ siècle, l'autre musée de la ville, le **musée d'Archéologie**,

évoque une histoire plus récente de la région bien que ses collections comprennent des outils préhistoriques. Apt fut en effet une prospère cité gallo-romaine qui devint un évêché dès la fin du IIIᵉ siècle. Au deuxième étage, les collections de céramique permettent de découvrir les contributions apportées à l'art de la faïence par des maîtres aptésiens tels que Léon Sagy (1863-1939) ou Joseph Bernard (1905-1973).

De nombreux artisans entretiennent en pays d'Apt cette tradition et vendent leurs créations sur le grand marché, le samedi matin à l'ombre des platanes de la place de la Bouquerie. Au cœur de la vieille ville, ceinturée de boulevards mais qui a conservé quelques vestiges de ses remparts, se dresse la

Broderie du
XIVᵉ siècle

cathédrale Sainte-Anne.
De l'édifice originaire, élevé au XIIᵉ siècle, elle a conservé un bas-coté roman, l'autre étant gothique (XIVᵉ s.). Dans ce dernier s'ouvre la chapelle Sainte-Anne, ou Chapelle royale, bâtie en 1660 pour abriter les reliques de la mère de la Vierge à qui est dédié le sanctuaire, reliques rapportées de Palestine, selon la légende, au IIIᵉ siècle. Elles se trouvent aujourd'hui dans le trésor, gardé dans la sacristie de la chapelle.

La nef centrale, remaniée au XVIIIᵉ siècle, est coiffée à la croisée du transept d'une belle coupole octogonale romane. Un vitrail du XIVᵉ siècle éclaire le chœur.

À une dizaine de km au nord-est d'Apt, les carrières d'ocre du Colorado de Rustrel offrent un cadre de promenade à ne pas manquer.

⚓ **Cathédrale Sainte-Anne**
Rue Sainte-Anne. ☎ 04 90 74 36 60.
🕐 *du mar. au sam.*
🏛 **Musée de Paléontologie**
Maison du Parc, 60, pl. Jean-Jaurès.
☎ *04 90 04 42 00.* 🕐 *du lun. au sam.*
⬛ *sam. après-midi et jours fériés.* 🎫
🏛 **Musée d'Archéologie**
27, rue de l'Amphithéâtre. ☎ *04 90 74*
00 34. 🕐 *de juin à sept. : dim. ap.-midi,*
lun., mer.-sam. ; d'oct à mai : mer.-ven.
ap.-midi, sam. ⬛ *jours fériés.* 🎫

Tout le charme du pays d'Apt sur une étiquette

Cadenet ⑱

Carte routière C3. 3 500. Avignon. 11, pl. du Tambour-d'Arcole (04 90 68 38 21). lun. et sam. (marché paysan, avril-oct.).

Du haut d'une colline, les ruines de son château du XIe siècle veillent sur les belles maisons anciennes de ce gros village de la vallée de la Durance. Sur la place principale, qui accueille en été un marché paysan, se dresse la statue d'André Étienne. Lors de la bataille du pont d'Arcole en 1796, ce jeune tambour traversa la rivière à la nage et amena les Autrichiens à se replier en leur faisant croire qu'ils étaient pris à revers. L'église, du XVIe siècle, abrite un sarcophage sculpté du IIIe siècle transformé en fonts baptismaux.

Le Tambour d'Arcole à Cadenet

Ansouis ⑲

Carte routière C3. 900. place du Château (04 90 09 86 98). jeu.

Construit au Xe, agrandi et restauré au fur et à mesure du XIVe au XVIIe siècle, mais entouré des vestiges d'une forteresse médiévale, le **château d'Ansouis** appartient depuis 1160 à la famille de Sabran. Au XIIIe siècle, les quatre filles de Gersende de Sabran et de Raymond Bérenger IV devinrent respectivement reines de France, d'Angleterre, de Sicile et de Naples. Une chambre, dans le château, entretient le souvenir d'Elzéar de Sabran et de Dauphine de Signes qui, mariés en 1298, firent vœu de chasteté et furent canonisés en 1369. On y visite également de belles pièces ornées de tapisseries et de mobilier Renaissance, une cuisine provençale et une salle de garde abritant des armures du XVIIe au XIXe siècle. Romane, l'ancienne salle de justice du château (XIIIe siècle) est devenue l'église Saint-Martin.

Au bas du village, le **musée extraordinaire de Georges-Mazoyer** reconstitue une grotte sous-marine dans de belles caves voûtées du XVe siècle et présente des fossiles de poissons et de coquillages. À l'étage, meubles provençaux et atelier de l'artiste.

⚓ **Château d'Ansouis** 04 90 09 82 70. de Pâques à oct. : t.l.j. ; de nov. à Pâques : du mer. au lun. ap.-midi. jours fériés.
🏛 **Musée extraordinaire de Georges-Mazoyer** Rue du Vieux-Moulin. 04 90 09 82 64. t.l.j. l'après-midi.

Pertuis ⑳

Carte routière C3. 17 000. le donjon, place Mirabeau (04 90 79 15 56). mer. et sam. (marché paysan), ven.

La capitale traditionnelle du pays d'Aigues n'a guère conservé de ses remparts que la **tour Saint-Jacques** (XIVe s.). Antérieur, l'ancien donjon du château, ou tour de l'Horloge, domine la place Mirabeau qui porte le nom du père du célèbre révolutionnaire.

Remaniée dans le style gothique aux XIVe et XVe siècles, l'**église Saint-Nicolas** abrite un triptyque de 1512.

Portail triomphal du château de la Tour-d'Aigues

La Tour-d'Aigues ㉑

Carte routière C3. 3 800. Pertuis. château de la Tour-d'Aigues (04 90 07 50 29). mar.

Ce village paisible entouré de vignobles et de vergers au pied du Luberon tire son nom d'une tour qui se dressait au Xe siècle à l'emplacement du donjon du château actuel. Ensemble étonnant de ruines (il subit deux incendies en 1782 et 1792), ce luxueux palais Renaissance édifié au XVIe siècle par l'architecte Ercole Nigra a conservé un remarquable portail inspiré des arcs de triomphe antiques. Ses caves abritent le **musée de l'Histoire du pays d'Aigues** et le **musée des Faïences et des Céramiques** qui retracent l'histoire de la région.

🏛 **Musée de l'Histoire du pays d'Aigues et musée des Faïences et des Céramiques** Caves du château, La Tour-d'Aigues. 04 90 07 50 33. t.l.j. de sept. à juin : mar. après-midi et sam.-dim. matin. ; le 24 et le 25 déc., le 30 déc. et le 1er jan.

Chambre de la Duchesse au château d'Ansouis

LES ALPES-DE-HAUTE-PROVENCE

Succession de plateaux et de montagnes culminant à l'est à plus de 3 000 m au mont Pelat, les Alpes-de-Haute-Provence connaissent des hivers rudes bien qu'ensoleillés et le ciel y est d'une limpidité nulle part égalée. La Durance, aux caprices domptés par des barrages, a creusé dans ces reliefs une large voie de communication.

Pas de grandes villes sur cette terre d'azur si bien chantée par Jean Giono. Le département est celui où les traditions rurales de la Provence se sont probablement maintenues avec le plus d'authenticité. La préfecture elle-même, la station thermale de Digne-les-Bains, ne compte pas 20 000 habitants. Elle a d'ailleurs été rattrapée en importance par sa rivale, Manosque, qui a profité, lors de l'aménagement de la Durance, de l'irrigation de son terroir et de la création de centrales hydroélectriques et du centre d'études nucléaires de Cadarache.

Entre Digne et Manosque s'étendent les plateaux de Puimichel et de Valensole ponctués de forêts de chênes verts et de champs de lavande. Dans un cadre superbe, près du village de Moustiers-Sainte-Marie célèbre pour ses faïences, ils tombent dans le lac de Sainte-Croix, vaste retenue d'eau au débouché du grand canyon qu'a creusé le Verdon dans le calcaire. Avant d'arroser Castellane qui commande l'autre accès à ces gorges, les plus belles d'Europe, le torrent prend sa source au pied du col d'Allos fermant la vallée commandée par Colmars. À l'instar d'Entrevaux, cette ville fortifiée témoigne de l'importance stratégique aux XVIIe et XVIIIe siècles de cette zone frontalière. Autour du mont Pelat (3 051 m), situé dans le parc national du Mercantour, plusieurs stations de sports d'hiver, notamment sur l'ubac du bassin de Barcelonnette, proposent un vaste domaine skiable.

Bottes de lavande séchant dans un champ près des gorges du Verdon

◁ **Oliveraie à la sortie de la ville fortifiée d'Entrevaux**

À la découverte des Alpes-de-Haute-Provence

Territoire montagneux creusé de gorges et de vallées d'une superficie de 6 944 km², les Alpes-de-Haute-Provence présentent des paysages variés, des cimes du parc national du Mercantour aux champs de lavande du plateau de Valensole. Le canyon du Verdon constitue le site le plus spectaculaire mais le département en compte beaucoup d'autres que la route Napoléon permet de découvrir. Jalonnée de monuments évoquant le retour d'Elbe de l'Empereur, elle passe par Castellane, Digne et Sisteron. La grande voie de communication de la région demeure néanmoins la vallée de la Durance.

Champ de lavande sur le plateau de Valensole

LE DÉPARTEMENT D'UN COUP D'ŒIL

Annot ⑱
Barcelonnette ③
Castellane ⑯
Colmars ⑤
Digne-les-Bains ⑥
Entrevaux ⑲
Forcalquier ⑨
Gréoux-les-Bains ⑪
Pénitents des Mées ⑦
Lurs ⑧
Manosque ⑩
Mont Pelat ④
Moustiers-Sainte-Marie ⑮
Riez ⑬
Saint-André-les-Alpes ⑰
Seyne ②
Sisteron ①
Valensole ⑫

Excursion
*Gorges du Verdon
(voir p. 184-185)* ⑭

LÉGENDE

Autoroute
Routes principales
Autres routes
Parcours pittoresques
Cours d'eau
Points de vue

Vers Grenoble
SISTERON ①
LURS ⑧
FORCALQUIER ⑨
LES PENITENTS DES MEES ⑦
MANOSQUE ⑩
VALENSOLE ⑫
RIEZ
GREOUX-LES-BAINS ⑪
Vers Aix-en-Provence
Vers Barjols

Terrasse de café dans le quartier médiéval de Castellane, jolie ville de montagne

CIRCULER

Venant d'Aix-en-Provence, l'autoroute A51 suit la vallée de la Durance jusqu'à Sisteron. Pour atteindre Barcelonnette, il faut ensuite prendre les routes nationales qui longent la rivière jusqu'au lac de Serre-Ponçon. L'autre accès français à la vallée, le col d'Allos, est fermé près de six mois par an. Desservie par le train, Digne se trouve sur l'autre grande voie routière du département, la route Napoléon (N85) qui relie Sisteron aux gorges du Verdon.

Vers Briançon

Lac de Serre Ponçon

Ubaye

D902

D900

Ubayette

Sasse

D900

D900

SEYNE ②

D908

BARCELONNETTE ③

D64

D902

PARC NATIONAL DU MERCANTOUR

Verdon

MONT PELAT ④

Bès

Bléone

D900

COLMARS ⑤

D908

⑥ **DIGNE-LES-BAINS**

D2

N85

D219

Bléone

N85

D20

D953

Asse

D907

Asse

ST-ANDRE-LES-ALPES ⑰

D2

N202

Verdon

Vaïre

D908

D902

Var

⑱ **ANNOT**

ENTREVAUX ⑲ Vers Nice

Asse de Moriez

N85

N202

Lac de Castillon

D953

D952

⑮ **MOUSTIERS-STE-MARIE**

⑯ **CASTELLANE**

D952

Lac de Ste-Croix

⑭ **GORGES DU VERDON**

0   10 km

Le rocher de la Baume de Sisteron

Sisteron ❶

Carte routière D2. 🏠 *6 600*. 🚍 🚉
🛈 *hôtel de ville, pl. de la République*
(04 92 61 12 03). 🛒 *mer. et sam.*

Face à l'impressionnante
falaise du **rocher de
La Baume**, la « porte de
Provence » occupe un site
stratégique, véritable verrou de
la vallée de la Durance. Cette
position ne lui a pas apporté
que des avantages et en 1944,
les Alliés détruisirent le quart
de la ville en bombardant les
troupes qui l'occupaient.

Du haut de son rocher, la
citadelle domine les toits du
vieux quartier. Elle incorpore
les vestiges d'un château du
XIIIᵉ siècle et une chapelle du
XVᵉ siècle. Ses remparts offrent
une vue superbe sur la rivière.
En été, elle est le cadre d'un
festival de musique et de
danse : les Nuits de la
citadelle.

De son enceinte médiévale,
Sisteron a conservé au sud
quatre tours du XIVᵉ s. Deux
d'entre elles gardent l'accès à
la place du Général-de-Gaulle
où s'élève la **cathédrale
Notre-Dame-des-Pommiers**.

Mas provençal près du village de Seyne

Construite en 1160 sur le site
d'une nécropole antique, elle
présente une superbe
architecture romane où se
mêlent tradition provençale et
influences lombardes. À l'est,
la chapelle des Visitandines
du XVIIᵉ siècle abrite le
nouveau **musée Terre et
Temps**. Au-delà s'étend la
vieille ville qu'un itinéraire
fléché permet de découvrir.

♣ **Citadelle**
04200 Sisteron. 📞 *04 92 61 27 57.*
⏰ *de mars à mi-nov. : t.l.j.* 🗓️

Seyne-les-Alpes ❷

Carte routière D2. 🏠 *1 200*. 🚍
🛈 *place d'Armes (04 92 35 11 00).*
🛒 *mar. et ven.*

L'élevage, notamment celui
des mulets, constitue
depuis le Moyen Âge la
principale activité économique
de la vallée de la Blanche. Son
bourg le plus important,
Seyne, proche des stations de
ski du Grand-Puy et de
Chabanon. Seyne organise
chaque année le concours
mulassier (août) et la foire aux
chevaux (octobre), temps forts
de la vie de la région. De style
roman provençal, **Notre-
Dame-de-Nazareth** date du
XIIIᵉ siècle. Les deux chapelles
gothiques latérales sont
postérieures. L'allée qui la
longe mène à la citadelle bâtie
par Vauban en 1693 autour
d'une tour de guet du
XIIIᵉ siècle.

Barcelonnette ❸

Carte routière E2. 🏠 *3 650*. 🚍
🛈 *place Frédéric-Mistral (04 92 81 04
71).* 🛒 *mer. et sam.*

C'est le comte de Provence
Raimond Béranger V, issu
d'une famille originaire de
Barcelone, qui donna en 1231
le nom à la ville en autorisant
sa fondation au cœur de la
vallée alpine de l'Ubaye. Les
destructions subies au cours
de presque toutes les guerres,
depuis la guerre de Cent Ans,
lui valent de n'avoir pas
conservé de monuments
anciens.

La citadelle de Sisteron commande l'accès à la vallée de la Durance

NAPOLÉON EN PROVENCE

En 1815, à son retour d'exil à l'île d'Elbe, débarquant le 1er mars à Golfe-Juan avec un millier de fidèles, Napoléon se méfie de la Provence, royaliste, et préfère éviter la vallée du Rhône pour rejoindre Paris. Malgré l'hiver, il décide de traverser les Alpes. Il contourne Grasse, peu sûre, mais le 3 mars, déjeune à la sous-préfecture de Castellane et dort à Barrême chez le juge de paix. Le lendemain, il goûte à Digne la cuisine de l'auberge du Petit-Paris puis fait étape au château de Malijai. Il ne trouve pas le sommeil : Sisteron et sa citadelle lui barrent toujours la route. Mais Cambronne s'empare sans difficulté de la ville – une plaque, rue de la Saunerie, commémore l'événement – et l'Empereur peut poursuivre vers Gap et Grenoble. Il atteindra la capitale le 20 mars... et le 22 juin, après la défaite de Waterloo, ce sera à nouveau l'exil, à Sainte-Hélène, et la fin de l'aventure des Cent-Jours.

Bonaparte franchissant le Grand Saint-Bernard (1801) par Jacques-Louis David

Villa « mexicaine » à Barcelonnette

Dans cette région de montagne, l'agriculture ne suffisait pas à nourrir les familles et les jeunes hommes partaient souvent vendre par colportage tissus et travaux de couture exécutés dans les fermes. En 1821, trois d'entre eux, les frères Arnaud, décidèrent de tenter leur chance au Mexique. Ils y firent fortune et invitèrent d'autres habitants de la vallée à les rejoindre. En un siècle, près de 5 000 hommes partirent. Mais ils n'oublièrent pas leur pays natal et financèrent par leurs dons la construction de l'hôtel de ville (1934) et de l'église Saint-Pierre (1928) romano-provençale. On appelle mexicaines (bien qu'elles n'en aient pas le style) les somptueuses villas qu'ils firent

bâtir. La villa *La Sapinière* abrite le **musée de la Vallée** et, en été, un point d'information sur le parc du Mercantour *(p. 97)* voisin.

🏛 **Musée de la Vallée**
10, av de la Libération. 📞 *04 92 81 27 15.* ⭕ *du mer. au sam. ap.-midi ; juil., août et vac. scol. : t.l.j. l'ap.-midi.* ♿

Le mont Pelat ❹

🚌 *Digne-les-Bains, Thorame-Verdon.*
🚏 *Barcelonnette, Colmars, Allos.* ℹ️
Le Presbytère, Allos (04 92 83 02 81).

À 3 050 m d'altitude dans le parc national du Mercantour, le plus haut sommet des Alpes provençales

domine le lac d'Allos, le plus vaste lac de haute montagne d'Europe (2 225 m).

La hauteur des cols reliant les vallées de la région, 2 240 m pour celui d'Allos, 2 327 m pour celui de la Cayole et 2 802 pour le col de la Bonette, au pied de la cime du même nom (aisément accessible à pied depuis la route, elle offre une superbe vue), interdit de les franchir en voiture en hiver. Il existe cependant un autre moyen de circuler entre le val d'Allos et la vallée de l'Ubaye : le ski. Les remontées mécaniques des stations de la Foux d'Allos et de Pra-Loup permettent en effet de passer de l'un à l'autre et de profiter d'un magnifique domaine skiable.

La cime de la Bonette domine le plus haut col d'Europe

Colmars ❺

Carte routière 2E. 🚶 *400.* 🚌
ℹ️ *ancienne Auberge Fleurie
(04 92 83 41 92).* 🏪 *mar. et ven.
(de juin à sept.).*

Dans la vallée du haut
Verdon, au milieu de forêts
et de prairies, Colmars a
conservé l'enceinte fortifiée
que fit consolider Vauban de
1692 à 1695, sur ordre de
Louis XIV. Son nom, dérivant
du latin *collis Martis,*
indiquerait qu'un temple
romain consacré au dieu Mars
se serait élevé sur le site.
L'église Saint-Martin, bâtie
après l'incendie qui ravagea
la ville en 1672, a conservé
un portail latéral de 1530.

Au nord, un chemin protégé
conduit au **fort de Savoie,** bel
exemple d'architecture
militaire édifié par Vauban
avec, dominant un vieux pont,
le fort de France, au sud,
aujourd'hui en ruine.

Une promenade à pied
d'une demi-heure le long d'un
parcours fléché conduit à la
cascade de la Lance, tandis que
les montagnes environnantes
offrent de nombreuses
possibilités d'excursions.

⚜ Fort de Savoie
04370 Colmars. 📞 *04 92 83 41 92.*
🕐 *juil.-août : l'après-midi t.l.j.,
visites guidées le matin ; du 1er sept.
au 1er juil. et du 1er au 15 sept. :
sur r.-v. uniquement.* 🅿️

Digne-les-Bains ❻

Carte routière 2D. 🚶 *17 500.* 🚌
🚌 ℹ️ *pl. du Tampinet. (04 92 36 62
62).* 🏪 *mer. et sam.*

Chef-lieu du
département depuis
la Révolution, Digne,
aux rues parées de
sculptures modernes,
était déjà une station
thermale à l'époque
romaine et les sept
sources d'eau chaude et
sulfurée qui jaillissent
au pied de la falaise
Saint-Pancrace
alimentent un
établissement de cure
réputé notamment
pour le traitement des
rhumatismes.

Colmars, ville fortifiée flanquée de deux forts

Le boulevard Gassendi, qui
porte le nom du mathématicien
et astronome dignois Pierre
Gassendi (1592-1655), longe
la vieille ville serrée autour
de la cathédrale Saint-Jérôme,
entreprise en 1490 et agrandie
au XIXe siècle. C'est sur cette
large artère que se tient chaque
année en août le corso de la
Lavande *(p. 35).* La ville s'est
d'ailleurs baptisée elle-même
« capitale de la lavande ». Au
nº 64, le **Musée municipal**
occupe l'ancien hôpital
Saint-Jacques et
présente des collections
de peinture, des
fossiles, des pièces
archéologiques et les
instruments de
Gassendi.

Dans le quartier du
Bourg qui s'étend à
l'emplacement de la
Dinia latine, de l'autre
côté du boulevard, la
**cathédrale Notre-
Dame-du-Bourg** est
un bel édifice roman

du XIIIe s. qui inspira les
bâtisseurs de la cathédrale de
Seyne-les-Alpes *(p. 178).* La
Grande Fontaine, au bout du
boulevard, date de 1829.

Séduite par la limpidité du
ciel à Digne, l'intrépide
voyageuse Alexandra David-
Neel décida en 1927 d'y
construire *Samten-Dzong*
(« Forteresse de méditation »),
villa devenue après sa mort
(1969) une **Fondation**
comprenant un musée et un
centre d'études. À visiter
également, dans un ancien
couvent, le **jardin botanique
des Cordeliers.**

🏛 Musée municipal
64, bd Gassendi. 📞 *04 92 31 45 29.*
🕐 *pour rénovation jusqu'en mars 2001.*
🏛 Fondation Alexandra-
David-Neel
27, av. Maréchal-Juin. 📞 *04 92 31 32
38.* 🕐 *t.l.j.* 📷 *visite de 1 h (obligatoire).*
⚜ Jardin botanique
des Cordeliers
Couvent des Cordeliers, Collège Maria
Borrély. 📞 *04 92 31 59 59.*
🕐 *d'avril à oct. : du mar. au sam.*
🕐 *dim., lun., et jours fériés.* ♿

Sculpture à Digne

Les Pénitents des Mées ❼

Carte routière 3D. 🛫 *Marseille.* 🚉
Saint-Auban. 🚌 *Les Mées.* 🛈
château Arnoux (04 92 34 36 38).

À l'endroit où Bléone et Durance entaillent le plateau de Puimichel, l'érosion a sculpté dans la poudingue, roche composée de galets liés par un ciment naturel, ces colonnes spectaculaires hautes pour certaines de 100 m qui s'alignent sur plus de 2,5 km.

Selon la légende, il s'agirait de moines pétrifiés au VIᵉ siècle par saint Donat, ermite qui vivait dans une grotte voisine, pour les punir des regards qu'ils auraient jetés, lors d'une procession, sur de belles captives maures.

Le petit village des Mées voisin a conservé des vestiges de ses remparts médiévaux et de belles maisons des XVIᵉ et XVIIᵉ siècles. La chapelle Saint-Roch qui les surplombe date du XIIᵉ siècle.

Les Pénitents des Mées

Lurs ❽

Carte routière 3D. 🚶 *390.* 🚉 *La Brillane.* 🛈 *04700 Lurs (04 92 79 10 20).*

Ancienne résidence d'été des évêques de Sisteron, ce petit village enclos dans ses remparts médiévaux était pratiquement abandonné au début du siècle avant qu'un typographe, Maximilien Vox, n'y organise à partir de 1952 les Rencontres internationales de Lure qui réunissent fin août les spécialistes de la typographie. Au nord de l'ancien château épiscopal, la **promenade des Évêques**, jalonnée de 15 oratoires, conduit à la chapelle Notre-Dame-de-Vie dont la visite serait justifiée uniquement par la vue sur la vallée de la Durance.

À quelques kilomètres de Lurs vers Sisteron, la N96 mène au **prieuré de Ganagobie** fondé au Xᵉ siècle sur le rebord d'un plateau. De ce chef-d'œuvre roman pillé pendant les guerres de Religion puis vendu en 1791, il ne subsiste que le cloître et l'église (XIIᵉ s.), mais celle-ci abrite d'étonnantes mosaïques (superbement restaurées) d'inspiration byzantine qui n'utilisent comme couleurs que le rouge, le blanc et le noir.

Ce sont les bénédictins qui occupent désormais le monastère.

🔒 **Prieuré de Ganagobie**
N96, 04310. 📞 *04 92 68 00 04.*
🕐 *Du mar. au dim. l'a.-m.,*
à partir de 15 h. 🅿

Mosaïque (XIIᵉ s.) de l'église du prieuré de Ganagobie

LE TRAIN DES PIGNES

La haute Provence a connu en novembre 1994 des crues dévastatrices dont l'une des conséquences fut l'effondrement d'une partie de la ligne des Chemins de Fer de Provence : le train des Pignes qui, selon les railleurs, roulait à ses débuts tellement lentement que le chauffeur avait le temps de descendre ramasser des pommes de pins pour en alimenter la chaudière. Les autorités ayant décidé d'engager les frais que nécessite sa réfection, le train des Pignes sifflera de nouveau entre Nice et Digne.

Longue de 151 km, sa voie traverse en effet des paysages sauvages et spectaculaires. Depuis Nice, elle emprunte la vallée du Var jusqu'à Entrevaux puis suit celles du Coulomp et de la Vaïre, où la gare d'Annot a été emportée. Par un tunnel sous le Puy-de-Rent, elle rejoint alors la vallée du haut Verdon qu'elle descend jusqu'au lac de Castillon. Le laissant sur sa gauche, elle longe ensuite l'Asse, desservant Barrême et Chateauredon avant d'atteindre le terminus : la gare de Digne-les-Bains.

Scriptorium du couvent des Cordelier de Forcalquier

Forcalquier ❾

Carte routière C3. 🏘 *4 200.* 🚉 🚌 *pl. du Bourguet (04 92 75 10 02).* 🍴 *lun.*

Accrochée à une colline entre Luberon et montagne de Lure, la petite ville de Forcalquier semble refléter encore la gloire qu'elle connut au Moyen Âge alors qu'elle était la capitale d'une seigneurie indépendante dont la cour, brillante, attirait négociants et troubadours.

De cette époque subsistent les ruines du château, au sommet de ruelles étroites bordées de belles demeures anciennes, et le **couvent des Cordeliers** (1236) dont le cloître, la bibliothèque, le scriptorium et le réfectoire, soigneusement restaurés, sont ouverts à la visite.

Au cœur de la cité, la **cathédrale Notre-Dame-du-Bourguet** (XIIe-XIIIe s.) possède une belle nef romane ; ses bas-côtés datent du XVIIe.

C'est en raison de l'exceptionnelle limpidité de l'air que fut choisi, en 1936, le site occupé, au sud de la ville, par l'**observatoire de haute Provence**.

⛪ Couvent des Cordeliers
Bd des Martyres. 📞 *04 92 75 02 38.* 🕐 *mai-juin et mi-sept. - oct. : dim. après-midi et jours fériés ; juil. - mi-sept. du mer. au lun.* 💶 📷 *(obligatoire).*

⛪ Observatoire de haute Provence
St-Michel-l'Observatoire. 📞 *04 92 70 64 00.* 🕐 *d'avril à sept. : mer. après-midi.* 💶 📷 *(obligatoire).* ♿

Manosque ❿

Carte routière C3. 🏘 *20 000.* 🚉 🚌 🛈 *pl. du Dr-Joubert (04 92 72 16 00).* 🍴 *sam.*

Cette cité animée a connu un important développement depuis la dernière guerre, mais a su préserver sa vieille ville qu'encadrent deux portes des

XIIIe et XIVe siècles : la porte de la Saunerie et la porte Soubeyrand. Au bout de la rue Grande, où le père de Jean Giono avait son atelier de cordonnier, se trouve l'église Notre-Dame-de-Romigier. À l'intérieur, un sarcophage paléochrétien a été transformé en autel.

Sur le boulevard Bourges, qui suit le tracé des remparts, le **centre Jean-Giono** rend hommage au grand auteur provençal non loin du **couvent de la Présentation** que Jean Carzou, né en 1907, a décoré d'allégories apocalyptiques de la vie moderne.

🏛 Centre Jean Giono
1, bd Élémir-Bourges. 📞 *04 92 70 54 54.* 🕐 *du mar. au sam.* ⬤ *jours fériés.*

⛪ Couvent de la Présentation - Fondation Carzou
9, bd Élémir-Bourges. 📞 *04 92 87 40 49.* 🕐 *du ven. au dim.* ⬤ *du 23 déc. au 3 jan.* 💶

Gréoux-les-Bains ⓫

Carte routière D3. 🏘 *1 700.* 🚌 🛈 *5, av. des Marronniers (04 92 78 01 08).* 🍴 *mar. et jeu.*

Gréoux connut son âge d'or quand Pauline Borghèse, sœur de Napoléon, vint y séjourner au début du XIXe siècle. Les vertus de ses eaux chaudes et minéralisées étaient déjà appréciées pendant l'Antiquité comme le prouve une dédicace latine d'une grande dame du IIe siècle conservée dans l'établissement

---

LAVANDE ET LAVANDIN

Tous les étés en juillet, le plateau de Valensole se colore du bleu délicat de la lavande que l'on cultive depuis le XIXe siècle. Désormais presque partout mécanisée, la récolte se poursuit jusqu'en septembre. Après deux ou trois jours de séchage, les fleurs partent à la distillerie.
Depuis les années 30, un hybride, le lavandin, gagne de plus en plus de terrain bien qu'il ne puisse être semé et impose d'être bouturé. Mais il produit deux fois plus d'essence.

Récolte de la lavande en haute Provence

Le plateau de Valensole et ses ciels immenses

thermal. Des hôtels et des villas élégantes à l'est du village, dominent les ruines du château.

À la sortie de Gréoux, la **Crèche de Haute-Provence** présente une sélection de « petits saints » provençaux.

🏛 Crèche de Hᵗᵉ-Provence
36, av. des Alpes. 📞 04 92 77 61 08. ⭘ de mars à déc. : du mar. au dim. 📷 ♿

Bains de l'établissement thermal de Gréoux

Valensole **⑫**

Carte routière D3. 🏠 2 200. 🚌 🚊🛈 pl. des Héros de la Résistance (04 92 74 90 02). ⊟ sam.

Au cœur du plateau auquel il a donné son nom, ce petit bourg d'origine romaine, aux maisons des XVIIᵉ et XVIIIᵉ siècles, possède une église gothique au clocher massif. Partout, les vitrines des boutiques rappellent que la lavande est la grande richesse de la région. La lavande et le miel de lavande, produit par les abeilles de 40 000 ruches.

À la sortie du village, le **musée vivant de l'Abeille** rend honneur à cet industrieux insecte et décrit sa vie au moyen de démonstrations, photographies et documents audiovisuels. On peut voir en été travailler des apiculteurs.

🏛 Musée vivant de l'Abeille
Route de Manosque. 📞 04 92 74 85 28. ⭘ mai-sept. : lun.-sam. ; oct.-mars : mar.-sam. ⬤ jours fériés. ♿ 🚻

Riez **⑬**

Carte routière D3. 🏠 1 700. 🚌 🛈 4, allée Louis-Gardiol (04 92 77 99 09). ⊟ mer. et sam.

Coiffant une petite colline du plateau de Valensole, ce joli village, où de nombreuses boutiques commercialisent la production des santonniers et céramistes locaux, a gardé d'une époque plus opulente un vieux quartier riche en hôtels et demeures Renaissance. On y pénètre par la porte Aiguyère, vestige des remparts élevés entre 1371 et 1384. Elle donne sur la rue Droite, ombragée et paisible. Beaux immeubles aux nᵒ 27 et nᵒ 29.

Au milieu d'un champ, les vestiges d'un temple du Iᵉʳ siècle consacré à Apollon se dressent sur la route d'Allemagne-en-Provence, au bord de la Colostre, lieu de la colonie romaine à l'origine de la ville : *Reia Appolinaris*. De l'autre côté de la rivière subsiste un petit baptistère du Vᵉ siècle, l'un des très rares monuments mérovingiens à nous être parvenus.

À l'office de Tourisme, le petit **musée Nature en Provence** retrace l'histoire géologique de la région avec une exposition de plus de 3 000 minéraux et fossiles, notamment celui d'un échassier vieux de 35 millions d'années trouvé dans le Luberon.

🏛 Musée Nature en Provence
4, allée Louis-Gardiol. 📞 04 92 77 99 09. ⭘ de juil. à août : t.l. j. ; de sept. à juin : du lun. au sam. ⬤ jours fériés. 📷 ♿

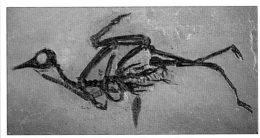

Fossile d'échassier au musée Nature en Provence de Riez

Excursion dans les gorges du Verdon ⑭

L e Verdon prend sa source au pied du col d'Allos et se jette dans la Durance à Cadarache. Il a creusé entre Castellane et Moustiers-Sainte-Marie les plus belles gorges d'Europe, profondes, par endroits, de 700 m. Un site si sauvage qu'il ne fut exploré qu'en 1905. Des sentiers de grande randonnée permettent aujourd'hui de suivre de longs tronçons du lit du torrent et deux routes offrant des vues spectaculaires zigzaguent le long de son cours. Le lac artificiel de Sainte-Croix a envahi la partie la plus basse des gorges. En été, un moyen amusant de la découvrir consiste à louer un pédalo ou un canoë.

Randonneurs au fond des gorges

Moustiers-Sainte-Marie ④
Accroché à la falaise, ce bourg est célèbre pour ses faïences *(p. 186)*.

Façade fleurie à Moustiers

LÉGENDE

▬▬ Itinéraire

═══ Autres routes

☼ Points de vue

Aiguines ③
Un joli château du XVIIᵉ siècle couronne ce petit village surplombant le lac de Sainte-Croix.

0   2 km

CARNET DE ROUTE

Itinéraire : 113 km
Où faire une pause ? La Palud-sur-Verdon compte plusieurs cafés et Moustiers-Sainte-Marie est une ville agréable où déjeuner. Hôtels et campings permettent de passer la nuit à Castellane. (Voir aussi p. 242-243.)

Le lac de Sainte-Croix au pied du plateau de Valensole

ACTIVITÉS SPORTIVES

Depuis que le spéléologue Édouard Martel explora le canyon en 1905 avec Isidore Blanc, l'instituteur de Rougon, bien des aventuriers se sont lancés dans les gorges et on peut aujourd'hui y pratiquer la randonnée, la varappe, le canoë et le rafting *(p. 224-225)*. Attention, les barrages qui régulent le débit du torrent procèdent parfois à des lâchers d'eau. Se renseigner auprès d'EDF.

Rafting sur le Verdon

Point sublime ⑥
Il commande certaines des plus belles vues. Un sentier balisé descend jusqu'à la rivière mais de longs tunnels imposent d'avoir une torche.

Explorateur des gorges,
Isidore Blanc

La Palud-sur-Verdon ⑤
Des randonnées organisées partent de ce village qui s'est intronisé « capitale des gorges ».

Castellane ①
Cette jolie petite ville très animée en été *(p. 186)* a conservé une tour de ses anciens remparts.

Le pont de Tusset

Pont de l'Artuby ②
Doté à chaque extrémité d'un parc de stationnement, ce pont où se pratique le saut à l'élastique permet de découvrir un superbe panorama.

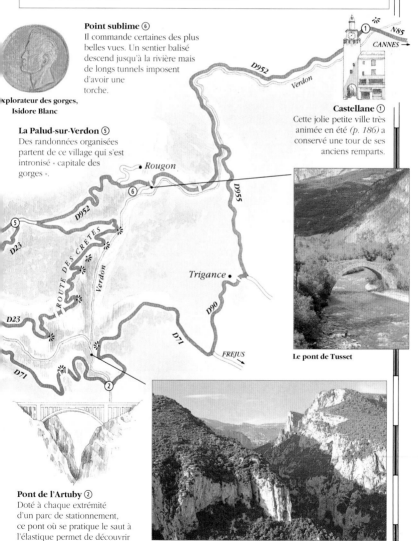

Falaises et méandres composent un tableau spectaculaire

Moustiers-Sainte-Marie ⓯

Carte routière 3D. 🏃 *630.* 🏠 *(d'avril à nov.).* 🛈 *hôtel-Dieu, rue de la Bourgade (04 92 74 67 84).* 🛍 *ven. matin.*

Moustiers-Sainte-Marie est accroché sur les flancs du ravin qu'un torrent, l'Adou, a creusé dans une imposante falaise blanche. Au centre se dresse l'église du XIIᵉ siècle avec son clocher roman à triple arcature. Au-dessus du sanctuaire, un sentier grimpe jusqu'à la chapelle Notre-Dame-de-Beauvoir qui ouvre un impressionnant panorama.

Une lourde chaîne de 227 m de long relie les deux rives du ravin. Une étoile à 5 branches est suspendue en son centre. Bien qu'elle ait été remplacée en 1957, puis en 1995, la tradition remonte au XIIIᵉ siècle : le chevalier Blacas aurait ainsi rempli un vœu effectué pendant sa captivité lors de la VIIᵉ croisade.

Malgré leur cachet, si les ruelles et placettes de Moustiers attirent aujourd'hui tant de touristes, c'est moins pour leurs vieilles maisons que pour les magasins de céramique. Au centre du village, le **musée de la Faïence** retrace l'histoire d'une production qui fait la réputation du village depuis le XVIIᵉ siècle.

🏛 Musée de la Faïence

Moustiers Sᵗᵉ Marie. 📞 *04 92 74 61 64.* ⏱ *d'avril à oct. : du mer. au lun. (vac. scol. : l'ap.-midi) ; de nov. à mars : le w.e., l'après-midi.* ⚫ *jours fériés.*

À Moustiers-Sainte-Marie

La chapelle Notre-Dame-du-Roc perchée au-dessus de Castellane

Castellane ⓰

Carte routière 3D. 🏃 *1 300.* 🏠 🛈 *rue Nationale (04 92 83 61 14).* 🛍 *mer. et sam.*

Sur la route Napoléon, cette agréable station touristique à l'entrée des gorges du Verdon occupe une petite vallée au bord de la rivière où s'étendent ses terrains de campings. En été, les visiteurs qui s'y pressent après une journée de randonnée, d'escalade, de canoë ou de rafting animent de leur bonne humeur ses ruelles et les terrasses des cafés de la place Saint-Sauvaire, bordée d'hôtels. Là se concentre l'essentiel de la vie sociale de la localité.

Au haut d'une falaise grise de 170 m où la ville s'établit un temps pour se protéger des Barbares, la **chapelle Notre-Dame-du-Roc** (1703) domine les toits. Depuis l'église paroissiale (XIIᵉ-XVIIIᵉ siècle), un sentier abrupt y conduit. Il faut compter une demi-heure de marche mais la vue est superbe.

Castellane a conservé de ses remparts du XIVᵉ siècle une ancienne porte, la tour de l'Horloge, que coiffe un campanile. En 1586, ces fortifications lui permirent, grâce à une femme, Judith Andrau, de résister à l'assaut des huguenots et cet événement continue à être célébré bruyamment le dernier samedi de janvier par la fête du Pétardier.

LA FAÏENCE DE MOUSTIERS

Village où des potiers travaillaient déjà une argile très fine, Moustiers connaît la renommée à partir de 1679 quand Antoine Clérissy et son fils Pierre y introduisent la technique de la faïence, s'inspirant pour leurs décors, bleus sur fond blanc, des gravures d'un Florentin : Antonio Tempesta (1555-1630). Le succès qu'ils rencontrent amène les ateliers à se multiplier autour d'eux et à employer jusqu'à 400 personnes. Au début du XVIIIᵉ siècle, Olérys impose la polychromie et développe ses propres motifs, souvent mythologiques. Mais bien qu'elle ait su séduire Madame de Pompadour, la faïence de Moustiers passe de mode au XIXᵉ siècle et les fours s'éteignent. C'est le céramiste Marcel Provence qui ressuscite la tradition en 1927 et le village compte à nouveau de nombreux artisans (à la production de qualité très variable), dont certains peuvent être vus à l'ouvrage dans leur atelier.

Soupière en faïence de Moustiers

Saint-André-les-Alpes ⑰

Carte routière 3D. 👥 *850.* 🚌 🚉
ℹ️ *place Marcel-Pastorelli (04 92 89 02 39).* 🛒 *mer. et sam.*

Au nord de Castellane s'étend sur plus de 10 km le lac artificiel de Castillon qui porte le nom du village englouti lors de sa mise en service en 1948. Au confluent de l'Isolde et du Verdon qui l'alimentent, dans un décor de champs de lavande et de vergers, se trouve la petite station touristique de Saint-André-des-Alpes.

Outre tous ceux venus profiter des activités nautiques permises par la retenue d'eau, elle attire de nombreux pratiquants de parapente et de deltaplane qui s'élancent des reliefs qui l'entourent.

Annot ⑱

Carte routière 3E. 👥 *1 100.* 🚌 🚉
ℹ️ *place de la Mairie (04 92 83 23 03).* 🛒 *mar.*

Avec ses pentes sillonnées de torrents, la verte vallée de la Vaïre constitue l'une des partie les plus spectaculaires du parcours du train des Pignes *(p. 181)*. Le village d'Annot, au charme à la fois alpin et provençal, s'est développé au pied d'une haute falaise formée d'un grès auquel il a donné son nom, le grès d'Annot, et au milieu d'un éboulis aux énormes blocs sculptés par l'érosion.

Citadelle d'Entrevaux

La vieille ville, entourée de maisons fortifiées, a gardé de belles demeures des XVIIᵉ et XVIIIᵉ siècles, notamment sur la Grand-Rue qui mène à l'église Saint-Pons, sanctuaire qui associe une nef romane et des bas-côtés gothiques et qui présente une abside, tour de défense transformée en clocher. Au départ d'Annot, de nombreux itinéraires de promenade permettent de découvrir de beaux panoramas et des formations géologiques pittoresques.

Les maisons d'Annot s'intègrent à un éboulis

Entrevaux ⑲

Carte routière 3E. 👥 *800.* 🚌 🚉
ℹ️ *porte Royale (04 93 05 46 73).* 🛒 *ven.*

Dans la haute vallée du Var, Entrevaux occupe un site stratégique proche de l'ancienne frontière avec le duché de Savoie. Cette situation lui valut de voir ses fortifications remaniées par Vauban à partir de 1692. Elles sont restées intactes et donnent l'impression au visiteur, pendant les Journées médiévales *(p. 31)* du mois d'août, de participer à un film historique lorsqu'il franchit le pont-levis de la porte Royale pour pénétrer dans le réseau de ruelles bordées de hautes maisons.

Même la cathédrale, bâtie de 1610 à 1655, s'incorpore aux remparts. De style gothique provençal, elle présente une riche décoration baroque. La citadelle coiffe un pic rocheux à 270 m au-dessus du village. Il faut 20 mn pour gravir les rampes qui y conduisent mais le panorama qu'on y découvre récompense de l'ascension.

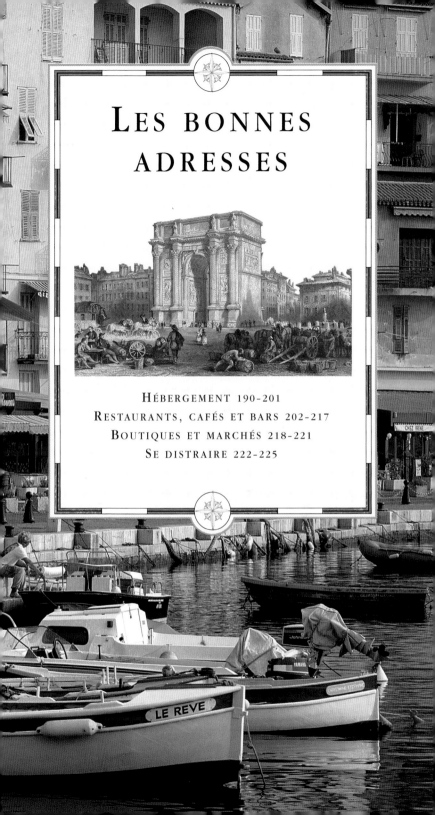

LES BONNES
ADRESSES

HÉBERGEMENT

Des grands palaces histori-ques, comme le Carlton ou le Negresco, aux exploita-tions agricoles ou viticoles propo-sant des chambres d'hôtes et des repas partagés autour de la table familiale, la diversité des possibilités d'hébergement en Provence reflète la variété de ses visages. Nous vous proposons en pages 194-201 une sélection d'hôtels dans toute la région. Nous les avons choisis pour

Portier du Negresco

leur cachet, la qualité des prestations proposées ou leur bon rapport qualité-prix. Offrant une large gamme de tarifs, ils sont présentés par départements et par villes dans un ordre de coût croissant.

Vous trouverez également en pages 192-193 des informations sur les chaînes d'hôtels, les locations, notamment de gîtes ruraux, l'hébergement chez l'habitant, les auberges de jeunesse et le camping.

OÙ CHERCHER

Les visiteurs venus en Provence pour jouir des plaisirs de la mer trouveront à se loger aux meilleurs prix sur le littoral varois entre Toulon et Saint-Tropez. Plus à l'est, entre Fréjus et Menton, la Côte d'Azur attire depuis deux siècles les têtes couronnées et les grandes fortunes du monde entier. Cette fréquentation lui a valu une

réputation de luxe extravagant qu'entretiennent de grands palaces, mais elle offre une si vaste gamme d'établissements, du prestigieux Eden Roc où se retrouvent au cap d'Antibes les vedettes de cinéma jusqu'à la pittoresque Galerie des Arcades (xvᵉ siècle) de Biot, qu'elle peut satisfaire tous les goûts et tous les budgets.

En Provence intérieure, même les villages possèdent pour la plupart au moins un

hôtel. Beaucoup ne recèlent pas de cachet particulier mais de bonnes surprises attendent parfois le voyageur. Le rêve d'un séjour dans une bastide ancienne ou un prieuré médiéval perdu au milieu de champs de lavande ne demande qu'à se réaliser à condition de savoir où chercher.

L'atmosphère des hébergements à caractère historique varie selon les endroits. En haute Provence, anciens châteaux et relais de postes proposent ainsi confort rustique et cuisine régionale et à Aix-en-Provence, Arles ou Avignon, de luxueux hôtels particuliers présentent un décor raffiné.

Pour les amoureux de la nature, les auberges du centre Var, du Luberon ou des environs du mont Ventoux offrent un accueil simple mais chaleureux.

Marseille compte d'excellents hôtels et restaurants.

LES PRIX

Comme partout en France, ils sont indiqués, taxe et service compris, pour l'occupation de la chambre et non par personne, sauf en cas de pension ou de demi-pension. Dans un établissement ne comptant que des chambres doubles, une personne seule peut parfois obtenir une réduction, de même qu'il peut être exigé un supplément pour le logement d'une troisième personne ou d'un enfant.

Une chambre avec douche coûte en général 20 % moins cher que si elle comprend une

Le Carlton, le plus célèbre palace de Cannes *(p. 196)*

baignoire, et, en zone rurale, il arrive que la demi-pension soit obligatoire ou nécessaire si l'hôtel possède le seul restaurant de l'agglomération.

Hormis dans certaines villes pendant la durée des carnavals ou festivals *(p. 30-35)*, la basse saison s'étend en Provence d'octobre à mars, certains hôtels fermant même l'hiver jusqu'à Pâques. Les tarifs demandés pendant cette basse saison s'avèrent particulièrement intéressants. Renseignez-vous auprès des agences de voyage, ou directement auprès des hôtels. De grands palaces de la Côte d'Azur proposent parfois des séjours à prix bradés.

Luxe et confort au Grand Hôtel du Cap Ferrat *(p. 197)*

Entrée de l'Hôtel de Paris *(p. 197)*

LES CATÉGORIES

Soumis à un contrôle de l'Administration, les hôtels sont classés en cinq catégories : de 1 à 4 étoiles et 4 étoiles luxe *(souvent notées 5 étoiles)*. Certains établissements, parmi les plus simples, ne possèdent pas d'étoile. Ces catégories donnent des indications sur la superficie des chambres, leur équipement ou les commodités offertes mais ne renseignent pas sur la qualité et la chaleur de l'accueil.

LES REPAS ET AUTRES SERVICES

En règle générale, le petit déjeuner n'est pas obligatoire ni compris dans les prix affichés. La plupart des établissements, même s'ils ne possèdent pas de restaurant, proposent néanmoins une salle où le prendre. Aux beaux jours, certains le servent également en terrasse.

Beaucoup d'hôtels trois étoiles sont équipés d'une piscine, avantage important pendant les grosses chaleurs de l'été. En zone rurale, presque tous les établissement disposent d'un parc de stationnement. En ville, quelques-uns, notamment dans des agglomérations comme Nice ou Marseille où sévit la petite délinquance, proposent un parking souterrain ou gardé.

De la salle de bains avec baignoire et W.-C. jusqu'au simple cabinet de toilette, le confort des chambres varie. Elles comprennent normalement un grand lit et le téléphone, mais des exceptions existent. Renseignez-vous. La télévision est plus rare, en particulier à la campagne.

Dans le cas d'hôtels bordant une place, une rue ou une route, loger à l'arrière du bâtiment suffira le plus souvent à garantir votre tranquillité.

Les restaurants des établissements familiaux cessent pour la plupart de servir vers 21 h et restent fermés le dimanche soir. Économiques, pension et demi-pension ne donnent cependant droit qu'à des menus limités.

Les chambres doivent habituellement être libérées vers midi.

LES RÉSERVATIONS

Réserver, et si possible longtemps à l'avance, est impératif pour un séjour en haute saison, notamment sur la Côte d'Azur. Les offices du tourisme *(p. 229)* vous renseigneront sur les commodités offertes par les établissements et, si vous le souhaitez, se chargeront de votre réservation.

D'octobre à mai, il est rarement nécessaire de réserver mais mieux vaut s'assurer que l'hôtel est ouvert.

Le très chic Eden Roc *(p. 196)*

VOYAGER AVEC DES ENFANTS

Peu d'hôtels refuseront des enfants mais certains insisteront pour qu'ils se tiennent bien. Il arrive, surtout si on ajoute un lit, que le prix d'une chambre soit majoré lorsqu'un couple la partage avec des enfants. Hors des villes, de nombreux hôtels proposent des pavillons modernes, souvent proches d'une piscine, conçus pour l'accueil des familles.

Le jardin classique du château de Roussan *(p. 200)*

LES HÔTELS FAMILIAUX TRADITIONNELS

Présent dans la plupart des agglomérations, notamment les villages, l'hôtel-restaurant d'une dizaine de chambres à gestion familiale offre souvent une solution idéale pour les voyageurs au budget modeste ou accompagnés d'enfants. La chaleur de l'accueil compense en général des installations plus modestes.

L'annuaire des *Logis de France* recense de nombreux établissements de ce type. Ces adresses comprennent quelques charmantes auberges de campagne et de petits hôtels de front de mer à prix imbattables. Les **Relais du Silence** sont également bien implantés dans la région. Situés à l'écart de toute agitation urbaine, ils proposent des hôtels classés de 2 à 4 étoiles.

LES CHAÎNES D'HÔTELS

Venue d'outre-Atlantique, la formule des chaînes d'hôtels a aussi gagné la Provence. Installés en périphérie ou en bord de route, les établissements aux enseignes de Formule 1 (1 étoile), Campanile, Ibis/Arcade, Climat de France et Interhôtel (2 étoiles) s'adressent plutôt à des voyageurs circulant en voiture à qui ils offrent les avantages du confort moderne mais un décor standardisé. Il est généralement possible de trouver pour un prix comparable, en ville ou dans la campagne alentours, des hôtels aux équipements peut-être plus anciens mais au cadre plus chaleureux.

D'autres chaînes, présentes dans les grandes villes, visent avant tout une clientèle de personnes en déplacement professionnel. **Sofitel, Novotel** et **Mercure** possèdent ainsi des établissements à Aix-en-Provence, Marseille, Nice et Avignon.

CARNET D'ADRESSES

CHAÎNE D'HÔTELS

Campanile
☎ 01 64 62 46 46.
W www.envergure.fr

Climat de France
☎ 01 64 46 01 23.

Interhotel
☎ 01 42 06 46 46.

Formule 1
☎ 08 36 68 56 85.
W www.hotelformule1.com

**Ibis,
Novotel,
Mercure,
Sofitel**
☎ 01 60 87 90 90.
W www.accorhotel.com

Services Minitel
3614 BALLADINS
3615 BONSAIHOTE
(chaîne Bonsaï)
3615 CITADINES
(Résidences hôtelières
Citadines)
3615 PREMIERECL
(chaîne Première Classe)

**Autres services
Minitel offrant une
sélection d'hôtels et
autres possibilités
d'hébergement**
3615 AAHOTEL
3615 ALLOFRANCE

HÔTELS FAMILIAUX

Logis de France
83, av. d'Italie
75013 Paris
☎ 01 45 84 70 00.
Minitel 3615 LOGIS
DE FRANCE

Relais du Silence
17, rue Ouessant
75015 Paris
☎ 01 44 49 90 00.

LOCATIONS

**Maison des Gîtes
de France**
59, rue Saint-Lazare
75439 Paris Cedex 09.
☎ 01 49 70 75 75. W
www.gites-de-france.fr

Loisirs Accueil
280, bd. Saint-Germain
75007 Paris.
☎ 01 44 11 10 44.
Minitel 3615 LOGIS
DE FRANCE

VVF
172, bd de la Villette
75019 Paris.
☎ 0 803 80 88 08.

CHAMBRES D'HÔTES

**Bed et Breakfast
1 Connection**
12, rue Jura
75013 Paris.
☎ 01 43 37 79 00.

CAMPING

**Fédération
française de
camping et de
caravaning**
78, rue de Rivoli
75004 Paris.
☎ 01 42 72 84 08.

Minitel 3615 FFCC

AUBERGES DE JEUNESSE

**Fédération unie
des auberges
de jeunesse
(FUAJ)**
27, rue Pajol
75018 Paris.
☎ 01 44 89 87 27.
Minitel 3615 FUAJ

VOYAGEURS HANDICAPÉS

**Association
des paralysés
de France**
17, bd Auguste-Blanqui
75013 Paris
☎ 01 40 78 69 00.

**CNRH (Comité
national pour la
réadaptation
des handicapés)**
236 bis, rue de Tolbiac
75013 Paris
☎ 01 53 80 66 66.
Minitel 3615 HANDITEL

L'HÉBERGEMENT CHEZ L'HABITANT

La formule des chambres d'hôtes proposées par des particuliers dans leur propre résidence tend à se répandre en zone rurale. Elle permet en général aux visiteurs de prendre le repas du soir en compagnie de la famille d'accueil.

L'association des **Gîtes de France** regroupe une grande partie de ces chambres d'hôtes, ainsi que l'agence privée **Bed et Breakfast**. Les offices du tourisme fournissent les adresses locales.

L'enseigne des Gîtes de France

LES AUBERGES DE JEUNESSE

Vous trouverez en page 237 les adresses des principales auberges de jeunesse de la région, mais vous pouvez aussi vous adresser à la **FUAJ**. Pour profiter en été des résidences universitaires, renseignez-vous auprès du **CROUS** (Centre régional des œuvres universitaires et scolaires).

LES LOCATIONS

Outre les agences immobilières, de nombreuses sociétés ou associations proposent des locations en Provence, notamment **Loisir Accueil** pour les Bouches-du-Rhône. Les Gîtes de France, dont le centre national se trouve à la **Maison des Gîtes de France** à Paris, regroupent les gîtes ruraux, classifiés selon le confort offert et éditent un annuaire officiel et des fascicules par départements. Mieux vaut réserver plusieurs mois à l'avance.

Les **VVF** possèdent plusieurs villages de vacances en Provence.

LE CAMPING

Du pré attenant à une ferme jusqu'aux véritables villages de toile de la Côte d'Azur, les sites proposés aux campeurs en Provence sont d'une grande variété. La **Fédération française de camping et de caravaning** en publie le *Guide officiel* mais vous pouvez également consulter le guide du *Camping à la ferme* édité par les Gîtes de France.

Comme les hôtels, les campings homologués obéissent à un classement par étoiles correspondant aux prestations offertes, d'un simple robinet d'eau froide dans les plus modestes jusqu'à la piscine et la télévision par satellite pour les plus luxueux.

VOYAGEURS HANDICAPÉS

Si les plus importants disposent d'ascenseurs, beaucoup d'hôtels provençaux occupent des bâtiments anciens inadaptés à la circulation en fauteuil roulant. Leur personnel ne manquera jamais pourtant d'apporter toute l'aide possible aux hôtes handicapés. Les délégations départementales de l'**Association des paralysés de France** tiennent à jour des listes d'établissements accessibles, et les Gîtes de France éditent un guide des gîtes accessibles à tous.

Camping sous les oliviers en Provence

Les meilleurs hôtels de Provence

Aucune région de France n'offre un aussi large choix d'hébergement que la Provence et la sélection des pages 196-201 a été effectuée de manière à satisfaire un vaste éventail de goûts et de budgets. Tous les établissements décrits répondent à de sévères critères de qualité mais certains hôtels sortent du lot, par leur cachet, leur confort, ou simplement un excellent rapport qualité-prix. Ces pages vous présentent les meilleurs dans leur style et gamme de tarifs.

Le Beffroi
Plafonds anciens et antiquités assurent le cachet de cet élégant hôtel de Vaison-la-Romaine (p. 201).

L'Europe
Napoléon séjourna en 1799 dans cet hôtel. Orné de meubles d'époque et de tapisseries des Gobelins, il reste le plus chic d'Avignon (p. 201).

VAUCLUSE

BOUCHES-DU-RHÔNE ET NÎMES

0   25 km

Moulin de Lourmarin
Ce charmant hôtel-restaurant occupe un ancien moulin à huile (p. 201).

Hôtel des Augustins
Au cœur d'Aix, il offre tout le confort moderne dans un prieuré du XIIe siècle (p. 199).

Auberge du Vieux Fox
*Dans le minuscule et paisible
village de Fox-Amphoux,
elle occupe une ancienne
hôtellerie templière* (p. 198).

L'Hermitage
*Une restauration réussie
a rendu sa décoration
Belle Époque à ce luxueux
établissement construit
en 1899 au-dessus du port
de Monte-Carlo* (p. 197).

ALPES-DE-HAUTE-
PROVENCE

CÔTE D'AZUR ET
ALPES-MARITIMES

VAR
ET ÎLES D'HYÈRES

Le Negresco
*Célébrités et
grandes fortunes
retrouvent les
fastes de la Belle
Époque dans ce
palace niçois* (p. 197).

Le Bellevue
*Comme son nom l'indique,
ce petit établissement familial
offre un panorama superbe sur
les toits de Bormes-les-Mimosas
et la mer* (p. 198).

CÔTE D'AZUR ET ALPES-MARITIMES

ANTIBES

L'Auberge provençale

Carte routière E3. 61, place Nationale, 06600. [04 93 34 13 24.
Chambres : 7. 🛏 TV 🎚 11 🗃 🏃
AE, MC, V. €€€

Ombragée par les platanes de la place principale de la vieille ville et décorée de mobilier rustique, cette auberge propose des chambres simples, confortables et propres. En été, le petit déjeuner se prend au jardin.

BEAULIEU

Le Select Hôtel

Carte routière E3. Pl. Charles-de-Gaulle, 06310. [04 93 01 05 42.
FAX 04 93 01 34 30. **Chambres :** 20.
🛏 TV 🎚 🗃 MC, V. €€

Bien situé, le Select offre une atmosphère familiale et des chambres petites et simples. En été, mieux vaut toutefois privilégier celles, plus fraîches, donnant sur la place où se tient deux fois par semaine le marché.

Hôtel Métropole

Carte routière E3. 15, bd Maréchal Leclerc, 06310. [04 93 01 00 08.
FAX 04 93 01 18 51. **Chambres :** 40.
🛏 24 TV 🌊 🎚 🗃 🛗 P 11 ★ 🗃 AE, MC, DC, V. €€€€€
W www.le-metropole.com

Ce palace associe décor italien fin-de-siècle et équipements modernes. La majestueuse terrasse du restaurant surplombe la mer méditerranée et sert une excellente cuisine régionale. Une piscine d'eau de mer chauffée est également à votre disposition.

BIOT

Galerie des Arcades

Carte routière E3. 16, p. des Arcades, 06410. [04 93 65 01 04. FAX 04 93 65 01 05. **Chambres :** 12. 🛏 🎚 11 ★ 🗃 AE. €€

Dans le centre du village fermé aux voitures, cette auberge du XVᵉ siècle est un havre de tranquillité. Petites, certaines chambres ont des lits à colonnes. Celles du dernier étage disposent d'une terrasse et offrent une vue sur les collines portant jusqu'à la mer. Les artistes locaux fréquentent le restaurant.

CAGNES-SUR-MER

Hôtel le Minaret

Carte routière E3. av. de la Serre, 06800. [04 92 02 55 40. FAX 04 92 13 05 66. **Chambres :** 20. 🛏 TV 🎚 🗃 🎚 P 🗃 MC, V. €€

Près de la plage, ce paisible hôtel possède un jardin ombragé par les mimosas et les orangers. Les chambres donnent sur la mer ou sur le jardin et la plupart d'entre elles ont une terrasse.

CANNES

Hôtel Molière

Carte routière E4. 5, rue Molière, 06400. [04 93 38 16 16. FAX 04 93 68 29 57. **Chambres :** 24. 🛏 TV 🎚 🎚 🗃 🎚 🗃 AE, MC, V. €€€

À deux minutes à pied de la mer, ses terrasses et ses chambres lumineuses et confortables dominent un jardin floral. En été et pour le Festival du film, réserver à l'avance.

Carlton Inter-Continental

Carte routière E4. 58, la Croisette, 06400. [04 93 06 40 06. FAX 04 93 06 40 25. @ cannes@interconti.com
Chambres : 338. 🛏 24 TV 🎚 🎚 🎚 🗃 🎚 11 ★ 🗃 AE, MC, DC, V. €€€€€ (voir p. 68-69).
W www.cannes.interconti.com

Vedettes, pendant le Festival du film, et hommes d'affaires le reste de l'année constituent la clientèle du plus célèbre monument Belle Époque de la Côte d'Azur avec le Negresco (p. 197). Dotées de balcons, les chambres donnant sur la Croisette ont vue sur les îles de Lérins. Le palace propose à ses hôtes une plage privée.

CAP D'ANTIBES

La Gardiole-La Garoupe

Carte routière E3. 74, Chemin de la Garoupe, 06160. [04 92 93 33 33.
FAX 04 93 67 61 87. **Chambres :** 37.
🛏 24 🎚 🎚 11 🎚 🎚 P 🗃
AE, MC, DC, V. €€€€
W www.hotel-la-garoupe-gardiole.com

Parmi les pins, cette petite villa rose au décor simple et traditionnel – sol carrelé, murs blancs et poutres apparentes – offre une retraite étonnamment abordable pour le cap d'Antibes. Le prix des chambres, toutes lumineuses, varie selon leur taille. Une glycine ombrage agréablement une vaste terrasse.

Eden Roc

Carte routière E3. Bd Kennedy, 06600.
[04 93 61 39 01. FAX 04 93 67 76 04.
@ edenroc-hotel@wanadoo.fr
Chambres : 130. 🛏 24 TV 🎚 🎚 🗃 🎚 🎚 P 🛗 P ★ €€€€€
W www.eden-roc-hotel.fr

Construit en 1870 dans un parc somptueux en bord de mer, Eden Roc inspira F. Scott Fitzgerald lorsqu'il écrivit *Tendre est la nuit*. Charlie Chaplin et Hemingway y résidèrent et il accueille aujourd'hui des vedettes aussi célèbres que Clint Eastwood. Le palace sans doute le plus chic de la Côte d'Azur.

ÈZE

Château Eza

Carte routière F3. Rue de la Pise, 06360. [04 93 41 12 24. FAX 04 93 41 16 64. @ chateza@webstore.fr
Chambres : 10. 🛏 24 TV 🎚 🎚 🎚 P 🎚 ★ 🗃 AE, MC, DC, V.
€€€€€
W www.slh.com/chatueza

Bâtiment étonnant composé de maisons médiévales perchées au sommet d'Èze, l'ancienne demeure du prince Guillaume de Suède est devenue un hôtel de grand luxe aux chambres ornées de tapis persans et équipées d'immenses salles de bains en marbre.

JUAN-LES-PINS

Hôtel des Mimosas

Carte routière E3. Rue Pauline, 06160. [04 93 61 04 16. FAX 04 92 93 06 46. **Chambres :** 34. 🛏 24 TV 🎚 🎚 P 🎚 🗃 AE, MC, V. €€€

Les hôtes de cette demeure du XIXᵉ siècle au jardin planté de palmiers bordant une rue tranquille jouissent d'un service chaleureux. Modernes et spacieuses, certaines chambres possèdent un balcon. Le décor des salons marie éléments traditionnels et art nouveau.

MENTON

Hôtel Aiglon

Carte routière F3. 7, rue de la Madonne, 06500. [04 93 57 55 55. FAX 04 93 35 92 39. @ aiglon.hotel@wanadoo.fr
Chambres : 26. 🛏 TV 🎚 🎚 🎚 P 🎚 11 🗃 AE, DC, MC, V. €€€€€
W www.hotelaiglon.net

Tout proche du bord de la mer, l'Hôtel Aiglon offre tout le confort, notamment une superbe piscine et un luxueux jardin.

MONACO

L'Hermitage

Carte routière F3. Square Beaumarchais, Monte-Carlo, 98000. 📞 00 377 92 16 40 00. **FAX** 00 377 92 16 40 17. @ hh@sbm.mc **Chambres :** 229. 🛏 24 TV 目 ⚏ ♨ P 🅿 🕪 🍽 ★ 🌐 AE, MC, DC, V. €€€€€ w www.montecarloresort.com

Ce vaste palace Belle Époque au cœur de Monte-Carlo est l'un des plus beaux hôtels d'Europe avec son jardin d'hiver, son restaurant au somptueux décor rose et or et sa terrasse en marbre.

Hôtel de Paris

Carte routière F3. Pl. du Casino, Monte-Carlo 98000. 📞 00 377 92 16 30 00. **FAX** 00 377 92 16 40 18. **Chambres :** 197. 🛏 24 TV 目 ⚏ ♨ P 🍽 🌐 ♿ AE, MC, DC, V. €€€€€ w www.montecarloresort.com

De la reine Victoria à Michael Jackson, l'Hôtel de Paris a accueilli les plus grandes célébrités du monde entier et ses tarifs, comme la richesse de son mobilier et de son décor, sont à la hauteur de son renom.

NICE

La Belle Meunière

Carte routière F3. 21, av. Durante, 06000. 📞 04 93 88 66 15. **FAX** 04 93 82 51 76. **Chambres :** 17. 🛏 🅾 P 🌐 DC, MC, V. €€

Proche de la gare mais possédant un parking privé, cette maison aussi accueillante que son propriétaire propose des chambres simples mais spacieuses à des prix très abordables pour la ville.

Hôtel Windsor

Carte routière F3. 11, rue Dalpozzo, 06000. 📞 04 93 88 59 35. **FAX** 04 93 88 94 57. @ windsor@webstore.fr **Chambres :** 60. 🛏 24 TV 目 ⚏ ♨ 🅾 🍽 ★ 🌐 AE, MC, DC, V. €€€ w www.hotelwindsornice.com

Se cache derrière une façade grise un palais exotique. L'entrée conduit à un jardin tropical et une piscine. Un pub anglais et un salon de style thaïlandais ajoutent au dépaysement.

La Pérouse

Carte routière F3. 11, quai Rauba-Capeu, 06000. 📞 04 93 62 34 63. **FAX** 04 93 62 59 41. @ lp@hroy.com **Chambres :** 63. 🛏 24 TV 🎛 ⚏ ♨ P 🅾 🌐 🕴 AE, MC, DC, V. €€€€€

À l'extrémité orientale de la baie des Anges, l'hôtel La Pérouse commande une vue superbe sur toute la promenade des Anglais. Matisse y résida ainsi que Dufy qui y peignit plusieurs toiles. Certaines des chambres donnant sur la mer ont une petite terrasse.

Le Negresco

Carte routière F3. 37, promenade des Anglais, 06000. 📞 04 93 16 64 00. **FAX** 04 93 88 35 68. @ reservations @hotel-negresco.com **Chambres :** 140. 🛏 24 TV 🎛 目 ♨ P 🍽 ⚏ ★ 🌐 🕴 AE, MC, DC, V. € w www.hotel-negresco-nice.com

Restauré avec soin et respect, le plus célèbre palace de Nice a conservé sa somptuosité Belle Époque. Décor, atmosphère, uniformes du personnel et service savent se montrer dignes, dans leur faste, de son statut de monument historique.

ST-JEAN-CAP-FERRAT

Clair Logis

Carte routière F3. 12, av. Centrale, 06230. 📞 04 93 76 04 57. **FAX** 04 93 76 11 85. **Chambres :** 18. 🛏 🚶 🅿 P 🅾 ★ 🌐 AE, MC, DC, V. €€€ w www.hotel-clair-logis.fr

Véritable perle nichée dans un écrin d'orangers, de palmiers et de bougainvillées, cette villa du tournant du siècle propose des chambres spacieuses et accueillantes portant chacune le nom d'une fleur. Une annexe en rez-de-chaussée est adaptée aux familles.

La Voile d'Or

Carte routière F3. Port de St-Jean, 06230. 📞 04 93 01 13 13. **FAX** 04 93 76 11 17. @ voiledor@calva.net **Chambres :** 45. 🛏 24 TV 🎛 目 ⚏ 🅾 🅿 🍽 ★ 🌐 AE, MC, V. €€€€€ w www.lavoiledor.fr

Dominant le port de Saint-Jean, mais proposant également des chambres moins chères donnant sur le jardin, cet hôtel de luxe offre dans un cadre romantique de terrasses et de jardins suspendus un service et un décor splendides ainsi que deux piscines d'eau de mer où se détendre.

Grand hôtel du Cap Ferrat

Carte routière F3. Bd Général-de-Gaulle, 06230. 📞 04 93 76 50 50. **FAX** 04 93 76 04 52. @ marketin@grand-hotel-cap-ferrat.com **Chambres :** 53. 🛏 24 TV 目 ⚏ ♨ P 🅾 🍽 ★ 🌐 🕴 AE, MC, DC, V. €€€€€ w www.grand-hotel-cap-ferrat.com

À la pointe sud du cap Ferrat, le jardin exotique de ce palace s'étend sur l'un des terrains les plus chers du monde. Rénovées dans un style méditerranéen, ses chambres sont d'une rare élégance. Un funiculaire transporte les hôtes jusqu'a à la piscine olympique d'eau de mer où Charlie Chaplin apprit à nager à ses enfants.

SAINT-PAUL-DE-VENCE

Hostellerie les remparts

Carte routière E3. 72, rue Grande, 06570. 📞 04 93 32 09 88. **FAX** 04 93 32 06 91. w www.stpaulweb.com/remparts **Chambres :** 14. 🛏 🎛 🚶 🅾 🍽 🌐 MC, V. €€€ w www.stpaulweb.com/remparts

Perché au cœur du pittoresque village de Saint-Paul, l'Hostellerie des Remparts offre tout le confort moderne malgré l'ambiance médiévale. Les chambres sont décorées de meubles anciens et ont une vue merveilleuse donnant soit sur le village soit sur la vallée. Le stationnement à Saint-Paul est gratuit, rendant difficile la possibilité de se garer.

VENCE

La Roseraie

Carte routière E3. 51, av. Henri-Giraud, 06140. 📞 04 93 58 02 20. **FAX** 04 93 58 99 31. **Chambres :** 14. 🛏 🎛 P ⚏ 🅾 ★ 🎛 TV 🚶 AE, MC, V. €€€€

Différents articles parus en France et aux États-Unis ont fait de cette maison Belle Époque l'adresse la plus courue de Vence. Des chambres petites mais décorées avec goût de meubles et de tissus provençaux, un jardin ombragé par deux palmiers et des petits déjeuners servis sous un vénérable magnolia justifient cet engouement.

VILLEFRANCHE

Hôtel Welcome

Carte routière F3. Quai Amiral-Courbet, 06230. 📞 04 93 76 27 62. **FAX** 04 93 76 27 66. @ guide@welcomehotel.com **Chambres :** 37. 🛏 24 TV 目 ⚏ ♨ 🍽 🌐 ♿ AE, MC, DC, V. €€€€ w www.welcomehotel.com

Ce spacieux hôtel ocre aux équipements modernes domine le port de Villefranche, et ses chambres donnant sur la baie ouvrent un superbe panorama sur le cap Ferrat. Celles tournées vers la ville offrent une vue moins intéressante.

VAR ET ÎLES D'HYÈRES

LES ARCS

Logis du Guetteur

Carte routière D4. Pl. du Château, 83460. [04 94 99 51 10. FAX 04 94 99 51 29. @ le.logis-du.guetteur @wanadoo.fr **Chambres : 13.** 🛏 TV 🈁 🎠 🗐 P 🔘 🈂 ★ 🗲 AE, MC, DC, V. €€€€ W www.logisduguetteur.com

Visible de loin, ce château dont la tour coiffe le quartier médiéval de la Calade (p. 107) abrite derrière des murs de pierre et de lourdes portes un mobilier moderne et confortable.

BORMES-LES-MIMOSAS

Le Bellevue

Carte routière D4. Pl. Gambetta, 83230. [04 94 71 15 15. FAX 04 94 05 96 04. **Chambres : 12.** 🛏 🈁 🈂 🔘 ★ 🗲 🎠 MC, V. €€

Ce petit établissement familial tenu avec sérieux propose des chambres spacieuses d'où la vue porte, jusqu'aux îles d'Hyères. La chambre 10, aux portes-fenêtres ombragées par deux grands palmiers, est la plus vaste.

Le Grand

Carte routière D4. 167, route du Baguier, 83230. [04 94 71 23 72. FAX 04 94 71 51 20. **Chambres : 55.** 🛏 TV 🈁 🔘 🈂 🗐 P 🈂 🎠 MC, V. €€€ W www.augrandhotel.com

Cet hôtel au décor années 30 dispose des plus grandes locations du massif des Maures. Sa situation spectaculaire, ses chambres magnifiques, sa terrasse ensoleillée et son accueil amical vous laisseront un souvenir inoubliable.

LA CADIÈRE D'AZUR

Hostellerie Bérard

Carte routière C4. Rue Gabriel-Péri, 83740. [04 94 90 11 43. FAX 04 94 90 01 94. @ berard@hotel-berard.com **Chambres : 38.** 🛏 🈂 TV 🈁 🗐 🈂 🎠 P 🔘 🈂 ★ 🗲 AE, DC, MC, V. €€€€ W www.hotelberard.com

L'ancien couvent bâti au centre de ce village médiéval est devenu une auberge offrant une piscine, une terrasse, un bon restaurant et des chambres confortables.

COGOLIN

Au Coq Hôtel

Carte routière E4. Place de la République, 83310. [04 94 54 13 71. FAX 04 94 54 03 06. **Chambres : 25.** 🛏 TV P 🔘 🈂 🈂 🈁 🎠 MC, V. €€€

Doté d'un jardin en terrasses au cœur d'un village animé, ce charmant hôtel rose occupe une position stratégique proche des plages de Cavalaire (p. 28-29) et à dix minutes de voiture (hors embouteillage) de Saint-Tropez. Les chambres sont spacieuses.

FAYENCE

Moulin de la Camandoule

Carte routière E3. Chemin de Notre-Dame-des-Cyprès, 83440. [04 94 76 00 84. FAX 04 94 76 10 40. @ moulin.camandoule@wanadoo.fr **Chambres : 11.** 🛏 TV 🈁 🗐 P 🔘 🈂 ★ 🗲 MC, V. €€€€ W perso.wanadoo.fr/camandoule

Dans la vallée s'étendant au-dessous du village de Fayence, cet établissement aux chambres rénovées avec soin occupe au milieu des vignes et des oliviers un moulin à huile du XVe siècle.

FOX-AMPHOUX

Auberge du Vieux Fox

Carte routière D4. Pl. de l'Église, 83670. [04 94 80 71 69. FAX 04 94 80 78 38. **Chambres : 8.** 🛏 TV 🈁 🈂 ★ 🗲 🎠 AE, MC, V. €€€

Ancien relais d'étape des Templiers, le bâtiment comprend des parties datant du XIIe siècle. Malgré l'exiguïté des chambres, le cachet de l'hôtel et la vue offerte depuis l'éminence où se perche Fox-Amphoux méritent un détour.

GRIMAUD

Côteau Fleuri

Carte routière E4. Pl. des Pénitents, 83310. [04 94 43 20 17. FAX 04 94 43 33 42. @ coteaufleuri@wanadoo.fr **Chambres : 14.** 🛏 🈁 🔘 P 🈂 🗲 AE, DC, MC, V. €€€ @ coteaufleuri@var-provence.com

Cette auberge de pierres grises a une vue grandiose sur le massif des Maures. En été, les repas, excellents, se prennent dans un joli jardin en terrasses.

LES ÎLES D'HYÈRES

Le Manoir

Carte routière D5. Port-Cros, 83400. [04 94 05 90 52. FAX 04 94 05 90 89. **Chambres : 22.** 🛏 🈁 🈂 🔘 🈂 🗲 MC, V. €€€€

Dans une villa du demeure paradisiaque, le visiteur jouira dans cette villa du XIXe siècle, simple mais élégante, d'un accueil chaleureux et d'une cuisine délicieuse servie sous les eucalyptus. Mieux vaut réserver, demi-pension obligatoire.

SAINT-PIERRE-DE-TOURTOUR

Auberge Saint-Pierre

Carte routière D4. St-Pierre, 83690. [04 94 70 57 17. FAX 04 94 70 59 04. **Chambres : 16.** 🛏 🈁 🈂 P 🈂 🔘 🈂 🗲 MC, V. €€€ W www.guideprovence.com/hotel/

Ce domaine comprend une exploitation agricole en activité et le bêlement des moutons vient parfois troubler la paix qu'offre sa ferme provençale du XVIe siècle. Dans la salle à manger, une fontaine accompagne de son murmure le cliquetis des fourchettes. La terrasse offre une large vue sur la campagne. Les hôtes peuvent pratiquer pêche, nage et tennis.

SAINT-TROPEZ

La Ponche

Carte routière E4. 3, rue des Remparts, 83990. [04 94 97 02 53. FAX 04 94 97 78 61. @ hotel@laponche.com **Chambres : 18.** 🛏 🈁 TV 🈁 🗐 🔘 🈂 ★ 🗲 🈂 AE, MC, V. €€€€ W www.laponche.com

Assemblage d'anciennes maisons de pêcheurs, voici le plus charmant hôtel de Saint-Tropez. Madame Duckstein entretient son esprit bohème depuis 1937 et Pablo Picasso venait en habitué fréquenter son bar. Deux des chambres, toutes spacieuses et d'une élégance recherchée, sont adaptées aux familles.

SEILLANS

Hôtel des Deux Rocs

Carte routière E3. Pl. Font-d'Amont, 83440. [04 94 76 87 32. FAX 04 94 76 88 68. **Chambres : 14.** 🛏 🔘 🈂 ★ 🗲 MC, V. €€€

Cette vaste demeure provençale domine une petite place au haut du village. Tissus traditionnels et antiquités donnent le ton de la décoration. Les chambres sont de tailles diverses et celles situées en façade offrent le plus d'espace et de lumière. Aux beaux jours, les repas se prennent autour de la fontaine de la place.

TOURTOUR

La Bastide de Tourtour

Carte routière D4. 83690. 04 98 10 54 20. FAX 04 94 70 54 90. @ bastide@verdon.net **Chambres :** 23. AE, DC, MC, V. €€€€€
W www.verdon.net

Situé juste en dehors du village médiéval de Tourtour, cette imposante bastide est un havre de paix avec une vue donnant sur la forêt de pins du Haut-Var. Tennis et piscine aident à éliminer les délicieux plats du restaurant !

BOUCHES-DU-RHÔNE ET NÎMES

AIX-EN-PROVENCE

Le Prieuré

Carte routière C4. Rte de Sisteron, N 96 dir. Manosque 13100.
04 42 21 05 23. FAX 04 42 21 60 56. **Chambres :** 23. MC, V. €€

Cet ancien prieuré du XVIIᵉ siècle loge ses hôtes dans des chambres romantiques et confortables dont certaines dominent un jardin à la française du XVIIᵉ s. (accès non autorisé) et les allées bordées de platanes de la propriété. En été, le petit déjeuner est servi sur une terrasse agréable donnant sur les jardins dessinés par Le Nôtre.

Hôtel des Augustins

Carte routière C4. 3, rue de la Masse, 13100. 04 42 27 28 59. FAX 04 42 26 74 87. **Chambres :** 29. ★ AE, MC, DC, V. €€€€€

Une fois les portes franchies, un personnel attentif et discret contribue à créer l'atmosphère sereine qui convient à un couvent du XIIᵉ siècle. Vitraux et plafonds voûtés apportent une touche inspirée au hall et 4 chambres spacieuses possèdent une salle de bains luxueuse dotée d'un jacuzzi.

ARLES

Hôtel Calendal

Carte routière B3. 5, rue Porte de Laure, 13200. 04 90 96 11 89. FAX 04 90 96 05 84. **Chambres :** 38. AE, MC, DC, V. €€
W www.lecalendal.com

Près des arènes romaines, cet établissement aux vastes chambres simples et agréablement meublées dispose d'un parking (sous réservation). Son plus grand attrait réside néanmoins dans son jardin où petit déjeuner et boissons se prennent à l'ombre de palmiers.

Hôtel d'Arlatan

Carte routière B3. 26, rue du Sauvage, 13200. 04 90 93 56 66. FAX 04 90 49 68 45. @ hotel-arlatan @pronet.fr **Chambres :** 48. AE, MC, DC, V. €€€€
W www.hotel-arlatan.com

Le plus bel hôtel historique de la région, l'ancienne demeure des comtes d'Arlatan date du XVIᵉ siècle, mais des panneaux de verre dans le sol du salon dévoilent des vestiges de fondations romaines. Un jardin clos de murs l'entoure.

Nord Pinus

Carte routière B3. 14, pl. Forum, 13200. 04 90 93 44 44. FAX 04 30 93 34 00. **Chambres :** 24. 24 AE, MC, DC, V. €€€€
W www.nord-pinus.com

Ce monument classé historique est l'hôtel de luxe le plus intrigant d'Arles. C'est aujourd'hui un lieu de rencontre des matadors et chanteurs lyriques les plus renommés de la région. Une jolie rénovation des chambres se mêle au décor à caractère ancien. Les salons sont emplis de meubles sombres et lourds, de trophées en tout genre, dont la tête d'un taureau malchanceux.

LES-BAUX-DE-PROVENCE

Le Benvengudo

Carte routière B3. Vallon de l'Arcoule, 13520. 04 90 54 32 54. FAX 04 90 54 42 58. **Chambres :** 22. AE, MC, V. €€€€
W www.benvengudo.com

D'un bon rapport qualité-prix, cette batisse provençale du XVIIIᵉ s. couverte de lierre propose dans la vallée au pied du rocher des Baux un vaste parc, une piscine, des courts de tennis et des chambres confortables somptueusement décorées.

CASSIS

Les Jardins de Cassis

Carte routière C4. Rue A.-Favier, 13260. 04 42 01 84 85. FAX 04 42 01 32 38. **Chambres :** 36. AE, MC, DC, V. €€€

Il est difficile de se loger dans le petit port très touristique de Cassis et mieux vaut réserver longtemps à l'avance pour obtenir une chambre dans ce bel hôtel provençal. Il ne donne pas sur la mer mais propose courts de tennis et piscine dans un jardin empli de bougainvillées.

FONTVIEILLE

La Régalido

Carte routière B3. Rue F.-Mistral, 13990. 04 90 54 60 22. FAX 04 90 54 64 29. @ regalido @avignon.pacwan.net **Chambres :** 15. ★ AE, MC, DC, V. €€€€€
W www.laregalido.com

Cet ancien moulin à huile proche de la rue principale est le plus accueillant et le plus luxueux des hôtels des environs. Des chambres décorées avec goût et un jardin floral magnifiquement entretenu.

MARSEILLE

Le Ruhl

Carte routière C4. 269, corniche Kennedy, 13007. 04 91 52 01 77. FAX 04 91 52 49 82. **Chambres :** 16. AE, MC, V. €€€

Impossible de manquer le Ruhl lorsqu'on quitte Marseille vers Toulon par la corniche, il s'impose au regard comme la proue blanche d'un paquebot défiant l'océan. Sa décoration intérieure obéit à la même inspiration maritime. Malgré la circulation mieux vaut prendre une chambre en façade.

MAUSSANE-LES-ALPILLES

L'Oustaloun

Carte routière B3. Pl. de l'Église, 13520. **☎** 04 90 54 32 19. **FAX** 04 90 54 45 57. **Chambres :** 10. 🛏 📺 P 🅿 🍴 ★ 🍽 🏃 AE, MC, V. €€€

Sur la place principale, cette demeure du XVIᵉ siècle restaurée avec amour a gardé ses murs de pierres, ses poutres apparentes et son carrelage rouge. Les voûtes ajoutent au cachet de la salle à manger et leurs antiquités à la beauté des chambres.

NÎMES

Kyriad Nîmes Centre

Carte routière A3. 10, rue Roussy, 30000. **☎** 04 66 76 16 20. **FAX** 04 66 67 65 99. **@** viallet@aconet.fr **Chambres :** 28. 🛏 📺 📶 🍴 P 🍽 AE, MC, DC, V. €€ **@** viallet@aconet.fr

Dans une rue tranquille proche de la porte d'Auguste, le Kyriad, entièrement rénové, possède une ambiance années 30 mais tout le confort moderne. Les patios des chambres du 4ᵉ étage donnent sur les toits.

Imperator Concorde

Carte routière A3. Quai de la Fontaine, 30900. **☎** 04 66 21 90 30. **FAX** 04 66 67 70 25. **@** hotel-imperator@wanadoo.fr **Chambres :** 63. 🛏 📅 📺 🍴 P 🍴 🍽 AE, DC, MC, V. €€€€ **W** www.hotel-imperator.com

Le plus vaste hôtel de Nîmes, non loin du jardin de la Fontaine. Les chambres de bonne taille sont accueillantes et confortables. Le restaurant, *L'Enclos de la Fontaine*, donne sur le jardin.

SAINT-RÉMY-DE-PROVENCE

Le Mas des Carassins

Carte routière B3. 1, chemin Gaulois, 13210. **☎** 04 90 92 15 48. **FAX** 04 90 92 63 47. **Chambres :** 14. 🛏 📺 ❄ 🍴 🏃 🍽 ⭐ 🍽 P 🍽 MC, V. €€€ **@** carassin@pacwan.fr

Cette authentique ferme provençale du XIXᵉ siècle a été complètement rénovée par les nouveaux propriétaires. Située dans un grand parc, elle s'étend aux pieds de la ville gallo-romaine de Glanum. Les dîners sont servis uniquement aux personnes séjournant à l'hôtel et sur réservation. L'atmosphère est amicale et le service impeccable.

Domaine de Valmouriane

Carte routière B3. Petite route des Baux, 13210. **☎** 04 90 92 44 62. **FAX** 04 90 92 37 32. **@** domdeval @wanadoo.fr **Chambres :** 14. 📺 ❄ 🍴 🏃 🔧 ♿ P 🍴 🍽 ⭐ 🍽 AE, MC, DC, V. €€€€€ **W** www.valmouriane.com

Ce mas luxueux serti dans un cadre de pinèdes et de vignobles offre un décor immaculé. En hiver, les hôtes se retrouvent autour de la cheminée de la salle de billard. En été, ils profitent de la terrasse, de la piscine et des courts de tennis.

SAINTES-MARIES-DE-LA-MER

Hôtel de Cacharel

Carte routière A4. Rte de Cacharel, 13460. **☎** 04 90 97 95 44. **FAX** 04 90 97 87 97. **@** mail@hotel-cacharel.com **Chambres :** 16. 🛏 🍴 🏊 P 🍴 AE, MC, DC, V. €€€€ **W** www.hotel-cacharel.com

Des gardians habitaient jadis cet authentique domaine camarguais qui, bien qu'au cœur des marais, s'avère très confortable avec ses vastes chambres et ses salons accueillants. On peut se promener à cheval dans la Camargue.

Mas de la Fouque

Carte routière A4. Route du Petit-Rhône, 13460. **☎** 04 90 97 81 02. **FAX** 04 90 97 96 84. **Chambres :** 14. 🛏 📺 ❄ 🍴 🏊 P 🍴 🍽 🍽 AE, MC, DC, V. €€€€€ **W** www.masdelafouque.com

En pleine Camargue, cet hôtel offre tout le confort possible. Bien conçues et de style rustique, les chambres possèdent des terrasses au bord de l'étang. Une piscine, un tennis, et des excursions à cheval parmi les flamants roses sont proposés.

SALON-DE-PROVENCE

L'Abbaye Sainte-Croix

Carte routière B3. Route de Val-de-Cuech, 13300. **☎** 04 90 56 24 55. **FAX** 04 90 56 31 12. **@** saintecroix @relaischateau.fr **Chambres :** 25. 🛏 📺 🍴 🏊 P 🍴 🍽 🍴 AE, MC, DC, V. €€€€ **W** www.relaischateaux.com

La vue commandée par ce monastère du XIIᵉ siècle justifie presque à elle seule une visite, d'autant que l'intérieur a conservé un cachet médiéval. Si certaines des chambres sont vastes, d'autres ont été aménagées dans les cellules des moines.

VILLENEUVE-LÈS-AVIGNON

Hôtel de l'Atelier

Carte routière B3. 5, rue de la Foire, 30400. **☎** 04 90 25 01 84. **FAX** 04 90 25 80 06. **Chambres :** 23. 🛏 📺 🏃 P 🍴 🍽 AE, MC, V. €€€ **@** hotel-latelier@libertysurf.fr

Cette splendide maison du XVIᵉ siècle offre des chambres confortables. Dans le hall, domine une colossale cheminée en pierre. Le petit déjeuner est servi dans le patio et les hôtes peuvent profiter d'une terrasse couverte de fleurs.

La Magnaneraie

Carte routière B3. 37, rue Camp-de-Bataille, 30400. **☎** 04 90 25 11 11. **FAX** 04 90 25 46 37. **@** magnaneraie @gulliver.fr **Chambres :** 24. 🛏 📅 📺 🍴 🏊 P 🍴 🍴 ⭐ 🍽 🏃 AE, MC, DC, V. €€€€ **@** magnaneraie@guliver.fr

Dans cette hostellerie gastronomique, une annexe moderne adaptée à l'accueil des familles complète le bâtiment qui servait jadis à l'élevage des vers à soie.

VAUCLUSE

AVIGNON

La Ferme Jamet

Carte routière B3. Chemin de Rhodes, 84000. **☎** 04 90 86 88 35. **FAX** 04 90 86 17 72. **@** ferma@club-internet.fr **Chambres :** 6. 🛏 📶 🏊 P 🍴 🍽 MC, V. €€€ **W** www.avignon-et-provence.com

Du lierre couvre ce grand mas du XVIᵉ siècle bâti dans le cadre verdoyant de l'île de la Barthelasse, à cinq minutes en voiture du centre. Des pavillons et des Cottages, avec courts de tennis, l'entourent. Simple, le décor intérieur s'appuie pour l'essentiel sur des imprimés provençaux.

Hôtel Saint-Roch

Carte routière B3. 9, rue Paul-Mérindol, 84000. ☎ 04 90 16 50 00. FAX 04 90 82 78 30. **Chambres :** 27. 🔁 TV P 🅿 🍴 ⛄ 🔊 MC, V. €€

Juste à l'extérieur de la porte Saint-Roch, près de la gare, sols carrelés, pierres apparentes, sols carrelés, spacieuses et vaste jardin ombragé constituent les atouts du meilleur des hôtels économiques d'Avignon.

L'Europe

Carte routière B3. 12, pl. Crillon, 84000. ☎ 04 90 14 76 76. FAX 04 90 14 76 71. @ reservations@hotel-d-europe.fr **Chambres :** 45. 🔁 24 TV 🍴 ⛄ 🔊 P 🍴 ★ 🅿 AE, MC, DC, V. €€€€
W www.hotel-d-europe.fr

Depuis le séjour de Napoléon en 1799, L'Europe est le plus réputé des hôtels d'Avignon. Son portail ouvragé donne sur une terrasse accueillante. À l'intérieur, l'entrée monumentale donne le ton d'un établissement aux chambres élégantes et spacieuses et au salon orné de tapisseries des Gobelins.

LE BARROUX

Hôtel les Géraniums

Carte routière B2. Pl. de la Croix, 84330. ☎ 04 90 62 41 08. FAX 04 90 62 56 48. **Chambres :** 22. 🔁 ⛄ 🔊 P 🍴 🍴 🍴 AE, MC, DC, V. €€
@ acorni@avignon-et-provence.com

Au cœur du village historique du Barroux, au pied du mont Ventoux, cette maison ancienne en pierre offre un havre de paix dans un paysage vallonné et une large vue avec sa terrasse. Après une rénovation qui a respecté son cachet, l'hôtel propose des chambres décorées avec goût. Les plus confortables se trouvent dans l'annexe moderne.

GORDES

Les Romarins

Carte routière C3. Route de Sénanque, 84220. ☎ 04 90 72 12 13. FAX 04 90 72 13 13 **Chambres :** 10. 🔁 ⛄ 🔊 🔊 P 🍴 🔊 AE, MC, V. €€€
W www.luberonnews.com

Dans ce beau mas du XVIIIe siècle, une partie des chambres donne sur le village et dispose d'un mobilier d'époque, avec baignoires en faïence. Vous pourrez admirer sur le parking, une authentique borie en pierre sèche.

LOURMARIN

Hostellerie le Paradou

Carte routière C3. Combe de Lourmarin, D943, 84160. ☎ 04 90 68 04 05. FAX 04 90 08 54 94. **Chambres :** 9. 🔁 ⛄ P 🍴 🔊 DC, MC, V. €€€€

Caché à l'écart de la route sous les gorges de Lourmarin, ce petit hôtel familial et accueillant jouit d'un cadre idyllique. La terrasse domine le parc qui amène au village.

Moulin de Lourmarin

Carte routière C3. Face au château, 84160. ☎ 04 90 68 06 69. FAX 04 90 68 31 76. @ lourmarin@francemarket.com **Chambres :** 20. 🔁 24 TV ⛄ ⛄ 🔊 🔊 P 🍴 ★ 🅿 AE, MC, DC, V. €€€€€
W www.francemarket.com/lourmarin
Voir aussi **Restaurants**, p. 215.

L'ancien moulin à huile de Lourmarin est devenu l'un des plus agréables hôtels de luxe de la région grâce à sa décoration mariant style provençal et art nouveau. Le restaurant sert d'excellentes spécialités du Luberon. Certaines chambres offrent une belle vue sur le château et les collines environnantes.

PERNES-LES-FONTAINES

Mas de la Bonoty

Carte routière B3. Chemin de Bonoty, 84210. ☎ 04 90 61 61 09. FAX 04 90 61 35 14. @ bonoty@aol.com **Chambres :** 8. 🔁 ⛄ ⛄ 🔊 P 🍴 🍴 🅿 MC, V. €€€
W www.bonoty.com

Dans un cadre typiquement provençal d'oliveraies et de champs de lavande, cette ancienne ferme au pied des pentes du Ventoux propose des chambres spacieuses et modernes malgré un décor rustique.

ROUSSILLON

Le Mas de Garrigon

Carte routière C3. Route de Saint-Saturnin-Apt, D2, 84220. ☎ 04 90 05 63 22. FAX 04 90 05 70 01. @ mas.de.garrigou@wanadoo.fr **Chambres :** 9. 🔁 24 TV ⛄ ⛄ P 🍴 🍴 🅿 AE, MC, DC, V. €€€€
W www.avignon-et-provence.com

Cerné de pinèdes aux essences méditerranéennes, le Mas de Garrigon est le lieu idéal où oublier la ville. Chaque chambre dispose de sa propre terrasse avec une belle vue sur le Luberon.

SÉGURET

Domaine de Cabasse

Carte routière B2. Rte de Sablet, 84110. ☎ 04 90 46 91 12. FAX 04 90 46 94 01. **Chambres :** 13. 🔁 ⛄ ⛄ 🔊 🍴 🔊 AE, MC, V. €€€
W www.domaine-de-cabasse.fr

Ce domaine viticole des côtes-du-rhône, doté d'une piscine, propose des chambres confortables avec terrasse donnant vue sur les vignobles de Séguret. La cuisine est excellente et la carte des vins, bien entendu, impressionnante.

VAISON-LA-ROMAINE

Le Beffroi

Carte routière B2. Rue de l'Évêché, 84110. ☎ 04 90 36 04 71. FAX 04 90 36 24 78. @ lebeffroi@wanadoo.fr **Chambres :** 22. 🔁 ⛄ TV P 🍴 🍴 ★ 🔊 🅿 AE, MC, DC, V. €€€
W www.le-beffroi.com

Cette auberge des XVIe et XVIIe siècles se situe dans une ruelle du haut village. Lustres et mobilier d'époque ornent les salons élégants, tandis que les chambres présentent une décoration ancienne.

ALPES-DE-HAUTE-PROVENCE

CHATEAU-ARNOUX

La Bonne Étape

Carte routière D2. Chemin du Lac, 04160. ☎ 04 92 64 00 09. FAX 04 92 64 37 36. @ bonneetape@relaischateaux.fr **Chambres :** 18. 🔁 ⛄ ⛄ 🔊 P 🍴 🍴 ★ 🅿 AE, MC, DC, V. €€€€ Voir aussi **Restaurants**, p. 215. W www.bonneetape.com

La famille Gleize tient depuis quatre générations ce relais de poste du XVIIIe siècle dont les chambres spacieuses, ornées d'antiquités, présentent une décoration originale.

RESTAURANTS, CAFÉS ET BARS

Aromates, huile d'olive, légumes frais, fruits gorgés de soleil, poissons de roche, agneaux de la Crau... Les richesses spécifiques de la Provence donnent leur tonalité à ses spécialités culinaires et nourrissent leur diversité. Les grandes villes côtières abritent ainsi les restaurants de poisson les plus réputés, tandis que les villages du Var ou du nord du Vaucluse offrent un terrain d'exploration aux amateurs de cuisine de terroir. Dans les vallées de haute Provence, les plats traditionnels,

Enseigne des Routiers

plus rustiques, se composent souvent de gibier. Toutefois, la vocation touristique de la Provence fait que toutes les gastronomies de France et du monde s'y côtoient, parfois sur les mêmes cartes, et que de nombreux établissements proposent snacks et casse-croûtes (*p. 216-217*). Les restaurants présentés aux pages 210-215 ont été sélectionnés, dans une large gamme de prix, pour la qualité de la cuisine, du décor et de l'ambiance. Un choix restreint des meilleures tables est offert aux pages 208-209.

LES TYPES DE RESTAURANTS

L'offre tend à se diversifier dans les villages mais si vous ne savez où manger, les restaurants des hôtels proposent en général une cuisine de qualité, à défaut d'être très inventive, pour un prix modique. À la campagne, la ferme-auberge permet de goûter des plats simples et peu onéreux souvent préparés avec les produits frais de l'exploitation agricole dont elle dépend. Dans les domaines viticoles, c'est le vin de la propriété qui les accompagne et le fait de le partager avec ceux qui l'ont fabriqué lui donne une saveur particulière.

Dans les villes, de nombreux restaurants entretiennent les traditions culinaires locales. Beaucoup d'autres, du fast-food au restaurant chinois ou antillais en passant par les pizzérias ou les établissements spécialisés dans les cuisines d'autres régions françaises, permettent de satisfaire un

large éventail de désirs ou de curiosités. Pour les gastronomes, la Provence compte certaines des plus grandes tables de France.

Parmi tous ces restaurants, et quel que soit leur standing, certains occupent un bâtiment historique, présentent un décor soigné ou offrent une vue étendue, ajoutant au plaisir donné par leur cuisine celui de la beauté du cadre. Une terrasse ou un jardin ouvrira l'été la possibilité de dîner en jouissant de la douceur du soir.

Au plus fort de leur développement, les zones balnéaires ont vu se multiplier, à côté des palaces entretenant le souvenir de l'âge d'or de la Côte d'Azur, des établissements qui semblaient avoir pour philosophie : « Les touristes sont bien obligés de se nourrir et ils ne trouveront pas mieux chez le voisin. » La crise économique de ces dernières années a inversé cette tendance : la qualité a

Les Deux Garçons à Aix (*p. 217*)

augmenté tandis que la concurrence empêchait les prix de grimper. En cas de doute, autant aller voir chez le voisin.

Sur la route, l'enseigne des Routiers, bien qu'elle corresponde à des restaurants de types très variables, reste la garantie de pouvoir prendre un repas à prix modique dans une ambiance décontractée. Le nombre de semi-remorques garées sur le parking ou le bas-côté constitue généralement un bon indice de la qualité d'un établissement, qu'il porte ou non l'enseigne.

LES APÉRITIFS ET LES VINS

Si tous les restaurants proposent vins cuits, whisky, Martini ou kir, l'apéritif provençal par excellence demeure le pastis. Ou plus exactement *les* pastis. Parce que toutes les marques ne se valent pas, non Môssieu ! D'ailleurs, il suffit de

Au soleil sur la terrasse du café de Paris à Saint-Tropez (*p. 216-217*)

comparer pour s'en rendre compte.

Dans la principale zone de fabrication, Marseille et sa périphérie, ces comparaisons servent surtout à expliquer en quoi le pastis de l'usine locale est bien meilleur que celui des voisins, mais ces différences d'arôme entre marques, liées aux différents dosages des herbes aromatiques entrant dans la préparation, sont réelles.

Même au cœur d'une région d'appellation contrôlée, côtes-de-Provence ou côtes-du-Rhône par exemple, la majorité des restaurants proposent également des vins provenant d'autres vignobles. Les crus en bouteille, y compris locaux, ne sont pas moins chers que dans n'importe quel restaurant français. En général, le vin en pichet est cependant de bonne qualité.

À défaut, la cuvée du patron offre souvent aussi un bon rapport qualité-prix, notamment en ville ou dans les stations balnéaires. Peu de propriétaires risquent en effet leur réputation en présentant une piquette comme une sélection personnelle.

Surtout si vous devez conduire, attention au rosé, si rafraîchissant au cœur d'une chaude journée d'été. Il n'est toutefois pas qu'une boisson désaltérante.

Le restaurant de la Colombe d'Or à Saint-Paul-de-Vence *(p. 211)*

Petit déjeuner à deux

RESTAURANT MODE D'EMPLOI

Mieux vaut réserver, même à la campagne, surtout si vous avez fixé votre choix sur un restaurant réputé pour sa qualité ou comptant peu de tables. Cela vous permettra, en outre, de vous assurer qu'il est

bien ouvert. La courtoisie demande que vous annuliez votre réservation si vous changez d'avis… Et la prudence conseille de ne pas arriver trop en retard sans prévenir, votre table risque d'être attribuée à d'autres clients.

Les Provençaux attachent d'autant moins d'importance au formalisme vestimentaire que le climat en été s'y prête mal. Certains établissements, y compris sur le littoral, peuvent cependant refuser de vous accueillir si vous vous présentez en maillot de bain. Le short est en revanche partout admis, sauf dans les restaurants les plus pointilleux.

Le paiement par carte bancaire est répandu partout, du moins en ville. Des autocollants sur la porte ou près de l'entrée de chaque établissement indiquent les cartes acceptées, la carte Visa l'étant plus fréquemment que la Mastercard ou les cartes American Express et Diner's Club. À la campagne, mieux vaut se munir d'argent liquide ou d'un chéquier.

De plus en plus de restaurants proposent des menus enfants et disposent de chaises hautes. Certains établissements possèdent en revanche dans leur jardin des balançoires ou des jeux qui permettront aux jeunes générations de patienter.

ACCÈS FAUTEUIL ROULANT

L'accès de nombreux restaurants est difficile en fauteuil roulant, même pour atteindre la terrasse ou le jardin en été. Mieux vaut vérifier par téléphone avant de se déplacer.

LÉGENDE DES TABLEAUX

Symboles utilisés en pages 210 à 215.

● heures et jours de fermeture
¶❶ menu(s) à prix fixe
🍴 menu enfant
Ⅴ spécialités végétariennes
▦ terrasse ou jardin
♿ accès fauteuil roulant
Ⅴ tenue de ville exigée
🚭 section non-fumeur
🍷 bonne cave
★ vivement recommandé
💳 cartes de paiement acceptées :
AE American Express
MC Mastercard/Access
DC Diner's Club
V Visa

Catégories de prix pour un repas avec entrée et dessert, demi-bouteille de vin de la maison, taxes et service compris.
€ Moins de 25 €
€€ de 25 à 35 €
€€€ de 35 à 70 €
€€€€ de 50 à 75 €
€€€€€ plus de 75 €

Que manger en Provence

Fromage de chèvre de Banon

Huile d'olive   **Herbes de Provence**

R ien ne permet mieux de comprendre la cuisine provençale que de se mêler à la foule d'un marché. En été, poivrons, tomates, courgettes et aubergines composent des palettes éclatantes sur les étals. En automne, courges, châtaignes et champignons offrent des tons plus chauds. Les recettes varient localement. C'est sur le marché aux poissons des pêcheurs marseillais qu'est née la bouillabaisse, tandis que la ville de Nice, longtemps italienne, possède une cuisine particulière avec des spécialités telle que la socca.

Olives, aromates, ail et tomates sont les ingrédients de base de la cuisine traditionnelle provençale.

Le pan-bagnat, « pain trempé » d'huile d'olive, est garni de thon, de tomates, d'oignons, de salade, d'œufs durs, d'anchois et d'olives.

La socca, spécialité niçoise, est une fine et délicieuse galette de farine de pois chiches.

La pissaladière, pâte à pizza garnie d'oignons, d'anchois et d'olives, s'achète dans toutes les boulangeries de Provence.

Brandade de morue

LES PURÉES PROVENÇALES
Pommes de terre, crème fraîche, ail et huile d'olive s'écrasent avec la chair du poisson cuit en court-bouillon pour faire une brandade de morue. Comme l'anchoïade, la tapenade est à base d'anchois mais elle comprend aussi du thon, des câpres et des olives.

Tapenade

Anchoïade

L'aïoli, une mayonnaise à l'huile d'olive très aillée, accompagne morue, œufs durs et légumes crus ou à l'étuvée.

La salade niçoise comprend toujours thon, laitue, tomates, haricots verts, olives noires, œufs durs, pommes de terre et anchois.

La soupe au pistou est préparée avec du basilic, de l'ail, de l'huile d'olive, des légumes, des haricots blancs et des pâtes.

Le mesclun est un mélange à la composition variable de salades telles que roquette, laitue, frisée, trévise ou mâche.

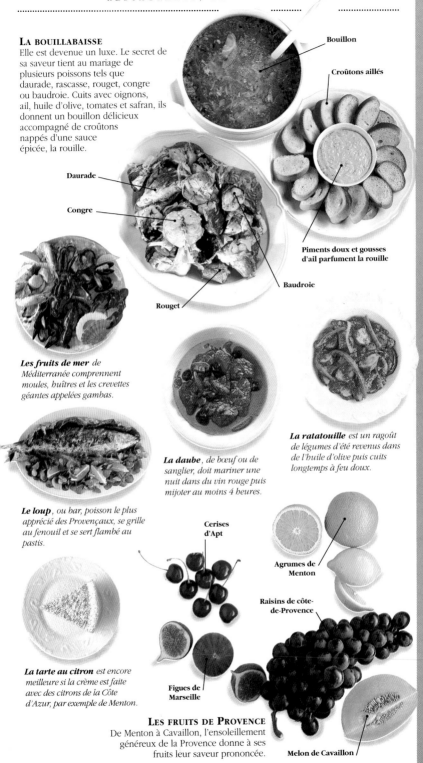

LA BOUILLABAISSE
Elle est devenue un luxe. Le secret de sa saveur tient au mariage de plusieurs poissons tels que daurade, rascasse, rouget, congre ou baudroie. Cuits avec oignons, ail, huile d'olive, tomates et safran, ils donnent un bouillon délicieux accompagné de croûtons nappés d'une sauce épicée, la rouille.

Bouillon

Croûtons aillés

Daurade

Congre

Piments doux et gousses d'ail parfument la rouille

Baudroie

Rouget

Les fruits de mer de Méditerranée comprennent moules, huîtres et les crevettes géantes appelées gambas.

La ratatouille est un ragoût de légumes d'été revenus dans de l'huile d'olive puis cuits longtemps à feu doux.

La daube, de bœuf ou de sanglier, doit mariner une nuit dans du vin rouge puis mijoter au moins 4 heures.

Le loup, ou bar, poisson le plus apprécié des Provençaux, se grille au fenouil et se sert flambé au pastis.

Cerises d'Apt

Agrumes de Menton

Raisins de côte-de-Provence

La tarte au citron est encore meilleure si la crème est faite avec des citrons de la Côte d'Azur, par exemple de Menton.

Figues de Marseille

Melon de Cavaillon

LES FRUITS DE PROVENCE
De Menton à Cavaillon, l'ensoleillement généreux de la Provence donne à ses fruits leur saveur prononcée.

Que boire en Provence

S i la Provence ne donne peut-être pas les plus grands crus, aucune autre région française n'offre une telle variété dans sa production viticole. La région se divise en deux grandes régions viticoles réputées depuis l'arrivée des phocéens à Marseille vers 600 av. J.-C. : le vignoble des côtes-du-rhône qui s'étend autour du massif des Dentelles de Montmirail avec des crus renommés comme ceux de châteauneuf-du-pape, de gigondas et de vacqueyras, et les vins de Provence, souvent légers et fruités, répartis dans un vignoble morcellé en cépages très variés, côtes-de-provence, cassis, bellet, bandol, côteaux d'Aix et côteaux varois. De bonnes surprises attendent les aventuriers prêts à se perdre dans les vignobles.

**Bouteilles provençale
(à gauche) et de côtes-du-rhône**

VINS BLANCS

L a vallée du Rhône produit d'excellents vins blancs à partir de cépages comme le viognier. Moins chers, les crus que nous vous recommandons accompagnent bien les plats de poisson ou de fruits de mer.

BLANCS RECOMMANDÉS

- *Clos-sainte-magdeleine*
  Cassis
- *Châteaux-val-joanis*
  Côtes-du-luberon
- *Domaine-saint-andré-de-figuière*
  Côtes-de-provence
- *Domaines-gavoty*
  Côtes-de-provence

Un bon châteauneuf-du-pape

ORANGE • Gigondas
• Beaumes-de-Venise
Lirac •
Tavel • Châteauneuf-du-Pape
• AVIGNON

• NIMES

• Les Baux-de-Provence

• ARLES

Rhône

AIX-EN-PROVENCE

• Palette

MARSEILLE

Cassis
Bando

Un côtes-du-rhône blanc

ROSÉS

L a réputation des rosés de Provence, appelés gris pour les plus pâles, n'est plus à faire mais les viticulteurs continuent d'affiner leur production avec des cépages comme la syrah qui donne plus de corps à des vins, comme l'excellent tavel, destinés à accompagner des mets aillés et épicés.

ROSÉS RECOMMANDÉS

- *Château-romassan*
  Bandol
- *Commanderie-de-bargemone*
  Côtes-de-provence
- *Commanderie-de-peyrassol*
  Côtes-de-provence
- *Domaine-la-forcadière*
  Tavel
- *Domaines-gavoty*
  Côtes-de-provence

LES RÉGIONS VITICOLES

N'appréciant ni l'altitude ni les marais camarguais, les vignes marquent un faible pour les coteaux (côtes). Le village des Arcs constitue un bon point de départ pour découvrir les côtes-de-provence *(p. 108-109).*

Un gris de Bandol

Vignes en terrasses au-dessus de Cassis

LES VINS ROUGES

Puissants et corsés, le châteauneuf-du-pape et les meilleurs crus des côtes-du-rhône accompagnent à merveille les viandes rouges. Si l'appellation bandol produit également d'excellents vins de garde, les rouges de Provence sont en général plutôt légers et fruités. Grâce à la particularité de chaque terroir et la personnalité de chaque producteur, ces vins présentent des caractères très variés.

Un joyau des côtes-du-luberon

Un rouge des Baux-de-Provence

Un châteauneuf-du-pape épicé

ROUGES RECOMMANDÉS

- *Château-de-beaucastel*
  Châteauneuf-du-pape
- *Château-du-trignon*
  Sablet, côtes-du-rhône
- *Château-val-joanis*
  Côtes-du-luberon
- *Domaine-de-pibarnon*
  Bandol
- *Domaine-des-alysses*
  Coteaux varois
- *Domaine-font-de-michelle*
  Châteauneuf-du-pape
- *Domaine-tempier*
  Bandol

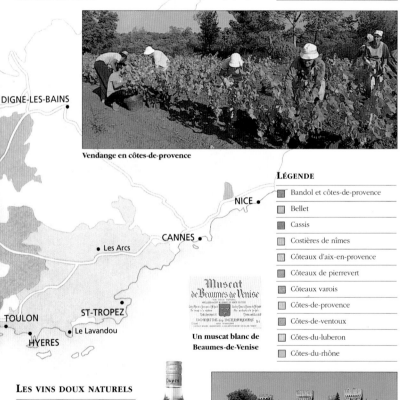

DIGNE-LES-BAINS

Vendange en côtes-de-provence

NICE

CANNES

Les Arcs

ST-TROPEZ

TOULON

Le Lavandou

HYÈRES

LÉGENDE

- Bandol et côtes-de-provence
- Bellet
- Cassis
- Costières de nîmes
- Côteaux d'aix-en-provence
- Côteaux de pierrevert
- Côteaux varois
- Côtes-de-provence
- Côtes-de-ventoux
- Côtes-du-luberon
- Côtes-du-rhône

Un muscat blanc de Beaumes-de-Venise

LES VINS DOUX NATURELS

En Provence, c'est dans le Vaucluse que l'on appréciera les vins doux, muscat de beaumes-de-venise et rasteau. Délicieux en apéritif ou pour accompagner un dessert, ces vins tirent pour la plupart leur parfum de l'arôme musqué qui a valu son nom au cépage muscat. Plus inhabituel, le rasteau est un rouge vinifié à partir de grenache.

Une bouteille typique de muscat

Le sol caillouteux de la vallée du Rhône

Les meilleurs restaurants de Provence

De la petite auberge de campagne aux tables des plus grands cuisiniers, la Provence, région touristique et terre d'accueil, offre un immense choix de restaurants. En particulier dans les grandes villes, les cuisines étrangères y sont bien représentées, notamment les cuisines italienne, nord-africaine et vietnamienne. Les restaurants ici sélectionnés restent plus traditionnels. Ils font partie des meilleurs présentés aux pages 210-215.

Hiély-Lucullus

Sa carte des vins, où figurent les plus grands crus de la région, n'est pas le seul attrait du rendez-vous gastronomique d'Avignon (p. 214).

Prévot

En saison, le melon de Cavaillon ne saurait manquer à la carte de l'élégant restaurant de Jean-Jacques Prévot (p. 210).

0   25 km

Oustaù de Baumanière

Cuisine et vue sont à couper le souffle dans cette mecque gastronomique des Baux (p. 213).

VAUCLUSE

BOUCHES-DU-RHÔNE ET NÎMES

L'Aix Quis

Les nouveaux propriétaires ont pris la succession des frères Lani en 1996 et l'établissement a conservé tout son prestige. Il est devenu l'adresse gastronomique d'Aix.

Le Miramar

Bien que marseillaise, l'enseigne du Miramar n'exagère pas, c'est l'endroit où déguster une vraie bouillabaisse (p. 214).

La Bonne Étape
Jany Gleize, dont la famille dirige depuis 4 générations cet hôtel-restaurant de Château-Arnoux, offre une interprétation personnelle des traditions provençales (p. 215).

Le Louis XV-Alain Ducasse
Les menus inventifs d'Alain Ducasse, un des jeunes chefs les plus remarqués de France, ont donné un nouvel élan à cette institution monégasque (p. 210).

Le Moulin de Mougins
Pour décrire son approche des saveurs provençales, son chef, Roger Vergé, parle de « cuisine du soleil » (p. 210).

CÔTE D'AZUR
ET ALPES-MARITIMES

ALPES-DE-HAUTE-
PROVENCE

VAR ET ÎLES
D'HYÈRES

L'Acchiardo
Au cœur du Vieux-Nice, une bonne cuisine à prix modique dans une ambiance animée (p. 211).

La Palme d'Or
Pas besoin d'être une vedette de cinéma pour apprécier le meilleur restaurant de Cannes (p. 210).

**La Pesquière /
Le Mazagran**
Ce double restaurant familial enjambe la charmante place de la Ponche dans la partie la plus ancienne de la ville (p. 212).

CÔTE D'AZUR ET ALPES-MARITIMES

BAR-SUR-LOUP

L'Amiral

Carte routière E3. 8, pl. Francis-Paulet.
[04 93 09 44 00. ● lun., oct. ♥@|
& ♿ ★ ⊠ DC, MC, V. €

Même si la salle offre une belle vue
sur la vallée, ce sont la fraîcheur
des ingrédients et les prix
modiques qui attirent à midi une
clientèle locale de commerçants,
dans cette maison qui appartenait
au XVIIIᵉ siècle à l'amiral de Grasse.
Le soir, mieux vaut réserver.

BIOT

Auberge du Jarrier

Carte routière E3. 30, passage de la
Bourgade. [04 93 65 11 68. ● juil.-
août : lun. ; sept.-juin : lun-mar. ; mi-
jan.-mi-fév. ♥@| V ♿ 🔲 ⊠
AE, MC, V. €€€

À l'écart de la rue principale du
village, voici l'une des adresses
gastronomiques aux tarifs les plus
intéressants de la Côte d'Azur.
Brigitte Guignery y propose une
cuisine si séduisante qu'il faut
souvent réserver une semaine à
l'avance en saison. La terrasse est
très agréable le soir.

CAGNES-SUR-MER

Auberge du Port

Carte routière E3. 95, bd de la Plage.
[04 93 07 25 28. ♥@| ♿ 🔲 🔲
⊠ AE, MC, DC, V. €

En face du port, la façade rose et
blanche de cet établissement
accueillant, spécialisé dans les plats
de poisson et les recettes niçoises,
cache un intérieur plus
conventionnel. On peut également
manger en terrasse, mais la
circulation sur la route du bord de
mer est vraiment bruyante.

Le Cagnard

Carte routière E3. Rue Sous-barri. [04
93 20 73 21. ● mar. et jeu. midi ; nov-
mi-déc. ♥@| 🔲 ⊠ ♿ V AE, MC,
DC, V. €€€€

Ce superbe restaurant partage avec
un hôtel une auberge médiévale
prise dans les remparts. La salle à
manger a été aménagée dans une
ancienne salle de garde du château.
La terrasse offre une vue superbe
sur les toits du Haut-de-Cagnes
jusqu'à la mer. Avec des mets

comme le pigeon rôti aux morilles
et au foie gras, la cuisine est à la
hauteur du panorama.

CANNES

La Mère Besson

Carte routière E4. 13, rue des Frères-
Pradignac. [04 93 39 59 24. ●
avr.-sept. : midi ; nov-mars : dim ; oct.
♥@| ♿ 🔲 ♥@| ♿ 🔲 V AE, DC,
MC, V. €€

La Mère Besson, avec son ambiance
chaleureuse et ses prix
raisonnables, est un des meilleurs
endroits de Cannes où apprécier
des plats provençaux traditionnels
de qualité tels que l'aïoli, l'aïado ou
le ragoût appelé estouffade.

La Palme d'Or

Carte routière E4. Hôtel Martinez,
73, la Croisette. [04 92 98 74 14.
● oct.-mars : lun.-mar. ; mi-nov-mi-
déc. ♥@| ♿ T 🔲 V ♿ ★
⊠ AE, MC, DC, V.
€€€€€

Voici le restaurant favori des
vedettes de cinéma et leurs photos
en noir et blanc décorent l'entrée.
Le maître queux Christian Willer y
propose une carte impressionnante
où voisinent produits de la mer,
agneau et foie gras. Le plat favori de
Mel Gibson marie homard et
champignons à la provençale.

ÈZE

La Bergerie

Carte routière F3. RN7. [04 93 41
03 67. ● midi (et mar.-mer. en hiver) ;
mi jan.-mi fév ♥@| ♿ 🔲 ⊠ AE,
MC, V. €€

Au coin du feu en hiver, sur une
vaste terrasse en été, La Bergerie
est toujours accueillante. Le gigot
d'agneau aux fines herbes
s'accompagne à merveille d'un cru
de côtes de provence.

JUAN-LES-PINS

La Terrasse

Carte routière E4. Hôtel Juana, La
Pinède, av. Gallice. [04 93 61 20 37.
● avr.-juin et sept.-oct. : lun. ; mer.,
jeu. : midi ; nov-mars. ♥@| 🔲 🔲 V
♿ 🔲 T 🔲 🔲 AE, MC, DC, V.
€€€€€

C'est indubitablement le meilleur
restaurant de Juan-les-Pins.
La terrasse donne sur des jardins
luxuriants et la verrière s'ouvre
sur le ciel étoilé.

MENTON

Auberge Pierrot-Pierrette

Carte routière F3. Place de l'Église, Monti.
[04 93 35 79 76. ● lun. ; déc.-mi-
jan. ♥@| ♿ 🔲 🔲 🔲 MC, V. €€

À cinq kilomètres en voiture de la
ville, Pierrot-Pierrette propose dans
un cadre rustique et une vue
spectaculaire une cuisine préparée
avec d'excellents produits du terroir.
Les raviolis sont faits maison.

MONACO

Le Périgourdin

Carte routière F3. 5, rue des Oliviers.
[00 377 93 30 06 02. ● sam.
midi ; dim. ; août-mi-sept. ♥@| ♿
🔲 & 🔲 MC, V. €€

Ne vous fiez pas à l'aspect extérieur
de cet établissement situé dans une
petite rue à deux min. à pied du
casino. Dans une ambiance amicale,
ses spécialités du Périgord sont à la
fois savoureuses et abordables.

Le Louis XV

Carte routière F3. Pl. du Casino,
Monte-Carlo. [00 377 92 16 30 01.
● mer. midi (mar. en hiver) ; déc. ; 2
sem. en fév. ♥@| V ♿ T 🔲 🔲
AE, MC, DC, V. €€€€€ Voir aussi
Hébergement, p. 197.

Décor somptueux, service attentif,
cuisine extraordinaire, le restaurant
de l'Hôtel de Paris ne déçoit jamais.
Édouard VII d'Angleterre l'appréciait
particulièrement malgré l'accident
qui arriva à une de ses maîtresses :
sa crêpe s'enflamma. La crêpe
Suzette est née !

MOUGINS

Le Moulin de Mougins

Carte routière E3. Notre-Dame-de-
Vie. [04 93 75 78 24. ● lun. ;
déc.-mi-jan. ♥@| ♿ T ★ ⊠ 🔲
V AE, MC, DC, V. €€€€€

La réputation de Roger Vergé n'est
plus à faire : son restaurant reste
une des meilleures tables de France
où se pressent en mai les plus
grandes stars du Festival de Cannes.

NICE

L'Acchiardo

Carte routière F3. 38 rue Droite.
[04 93 85 51 16. ● sam. soir ;
dim. ; août. ★ €

Personnel aimable, ambiance chaleureuse et animée, plats simples tels que l'escalope maison ou la soupe de poisson, excellente, l'Acchiardo est l'un des derniers bar-restaurants du Vieux-Nice à rester authentique.

Le Grand Pavois

Carte routière F3. 11, rue Meyerbeer. **[** 04 93 88 77 42. **●** soir. **†@|** **🖥** **⚅ ⚆ ⚇ ⚈** MC, V. **€€€**

Sa bouillabaisse et ses plats apprêtant daurade, homard ou langoustines valent aux Grand Pavois la réputation d'être le meilleur restaurant de poisson de la ville.

Le Chantecler

Carte routière F3. Le Negresco, 37, promenade des Anglais. **[** 04 93 16 64 00. **●** mi-nov.-mi-déc.. **†@|** **🖥** **⚅ 🖥 ★ ⚇** AE, MC, DC, V. **€€€€€** Voir aussi *Hébergement, p. 197.*

Bastion traditionnel de la gastronomie à Nice et restaurant de l'hôtel le plus célèbre de la ville, Le Chantecler a conservé le niveau de qualité établi quand les princes russes venaient y dîner au siècle dernier. Il propose notamment un menu de la mer. Les desserts sont alléchants et la carte des vins exceptionnelle.

PEILLON

Auberge de la Madone

Carte routière F3. Peillon Village. **[** 04 93 79 91 17. **●** mer. soir (seul. sur réser.) ; jan. ; mi-oct.-mi-déc. **†@|** **🖥** **⚇ 🖥 🖥 ★ ⚇** MC, V. **€€€**

Cet excellent restaurant installé dans un village perché au-dessus de Nice possède une terrasse qui, au milieu des oliviers, fournit le cadre idéal à la dégustation de spécialités provençales telles que la rascasse ou la tourte d'herbes fines aux pétales de foie gras.

ROQUEBRUNE-CAP-MARTIN

Les Deux Frères

Carte routière F3. Place des Deux-Frères. **[** 04 93 28 99 00. **●** ven. midi ; dim.-lun. ; mi-nov.-déc. **†@|** **🖥** **⚇ 🖥 ⚇** AE, MC, V. **€€€**

Les Deux Frères ne décevra ni les amateurs de belles vues ni ceux de bonne chère. D'inspiration provençale, mets apprêtent souvent canard ou agneau. L'été, les tables gagnent la place qui offre un panorama extraordinaire sur la mer et Monaco.

SAINT-JEAN-CAP-FERRAT

Le Saint-Jean

Carte routière F3. Place Clemenceau. **[** 04 93 76 04 75. **●** mer. ; mar. soir ; mi-jan.-fév. ; 2 sem. en déc. **🖥** **⚇ ⚇** MC, V. **€**

Voici une véritable aubaine dans un des endroits les plus huppés du monde. D'excellente qualité, pizzas cuites au feu de bois et plats de pâtes et de poisson y sont en effet très abordables. La terrasse à l'étage offre en été un cadre idéal pour un dîner.

SAINT-PAUL-DE-VENCE

La Colombe d'Or

Carte routière E3. Pl. du Général-de-Gaulle. **[** 04 93 32 80 02. **●** nov.-22 déc. **🖥** **🖥** AE, MC, DC, V. **€€€€**

Cette modeste auberge du début du siècle a acquis son renom en accueillant des peintres alors inconnus comme Soutine ou Signac. D'autres vinrent ensuite, tels Matisse ou Vlaminck, payant leur séjour avec des toiles. Autant que dans un restaurant, c'est dans un véritable musée, à la terrasse décorée par Fernand Léger, que l'on déguste aujourd'hui une excellente cuisine traditionnelle.

SAINTE-AGNÈS

Le Sarrasin

Carte routière F3. 40, rue des Sarrasins. **[** 04 93 35 86 89. **●** sept.-juin : lun. ; mi-oct.-mi-nov. **†@|** **🖥 ★ ⚇** **⚇** MC, V. **€**

La générosité des portions, l'atmosphère détendue, le service souriant et efficace et la vue offerte ont établi la réputation de cet établissement familial perché derrière Menton sur les contreforts des Alpes. Influences provençale et italienne se mêlent dans des menus comptant six plats tels que raviolis maison ou tourte aux courgettes. Le dimanche, la salle s'emplit d'Italiens venus en voisins.

TOUËT-SUR-VAR

Auberge des Chasseurs

Carte routière F3. av. Gal. de Gaulle. **[** 04 93 05 71 11. **●** mar. **★ ⚇** **⚇ 🖥** AE, DC, MC, V. **€€**

Au pied des forêts giboyeuses de la vallée du Var, ce superbe petit restaurant à la façade couverte d'une treille ne porte pas son nom par hasard et sa carte comprend de nombreux plats de gibier comme le sanglier aux pruneaux. La cuisine, raffinée, y est d'excellente qualité pour la modicité des prix.

VENCE

Auberge des Seigneurs

Carte routière E3. Place du Frêne. **[** 04 93 58 04 24. **●** lun. ; mar.-mer. : midi ; nov-mi-mars. **†@|** **V** **⚇** AE, DC, MC,V. **€€**

Il faut venir avec appétit dans cette auberge où le feu dans la cheminée affirme l'atmosphère médiévale. Il rôtit sous vos yeux agneau ou poissons fraîchement pêchés. Les artistes locaux qui payèrent leurs repas d'un tableau n'ont pas atteint la célébrité de ceux qui fréquentaient la Colombe d'Or, mais leurs œuvres décorent néanmoins la salle à manger.

VILLEFRANCHE

Le Carpaccio

Carte routière F3. Promenade des Marinières. **[** 04 93 01 72 97. **●** mi-déc.-jan. **†@|** **🖥 🖥 ⚇ ⚇ 🖥** AE, MC, V. **€€€**

Au bout du quai de Villefranche, la vue exceptionnelle sur la baie et Saint-Jean-Cap-Ferrat commandée par sa terrasse, l'efficacité souriante de son personnel et la qualité des mets servis ont établi le succès du Carpaccio. Si le plat italien de bœuf cru mariné dans l'huile d'olive dont il a pris le nom reste la spécialité de l'établissement, poissons et salades y sont également préparés à la perfection. En hiver, la salle offre un cadre tout aussi agréable aux repas.

VAR ET ÎLES D'HYÈRES

COLLOBRIÈRES

La Petite Fontaine

Carte routière D4. 1, pl. de la République. **[** 04 94 48 00 12. **●** lun. ; dim. soir ; vac. de fév. ; mi-sept.-oct. **†@|** **🖥 ⚇** **€€**

Au cœur du massif des Maures, non loin de la chartreuse de la Verne, ce petit restaurant chaleureux sert de délicieuses spécialités locales telles que fricassée de poulet à l'ail ou filet de canard à la crème de cèpes. Un seul vin pour les accompagner, celui de la coopérative du village.

FAYENCE

Le France

Carte routière E3. 1, grande rue du Château. 📞 04 94 76 00 14. ⬤ juil.-aôut : midi ; sept.-juin : lun., dim. soir ; déc. 🍴 🔲 ♿ 🍽 MC, V. €€

Une vaste salle à manger et une terrasse accueillante font de ce restaurant, qui propose, entre autres, un menu gastronomique, un endroit agréable pour déjeuner.

Le Castellaras

Carte routière E3. Route de Seillans. 📞 04 94 76 13 80. ⬤ lun.-mar. ; mi-mars-mi-avr. ; mi-nov.-mi-déc. 🍴 🔲 🍽 ♿ 🏃 V AE, MC, V. €€€

À la sortie nord de Fayence, ce mas de pierre offre une belle vue et possède une terrasse ombragée. Sa cuisine allie tradition et innovation comme l'agneau farci et sa sauce à l'estragon. Ne pas manquer le gratin de queues d'écrevisses sauce homardine.

LA CADIÈRE D'AZUR

Hostellerie Bérard

Carte routière D4. Rue Gabriel-Péri. 📞 04 94 90 11 43. ⬤ lun. et sam. midi. 🍴 🔲 🏃 🍽 ★ 🍽 AE, MC, V. €€€

Offrant un panorama inoubliable sur les vignobles de Bandol, cet impressionnant couvent du Xᵉ siècle est devenu une table réputée. Son chef, René Bérard, se montre particulièrement subtil dans l'utilisation des produits de la mer, parfumant de safran son velouté de moules ou cuisant les poissons en croûte accompagnés à merveille des crus locaux.

LA GARDE-FREINET

Auberge La Sarrazine

Carte routière E4. D558. 📞 04 94 43 65 98. ⬤ sept.-juin : lun. midi. 🍴 🔲 ♿ V €€

Sur la route traversant la Garde-Freinet, ce restaurant familial offre un accueil d'une chaleur et d'une authenticité rares, un décor harmonieux et intime et des plats copieux et bien préparés à prix modiques. Les enfants sont reçus avec un plaisir sincère.

LA MÔLE

Auberge de La Môle

Carte routière D4. RN98. 📞 04 94 49 57 01. ⬤ lun. ; mi-nov.-mi-déc. 🍴 🔲 ♿ 🍽 ★ 🏃 €€€€

Sur la place du village tout en longueur de La Môle, cet établissement sans prétention mérite que l'on s'écarte de la côte. Il faut traverser le bar fréquenté par la population locale pour atteindre la salle à manger ancienne dotée d'une cheminée. Monsieur Raynal propose avec amabilité à ses hôtes une excellente cuisine du sud-ouest et un large choix de desserts.

LES ÎLES D'HYÈRES

Mas du langoustier

Carte routière D5. Ile de Porquerolles. 📞 04 94 58 30 09. ⬤ nov.-avr. 🍴 🔲 🍽 ♿ V 🏃 🍽 AE, DC, MC, V. €€€€

C'est l'un des meilleurs restaurants de l'île. Les hôtes sont emmenés du port par mini-bus jusqu'à l'hôtel restaurant, à la pointe ouest de l'île. Le menu propose un large choix de produits de la mer. Essayez la salade tiède de langoustines grillées au jus de pomme et à l'huile de vanille.

SAINT-TROPEZ

Le Baron

Carte routière E4. 23, rue de l'Aïoli. 📞 04 94 97 71 72. ⬤ mar.-mer. ; jan.-fév. ; mi-nov.-26 déc. 🔲 🍽 AE, MC, V. €€

Situé au pied de la citadelle, Le Baron est un restaurant italien typique. Le décor est élégant et la nourriture joliment présentée. Les spécialités offrent entre autres des spaghetti *alle vongole verracci* (aux moules), une côtelette de veau au citron et des desserts appétissants tel le Tiramisu.

L'Échalote

Carte routière E4. 35, rue Allard. 📞 04 94 54 83 26. ⬤ oct.-juin : jeudi ; mi-nov.-mi-déc. 🍴 🔲 🍽 ★ 🍽 ♿ 📷 AE, MC, V. €€€

Malgré une clientèle branchée, ce restaurant à la façade couleur miel propose une cuisine que n'influencent pas les modes et qui a acquis la réputation méritée d'être toujours savoureuse. Le menu, à déguster dans le décor raffiné de la salle à manger ou le cadre fleuri du jardin, propose, entre autres spécialités provençales, courgettes farcies et gigolette d'agneau.

La Pesquière / Le Mazagran

Carte routière E4. 1, rues des Remparts. 📞 04 94 97 05 92. ⬤ nov.-Pâques. 🍴 🔲 ♿ 🍽 🏃 ★ 🍽 MC, V. €€

Sur la place de la Ponche, dans la partie la plus ancienne de la ville, ce double établissement familial offre une vue superbe sur le golfe de Saint-Tropez. Ses salades de la mer, son aïoli, ses légumes farcis et ses pâtes fraîches attirent une importante clientèle. Ne résistez pas à la tentation de la tarte aux pommes chaudes.

TOULON

La Chamade

Carte routière D4. 25, rue de la Comédie. 📞 04 94 92 28 58. ⬤ sam. midi ; dim. ; août. 🍴 🏃 🍽 📷 AE, MC, V. €€

Au centre de Toulon, ce restaurant offre une atmosphère intime et une délicieuse nourriture. Vous goûterez avec bonheur aux fleurs de courgettes farcies, au bar à la sauce au beurre et au basilic ou encore aux figues fraîches grillées. Une bonne carte des vins accompagnera votre repas.

BOUCHES-DU-RHÔNE ET NÎMES

AIGUES-MORTES

La Camargue

Carte routière A3. 19, rue de la République. 📞 04 66 53 86 88. ⬤ oct.-juin : midi. 🍴 🔲 ♿ 📷 🏃 MC, V. €€

La rumeur prétend que les Gypsy Kings fréquentaient ce restaurant, mais, même sans eux, il est le plus vivant de la ville. En été, au jardin, des guitares flamenco accompagnent en sourdine la dégustation de poissons et de viandes grillées.

AIX-EN-PROVENCE

L'Hacienda

Carte routière C4. 7, rue Mérindol. 📞 04 42 27 00 35. ⬤ jeu. et sam. soir ; dim. ; août. 🍴 V 📷 🏃 🔲 MC, V. €

En face d'une place paisible avec fontaine, L'Hacienda est constamment bondé, en particulier à midi quand commerçants et employés de bureau se serrent sans sa salle à manger. Outre des plats traditionnels, notamment de poisson et d'agneau, il propose une table de la mer d'une grande fraîcheur.

L'Aix Quis

Carte routière C4. 22, rue Leydet.
(04 42 27 76 16. **)** dim. ; août.
¶@¶ & ✠ ★ ⊘ AE, MC, V.
€€€

Ce restaurant récent est devenu l'adresse gastronomique d'Aix. Sa caractéristique, une façon inventive d'accomoder viande et poisson. Les nouveaux propriétaires ont pris la succession des frères Lani en 1996 et l'établissement a conservé tout son prestige.

Chez Gu et Fils

Carte routière C4. 3, rue F.-Mistral.
(04 42 26 75 12. **)** sam. midi ;
dim. ; août. **¶@¶ ⊘ & ✠** AE, MC,
V. **€€€**

Cité dans un best-seller anglais, ce petit bistrot proche du cours Mirabeau a vu affluer un clientèle anglo-saxonne qui a fait terriblement grimper ses prix. Pâtes fraîches et plats traditionnels provençaux tel le gigot d'agneau au thym y restent cependant succulents.

Relais Sainte-Victoire

Carte routière C4. Beaurecueil.
(04 42 66 94 98. **)** lun. ; ven.
midi ; dim. soir ; vac de fév. ; nov. **¶@¶**
✠ & ♥ ⊘ ✠ AE, MC, V.
€€€

N'hésitez pas à imiter les Aixois et à prendre votre voiture pour un déjeuner dominical au pied de la montagne Sainte-Victoire. Installé dans un ancien mas, le Relais sert une excellente cuisine régionale et sa terrasse offre une vue splendide sur le paysage préféré de Cézanne.

ARLES

Vitamine

Carte routière B3. 16, rue du Docteur-Fanton. **(** 04 90 93 77 36.
) sam. midi ; dim. **V ⊘ & ✠ ✙**
✠ MC, V. **€**

Un décor agréable, une ambiance décontractée, 15 plats de pâtes, 50 salades et des prix modiques. Une excellente adresse, notamment pour les végétariens. Réserver.

L'Olivier

Carte routière B3. 1 bis, rue Réattu.
(04 90 49 64 88. **)** dim., lun. ;
nov-jan. **¶@¶ ✠ ⊘**
AE, MC, V.
€€€

Cet établissement apprécié n'utilise que des produits de première fraîcheur pour réaliser des plats comme le pigeon rôti laqué au miel.

Lou Marques

Carte routière B3. Bd des Lices.
(04 90 52 52 52. **)** 11 nov.-23
déc. **¶@¶ ✠ & ✠ ✠ ⊘**
AE, MC, DC, V.
€€€

Le restaurant gastronomique du prestigieux hôtel Jules-César a la réputation d'être l'un des meilleurs d'Arles. Pascal Renaud y déploie son talent à transcender des recettes régionales en créations de grande cuisine. Le jardin et la terrasse offrent un cadre romantique.

LES-BAUX-DE-PROVENCE

Café Cinarca

Carte routière B3. Rue de Trencat.
(04 90 54 33 94. **)** juin-sept. :
mar. ; oct.-mai : mar. et soirs ;
mi-nov.-déc. **✠ ✠ V ⊘**
MC, V. **€**

C'est l'un des restaurants les plus amicaux et bons marchés du village. Dégustez un repas dans une petite salle à manger troglodyte. Choisissez au menu l'une des nombreuses salades ou l'un des plats simples mais savoureux, sachant mêler une cuisine méditerranéenne aux saveurs provençales : la salade d'oranges et de raisins au jambon de canard fumé, la salade tiède au fenouil, ou l'excellente soupe au pistou.

Ousta de Baumanière

Carte routière B3. Val d'Enfer.
(04 90 54 57 27. **)** jan.-mars.
¶@¶ ✠ ✠ ♥ V & ✠ ⊘
AE, MC, DC, V.
€€€€€

Une cuisine réputée et une vue à couper le souffle sur les Baux. Jean-André Charial marie avec délice traditions provençales et nouvelle cuisine. Le patron tire à juste titre une grande fierté de sa cave.

CARRY-LE-ROUET

L'Escale

Carte routière C4. Promenade du Port.
(04 42 45 00 47. **)** lun. midi ; dim.
soir ; nov.-mars. **¶@¶ ✠ ♥ ★ ⊘**
AE, MC, V. **€€€€**

Ce restaurant gastronomique domine le petit port de Carry au milieu des pins parasol de la côte Bleue. Son chef, Gérard Clor, privilégie les produits locaux, notamment ceux de la mer, qu'il apprête avec originalité.

FONTVIEILLE

La Régalido

Carte routière B3. Rue F. Mistral.
(04 90 54 60 22. **)** lun., mar.
midi ; sam. midi ; jan.-mi-fév. **¶@¶ V**
✠ ✠ ⊘ AE, MC, DC, V. **€€€€**

L'usage maîtrisé de l'ail, de l'huile d'olive et des fines herbes donne aux mets dégustés sur la terrasse de La Régalido une tonalité provençale. Ne pas manquer les plats de fruits de mer comme le gratin de moules aux épinards.

MARSEILLE

Le Roi du Couscous

Carte routière C4. 63, rue de la
République. **(** 04 91 91 45 46.
) lun. **⊘** V. **€**

À deux pas du Vieux-Port, pas de révélation gastronomique, mais pour un prix modique, le couscous est bon et copieux, l'accueil animé.

Les Arcenaulx

Carte routière C4. 25, cours
d'Estienne-d'Orves. **(** 04 91 59 80 30.
) dim. **¶@¶ & ✠ ✠ ⊘** AE, DC,
MC, V. **€€€**

Au sud du Vieux-Port, les cours Julien et d'Estienne-d'Orves, que bordent d'innombrables bars et restaurants, sont devenus le centre de la vie nocturne des jeunes Marseillais. Les Arcenaulx s'y trouve. Installé dans une ancienne bibliothèque, il sert une excellente cuisine traditionnelle.

Chez Madie

Carte routière C4. 138, quai du Port.
(04 91 90 40 87. **)** dim. **¶@¶ ✠**
& ★ ⊘ AE, DC, V. **€€€**

Presqu'au bout du vieux port, chez Madie est une véritable institution où la bouillabaisse reste abordable. Essayez sinon la bourride (aïoli de plusieurs poissons) ou la dorade aux fines herbes.

Le Miramar

Carte routière C4. 12, quai du Port.
📞 04 91 91 10 40. ⬤ dim.-lun.
midi ; 2 sem. en jan. ; 3 sem. en août.
▦ & ★ AE, MC, DC, V.
€€€€

L'imposant Miramar est depuis
longtemps le doyen des
restaurants du Vieux-Port et il sert
la bouillabaisse probablement la
plus authentique de la ville. Mais
elle est chère. On peut cependant
lui préférer d'autres plats. Une
petite terrasse donne vue sur
Notre-Dame-de-la-Garde.

Le Petit Nice

Carte routière C4. Corniche J.-F.-
Kennedy. 📞 04 91 59 25 92. ⬤ dim.-
lun. en hiver. ❯❮ 🏃 & 🍴 ★ ▦
AE, DC, MC, V. €€€€€

Le panorama offert par la terrasse
de la superbe villa Belle Époque de
l'hôtel Passédat est extraordinaire,
surtout quand le soleil se couche
derrière l'île du Frioul. Il ne parvient
cependant pas à faire oublier la
saveur de la bouille-abaisse.

PARADOU-
MAUSSANE-LES-
ALPILLES

La Petite France

Carte routière B3. 55, av. Vallée des
Baux. 📞 04 90 54 41 91. ⬤ avr.-sept. :
mer. soir ; oct.-mars : mer.-jeu. ;
mi-nov.-fév. ❯❮ 🏃 & ▦ V MC, V.
€€€€

Sur la D17 à l'ouest de Fontvieille,
ce petit établissement spécialisé
des pieds de cochons est une
parfaite étape gastronomique entre
les Baux et Arles. Il propose même
un menu pour jeunes gourmets.

NÎMES

Au Flan Coco

Carte routière A3. 31, rue du Mûrier-
d'Espagne. 📞 04 66 21 84 81.
⬤ ts les soirs du lun. au ven. ; dim.
❯❮ & ▦ ▦ MC, V.

Déjeuner dans ce minuscule
restaurant ouvert par deux traiteurs
à côté de leur boutique est un
délice. Cuisinés sous vos yeux, les
produits arrivent droit du marché.
En été, les tables de marbre vert
débordent dans la rue.

Enclos de la Fontaine

Carte routière A3. Quai de la Fontaine.
📞 04 66 21 90 30. ❯❮ 🏃 & ▦
🍴 ★ ▦ AE, DC, MC, V. €€€€

À côté de grandes recettes
classiques, le restaurant de l'hôtel
Imperator Concorde propose des
mets plus novateurs comme le
veau aux beignets de figues
fraîches. La cour intérieure est
souvent bondée, en particulier
pendant les fzerias.

SAINT-RÉMY-DE-
PROVENCE

Le Jardin de Frédéric

Carte routière B3. 8, bd Gambetta.
📞 04 90 92 27 76. ⬤ mer., jeu.
; fév. ❯❮ V 🏃 ▦ ▦
MC, V. €€

Proche du centre-ville, Le Jardin
de Frédéric est un petit restaurant
tenu par une famille. C'est la chef
Simone Vizier qui cuisine des
plats comme du bar grillé
au fenouil et du foie gras fait
maison. L'été, les tables sont
dressées à l'extérieur.

VAUCLUSE

AVIGNON

La Fourchette

Carte routière B3. 17, rue Racine.
📞 04 90 85 20 93. ⬤ sam-dim. ;
2 sem. en fév. ; 1 sem. en août ; 2 sem.
en sept. ❯❮ & ▦ ★ MC, V.

Voici le rejeton du Hiély-Lucullus,
phare de la gastronomie
avignonnaise. Moins cher et plus
détendu, il sert une cuisine tout aussi
raffinée, notamment les desserts qui
se dégustent aussi à l'heure du thé.
Vous avez peu de chance d'obtenir
une table sans avoir réservé.

Le Petit Bedon

Carte routière B3. 70, rue Joseph-
Vernet. 📞 04 90 82 33 98.
⬤ dim.-lun. ; oct. ❯❮ 🏃 ▦
▦ DC, MC, V. €€

Très apprécié des professeurs et
de leurs étudiants, le restaurant
de madame Riqueau sert à prix
raisonnables de copieuses portions
d'excellents plats provençaux.
À ne pas manquer : la bourride
de loup à la provençale.

Hiély-Lucullus

Carte routière B3. 5, rue de la
République. 📞 04 90 86 17 07.
⬤ mar.-mer. ; 2 sem. en jan. ; 2 sem.
en juin. ❯❮ 🍴 🏃 ▦ MC, V.
€€

Dominant, depuis un premier
étage, l'artère principale de la ville,
le Hiély-Lucullus satisfait depuis
60 ans aux exigences des
gastronomes avignonnais. Dans un
nouveau décor aux tissus italiens,
la nourriture reste d'une richesse et
d'une subtilité exceptionnelles.

Christian Étienne

Carte routière B3. 10, rue de Mons.
📞 04 90 86 16 50. ⬤ août-juin :
dim.-lun. ❯❮ 🏃 ▦ ▦ V AE,
MC, DC, V. €€€€

Installé dans un imposant édifice
du XIIe siècle adjacent au palais des
Papes, le chef Christian Étienne
rend un honneur créatif à la
tradition provençale et aux
produits du terroir local,
notamment les légumes et la
préparation des poissons.

CAVAILLON

Prévot

Carte routière B3. 353, av. de
Verdun. 📞 04 90 71 32 43. ⬤ lun. ;
dim. midi ; mi-août-sept. ❯❮ 🏃 &
▦ 🍴 ★ AE, MC, DC, V.
€€€€

Il peut paraître surprenant de
découvrir un temple de la
gastronomie dans une aussi petite
ville que Cavaillon, mais où
trouverait-on ailleurs que sur ce
grand marché aux primeurs une
telle abondance de produits aussi
frais ? Capitale du melon, c'est dans
le nouveau musée qui lui est dédié
que la salle à manger est installée.

CHÂTEAUNEUF-
DU-PAPE

La Mère Germaine

Carte routière B3. Pl. de la Fontaine.
📞 04 90 83 54 37. ⬤ mar. soir ;
mer. ; fév. ❯❮ 🏃 ▦ 🍴 ▦ MC, V.
€€€

La Mère Germaine propose une
authentique cuisine de terroir et un
important caveau de dégustation.
Bien entendu, la carte des vins
comprend les meilleurs
châteauneuf-du-pape. Une brasserie
plus modeste est proposée à côté.

GIGONDAS

Les Florets

Carte routière B2. Route des
Dentelles. 📞 04 90 65 85 01.
⬤ mer. ; jan.-mi-mars. ❯❮ 🏃 ▦ 🏃
& 🍴 ▦ AE, DC, MC, V. €€€

On vient de toute la région déguster dans la grande salle des Florets une savoureuse cuisine régionale accompagnée des crus locaux. Le dîner est servi en été sur une terrasse ombragée donnant sur les Dentelles de Montmirail.

LOURMARIN

Moulin de Lourmarin

Carte routière C3. rue du Temple. 04 90 68 06 69. mar., mer. midi ; jan.-fév. ★ AE, MC, DC, V.
Voir aussi **Hébergement**, p. 201.

Aujourd'hui dédié au luxe et à la gourmandise, cet ancien moulin à huile a néanmoins conservé ses meules. Les quatre menus proposés par Édouard Loubet offrent une large éventail de prix et de saveurs avec des plats allant du carré d'agneau au serpolet au pigeon rôti aux herbes.

OPPÈDE-LE-VIEUX

Oppidum

Carte routière A3. Place de la Croix. 04 90 76 84 15. oct-juin. AE, MC, V.

Au cœur du village médiéval, ce restaurant propose trois menus simples mais bons, à savourer dans sa salle à manger voûtée du XVe siècle, mais on peut également opter pour une simple dégustation de fromages ou une assiette paysanne. À l'étage, petite galerie d'art et salon de thé.

ORANGE

La Yaca

Carte routière B2. 24, place Sylvain. 04 90 34 70 03. mar. soir ; mer ; nov. MC, V.

C'est un endroit de rêve pour un dîner simple et délicieux. La salle à manger est pleine de charme, avec poutres apparentes et fleurs fraîches. La diversité des menus offre le meilleur rapport qualité-prix. A ne pas manquer, le gigot d'agneau avec sa purée d'olives et la terrine maison de foie de volaille.

ROUSSILLON

Le Bistro de Roussillon

Carte routière C3. Place de la Mairie. 04 90 05 74 45. mar.-mer. ; mi-nov.-mars. V MC, V.

Dans l'ensemble, cet établissement réussit assez bien à adapter à une ambiance méridionale le style du bistro provençal. Ne manquez pas la daube provençale, aux légumes de saison et aux olives, ou les travers de porc au miel et aux épices.

SÉGURET

La Table du Comtat

Carte routière B2. Hôtel de la Table du Comtat. 04 90 46 91 49. mar. soir ; mer., fév. AE, DC, MC, V.

Truffes, pigeons et agneaux font partie des produits du terroir qu'utilise avec art le chef Franck Gomez. Le panorama sur le Comtat Venaissin est splendide et la cave de côtes-du-rhône en harmonie avec la richesse et la finesse de la cuisine.

ALPES-DE-HAUTE-PROVENCE

CHÂTEAU-ARNOUX

La Bonne Étape

Carte routière D2. Chemin du Lac. 04 92 64 00 09. lun., mar. en hiver ; jan.-mi-fév. ; fin nov-mi-déc. ★ AE, MC, DC, V. *Voir aussi* **Hébergement**, p. 201.

Dans une ville plutôt terne sur le plan culinaire, la salle à manger, décorée de tapisseries et de tableaux de La Bonne Étape, est un véritable lieu de pèlerinage pour les gourmets locaux qui viennent y déguster des classiques provençaux mais aussi quelques spécialités, tel le filet d'agneau au thym frais.

DIGNE-LES-BAINS

Le Grand Paris

Carte routière D2. Hôtel du Grand Paris, 19, bd Thiers. 04 92 31 11 15. déc.-fév. V AE, DC, MC, V.

Dans le cadre chargé d'histoire d'un ancien couvent du XVIIe siècle, le meilleur restaurant de Digne propose une cuisine traditionnelle préparée avec soin. Malgré le large choix de mets offert, elle manque parfois un peu d'imagination.

MANOSQUE

Le Petit Pascal

Carte routière C3. 17, promenade Aubert-Millot. 04 92 87 62 01. soirs du lun. au sam. ; dim. MC, V.

Son nom l'indique, ce restaurant n'est pas grand, mais Manosquins et paysans des environs y dégustent les bons plats : l'anchoïade, les larges tranches de steak et les généreuses portions de veau.

Hostellerie de la Fuste

Carte routière C3. La Fuste, Valensole. 04 92 72 05 95. lun. (dim. soir en hiver) ; jan.-mi-fév. ; nov. AE, MC, DC, V.

C'est avec subtilité que le chef de cette ancienne auberge interprète les recette régionales traditionnelles, de viande comme de poisson. Pour plus de sûreté, il fait pousser lui-même aromates et légumes. Un large choix de fromages et de desserts apporte la dernière touche au repas.

La Treille Muscate

Carte routière C3. Place de l'Église. 04 92 74 64 31. mer. soir-jeu. midi ; mi-nov.-mi-déc. MC, V.

Une cuisine gastronomique façon provençale est ici à l'honneur : légumes d'été sauce pistou, confit de lapin à la tapenade, moussaka au poisson, fruits de mer sauce Antibes, accompagnés d'excellents vins régionaux.

MANOSQUE

Restaurant Dominique Bucaille

Carte routière C3. 43, bd des Tilleuls. 04 92 72 32 28. mer. soir et dimanche.

Un établissement relativement récent qui compte déjà parmi les plus grands. La cuisine, plutôt de tradition bourgeoise, utilise les produits locaux de qualité (telle une excellente huile d'olive du terroir) et permet d'obtenir des saveurs bien maîtrisées. Les prix sont raisonnables pour la qualité proposée.

Légende des symboles, *voir p. 203*

Cafés, bars et snacks

Comme tous les Méditerranéens, les Provençaux aiment vivre dans la rue, s'y retrouver pour échanger des nouvelles ou discuter du temps quand celui-ci est bien trop chaud pour aller s'agiter au soleil… Dans la rue ou à la terrasse d'un café quand vient une petite soif. Et quand le climat se gâte, au comptoir. Même dans les villages, les bars-tabac sont généralement ouverts très tôt le matin pour servir ceux qui partent travailler à l'aube en été et bien avant le lever du soleil en hiver. La plupart des cafés servent des sandwichs et parfois, surtout dans les villes, des plats simples, salades ou croque-monsieur. Pour manger sur le pouce, de nombreux stands, roulottes ou camions proposent en outre, en particulier dans les zones balnéaires, pan-bagnats, pizzas et autres casse-croûtes.

CAFÉS ET BARS

Un rythme solidement établi anime la vie d'un café provençal typique, notamment en été. Dès l'aube arrivent les clients qui partent travailler tôt pour éviter les grosses chaleurs, artisans du bâtiment et agriculteurs en particulier. Ils se retrouvent autour des journaux locaux pour commenter les nouvelles, et comme il s'agit pour la plupart d'habitués qui ne prennent qu'un expresso, beaucoup de cafés hors des grandes villes ne proposent ni croissants ni tartines au petit déjeuner. Il y a toujours cependant une boulangerie ouverte à proximité.

L'apéritif est le temps fort suivant et, les grands jours, la patronne prépare la tapenade ou l'anchoïade (p. 204) qui, étalée sur du pain grillé, donnera tout son relief au pastis. Cette agape a souvent lieu le jour du marché ou le dimanche. Car le dimanche matin, en Provence, est un moment animé de la semaine contrairement à certaines autres régions de France et à de nombreux quartiers de Paris. Les cafés ouvrent d'ailleurs ce jour-là à peine plus tard qu'à l'habitude.

L'après-midi est plus calme ; il fait si chaud en été. On sommeille en terrasse. Avec la fraîcheur du soir, la vie reprend ses droits : familles et amis se retrouvent après le travail, ou à la fin d'une journée de vacances, autour de tables chargées de verres

de bière ou de soda scintillants de condensation. La nuit, en dehors des jours de fête ou de bal où toute la population est là, ce sont les jeunes qui emplissent les établissements restés ouverts.

Il est cependant des endroits, par exemple le cours Mirabeau d'Aix-en-Provence et le port de Saint-Tropez, où la terrasse du café, outre sa fonction habituelle, joue un autre rôle social : elle est la vitrine où l'on vient voir et se montrer, le champ de bataille où modes et réputations d'élégance doivent s'imposer au moins… ou mourir.

Le café populaire de village ou de quartier n'est cependant pas le seul genre de débit de boissons typique à découvrir dans la région. Une visite du Midi ne saurait en effet être complète sans se risquer au moins une fois dans le bar d'un palace de la Côte d'Azur. La **Brasserie Carlton** à Cannes, le bar du Negresco à Nice, le **Somerset Maugham** du Grand-Hôtel de Saint-Jean-Cap-Ferrat ou le **café de Paris** de Monte-Carlo conservent en effet un exotisme qui leur est propre.

En ville, et notamment dans les grands centres universitaires comme Aix, Nice ou Marseille, il existe beaucoup d'autres types d'établissements, notamment des bars à bières et des pubs inspirés des pubs anglais. Certains, comme **Cuez Wayne** et **De Klomp** à Nice ou le **Pub Z** à Avignon accueillent des concerts. De plus en plus répandu, le « bistro », au décor

inspiré de celui des bars à vins parisiens, ne possède généralement pas la licence IV autorisant la vente des boissons fortement alcoolisées et propose donc surtout vins et café. Il sert aux heures de repas quelques plats simples et bon marché.

PIQUE-NIQUE ET CASSE-CROÛTE

Un pique-nique en Provence commence au marché. Tout d'abord pour le plaisir de s'imprégner de ses odeurs, de ses bruits et de ses couleurs, puis pour celui de rencontrer amis et connaissances aux terrasses des cafés. Et enfin parce que c'est l'endroit où acheter les ingrédients du pan-bagnat : oignons frais, tomates, poivrons, salade verte, œufs fermiers, olives et anchois, huile d'olive artisanale.

Bien que devenus rarissimes, les puristes le préparent comme suit. Après avoir coupés les légumes en rondelles, ils les salent et les font dégorger sur un torchon pendant deux heures avant de les déposer, avec anchois, œufs durs, thon et olives, sur le lit de salade taillée en lamelles (afin de laisser se mêler les saveurs) étalé sur l'une des moitiés du petit pain rond acquis à la boulangerie, généreusement imbibées d'huile et frottées d'ail. La vinaigrette n'est pas nécessaire et filet de citron, persil, ciboulette ou basilic sont à la guise du gourmet.

L'autre endroit dont la visite s'impose avant de partir en pique-nique, ou juste en cas de petit creux, est bien entendu la boulangerie. Outre les baguettes et pâtisseries traditionnelles, celles de Provence proposent quelques spécialités comme la pissaladière, pâte à pizza recouverte d'oignons revenus, d'olives et parfois d'anchois, ou la fougasse, pain plat fourré au gré de la fantaisie de son créateur. Pains aux noix ou aux olives sont également fréquents. Pour l'Épiphanie, la galette des rois provençale n'est pas fourrée à la frangipane ; c'est une brioche en forme de couronne parfumée à l'anis et garnie de fruits confits.

S'il arrive cependant, surtout dans une petite agglomération, qu'aucune boulangerie ne vende un pain qui vous tente, essayez le marché, vous y découvrirez probablement sur un étal une pile de pains complets ou de campagne diététiques.

Dans le Vieux-Nice, ne manquez pas la boulangerie **Le Four à Bois** où les recettes se transmettent de génération en génération. Et si un petit creux vous surprend pendant votre promenade, essayez la socca, fine galette de farine de pois chiches vendue dans les rues proches de la place Garibaldi.

Une fois le pain acheté, encore faut-il le garnir. De nombreuses boucheries, en ville comme en campagne, continuent à proposer de la charcuterie maison. Caillettes et pâtés sont généralement très parfumés. À Arles, la **Boucherie Milhau** vous permettra de découvrir tout l'éventail de la production camarguaise. Pour le fromage, si vous tenez à goûter la production des éleveurs locaux, de chèvres généralement, la meilleure adresse demeure une fois de plus le marché mais certains traiteurs en commercialisent également.

Ils vous permettront de surcroît de compléter vos sandwichs d'un poulet rôti ou de barquettes de salades. Parmi les meilleurs, **Au Flan Coco** à Nîmes et **Bataille** à Marseille.

Un bon repas, même pris sur le pouce, sur l'herbe ou sur le sable ne saurait se terminer sans une touche sucrée. La Provence ne possède pas de très grande tradition pâtissière malgré la tarte tropézienne devenue un classique, mais il existe partout des établissements de qualité comme **Béchard** à Aix-en-Provence. Pour les fruits confits et les confiseries, notamment calissons et suce-miels, seuls votre porte-monnaie et vos dents prendront des risques chez **Puyricard** à Aix et **Thierry Auer** à Nice.

CARNET D'ADRESSES

CAFÉS

Aix-en-Provence
Les Deux Garçons
53, cours Mirabeau.
☎ 04 42 26 00 51.

Cannes
Brasserie Carlton
58, la Croisette.
☎ 04 93 06 40 21.

Èze
Château Eza Salon de thé
Rue de la Pise.
☎ 04 93 41 12 24.

Monaco
Café de Paris
Le Casino, pl. du Casino.
☎ 00 377 92 16 20 20.

Nice
Le Grand Café de Turin
5, place Garibaldi.
☎ 04 93 62 29 52.

Nîmes
Café Brasserie Napoléon
56, bd Victor-Hugo.
☎ 04 66 67 20 23.

Saint-Paul-de-Vence
Café de la Place
Place du Général-de-Gaulle.
☎ 04 93 32 80 03.

Arles
Hôtel Nord-Pinus
Place du Forum.
☎ 04 90 93 44 44.

Saint-Tropez
Café des Arts
Place des Lices.
☎ 04 94 97 02 25.

Le Café de Paris
15, Quai de Suffren.
☎ 04 94 97 00 56.

Senequier
Quai Jean-Jaurès
☎ 04 94 97 00 90.

BARS ET PUBS

Aix-en-Provence
Le Richelm
24, rue de la Verrerie.
☎ 04 42 23 49 29.

Avignon
Pub Z
58, rue de la Bonneterie.
☎ 04 90 85 42 84.

Cannes
L'Amiral
Hôtel Martinez,
73, boulevard la Croisette.
☎ 04 92 98 73 00.

Juan-les-Pins
Le Festival de la mer
146, bd. du Président-Wilson.
☎ 04 93 61 04 62.

Pam-Pam
137, bd. du Président-Wilson.
☎ 04 93 61 11 05.

Marseille
L'Ascenseur
57, rue Jules-Moulet.
☎ 04 91 33 86 31.

Brasserie Thiars
Place Thiars.
☎ 04 91 33 07 25.

La Maison Hantée
10, rue Vian.
☎ 04 91 92 09 40.

Monaco
Flashman's
7, avenue Princesse-Alice.
☎ 00 377 93 30 09 03.

Nice
Wayne's Bar
15, rue de la Préfecture.
☎ 04 93 13 46 99.

De Klomp
6, rue Mascoi-nat.
☎ 04 93 92 42 85.

O'Hara's
22, rue Droite.
☎ 04 93 80 43 22.

Les Trois Diables
2, cours Saleya.
☎ 04 93 62 47 00.

Nîmes
La Petite Bourse
2, bd Victor-Hugo.
☎ 04 66 67 44 31.

Saint-Jean-Cap-Ferrat
Somerset Maugham
Grand Hôtel de Cap-Ferrat,
bd Général-de-Gaulle.
☎ 04 93 76 50 50.

Villefranche
Chez Betty-La Régence
2, avenue Maréchal-Foch.
☎ 04 93 01 70 91.

PIQUE-NIQUE ET CASSE-CROÛTE

Aix-en-Provence
Béchard
12, cours Mirabeau.
☎ 04 42 26 06 78.

Chocolaterie Puyricard
47, Rue Rifle-Rafle.
☎ 04 42 21 13 26.

Arles
Boucherie Milhau
11, rue Réattu.
☎ 04 90 96 16 05.

Marseille
Bataille
18, rue Fontange.
☎ 04 91 47 06 23.

Le Four des Navettes
136, rue Sainte.
☎ 04 91 33 32 12.

Nice
Le Four à Bois
35, rue Droite.
☎ 04 93 80 50 67.

Thierry Auer
7, rue St-François-de-Paule.
☎ 04 93 85 77 98.

Nîmes
Au Flan Coco
31, rue du Mûrier d'Espagne.
☎ 04 66 21 84 81.

BOUTIQUES ET MARCHÉS

Tradition et vocation touristique font de la Provence une contrée de rêve pour les souvenirs : même le plus petit village compte souvent un artisan d'art. Les spécialités régionales vendues dans les épiceries fines attisent la tentation, et leur présentation dans de délicats emballages justifierait, presque à elle seule, leur achat. En zone rurale, le marché hebdomadaire est la grande occasion à ne pas manquer. Vêtements, antiquités et poteries y

Huile d'olive
de Provence

côtoient les tomates, les poivrons et les melons cueillis le matin même. Grâce aux musiciens de rue qu'ils attirent, les plus beaux marchés deviennent de véritables fêtes. Toutes les villes ont également des marchés, généralement quotidiens, parfois uniquement de produits alimentaires, mais les grandes agglomérations sont équipées de centres commerciaux et de nombreuses boutiques, entre autres certaines des plus luxueuses de France hors de Paris.

LES MARCHÉS

Le marché n'est pas en Provence une affaire aussi matinale que dans d'autres régions de France. Ne vous y précipitez pas dès l'aube, les commerçants ne finissent souvent de s'installer que vers 8 h 30. Ce qui laisse largement le temps de faire ses courses et de s'approprier les plus beaux produits avant l'heure de pointe, vers 11 h, où rien n'est plus agréable que de s'installer à une terrasse de café pour contempler la foule avec la satisfaction du devoir accompli.

En ville, marché général et marché alimentaire sont parfois séparés. Dans les villages et les bourgs, les éventaires se mélangent et vous trouverez aussi bien prêt-à-porter, artisanat, quincaillerie et tissus que fruits et légumes, aromates, fromages, viande, charcuterie et poissons. Il y aura toujours des fleurs et souvent des plantes en pot.

Parmi les innombrables marchés de Provence, même si la réputation de celui qui se tient cours Lafayette à Toulon (*p. 112*) n'atteint pas celle du marché d'Aix-en-Provence (*p. 148*) ou du cours Saleya à Nice (*p. 84*), il est probablement celui qui a le plus gardé sa truculence méridionale. De novembre à février se tient à Aups (*p. 104*) un marché aux truffes.

Fleurs séchées dans la vitrine d'une boutique de Saint-Tropez

HORAIRES D'OUVERTURE

Dans les grandes villes, les magasins restent souvent ouverts à midi et ne ferment qu'un jour par semaine. Sur la côte et dans les zones les plus touristiques, ils n'observent en général même pas cette fermeture hebdomadaire pendant l'été et restent pour certains ouverts en nocturne. Une coupure en début d'après-midi, l'heure la plus chaude, demeure cependant fréquente. À la campagne, la situation varie selon l'influence du tourisme sur la vie économique de la localité. Presque toujours, même en saison, les magasins ferment au moins le dimanche après-midi. En revanche, nombre des supermarchés locaux ouvrent le dimanche matin en juillet et en août.

Marchand d'olives
provençal

LES MAGASINS

Les grandes agglomérations urbaines possèdent toutes leurs hypermarchés et leurs zones commerciales, et rares sont les bourgs de plus de 5 000 habitants à ne pas avoir au moins un supermarché. En ville subsistent néanmoins quelques petites épiceries en libre-service en plus des magasins d'alimentation spécialisés tels que boulangeries, boucheries et marchands de fruits et légumes.

Sur la côte, hors des zones habitées en hiver, les estivants réticents à prendre leur voiture peuvent en général subvenir à tous leurs besoins dans de pittoresques échoppes vendant pêle-mêle journaux et articles de bazar, de plage et d'alimentation.

Il existe cinq FNAC, intégrées à des centres commerciaux, à Avignon, Nîmes, Marseille, Toulon et Nice.

Le marché aux fleurs et aux primeurs du cours Saleya à Nice

Épices et aromates sur le marché de Saint-Rémy-de-Provence

LE VIN

La Provence n'est pas la région viticole *(p. 206-207)* la plus réputée de France mais elle présente l'avantage de produire des vins très variés.

Coopératives et domaines offrent presque toujours la possibilité de déguster avant d'acheter (ou de ne pas acheter). Les coopératives, qui vinifient le raisin de nombreux petits producteurs, proposent des vins en général de bonne qualité mais sans grande originalité. Les domaines, aux prix en moyenne plus élevés, bien que beaucoup restent accessibles, sont souvent tenus par des passionnés. Par le choix de leurs cépages et de leurs techniques de vinification, certains obtiennent des résultats très personnels.

Outre des bouteilles, domaines comme coopératives vendent du vin en vrac (en bonbonnes ou cubitainers) d'un coût très intéressant. Ils se chargent, à demande, des expéditions.

LES SPÉCIALITÉS RÉGIONALES

L'engouement pour les tissus imprimés provençaux de marques comme **Mistral** et **Souleïado** dépasse largement le cadre de leur région d'origine mais peu de magasins offrent ailleurs un aussi large choix.

La majorité des boutiques qui commercialisent ces tissus vendent aussi d'autres spécialités telles qu'huile d'olive artisanale,

À consommer avec modération

savon de Marseille, sachets de lavande ou d'herbes de Provence, miel et fleurs séchées.

Si Grasse est célèbre pour ses parfums, Aix tire sa gloire des calissons, Allauch des suce-miels, Carpentras des berlingots et Apt des fruits confits.

Galerie improvisée sur le port de Saint-Tropez

ARTISANAT D'ART

Tourisme et artistes venus de l'extérieur ont relancé en Provence l'artisanat traditionnel. Les potiers de Vallauris ont ainsi profité de la notoriété de Picasso *(p. 72-73)* alors que renaissait la faïence de Moustiers où les fours s'étaient éteints pendant cinquante ans.

De nombreuses villes ont leur spécialité, Biot est célèbre pour sa verrerie, Cogolin pour ses tapis et ses pipes, Aubagne pour ses santons, Barjols pour ses galoubets et ses tambourins et Salernes pour ses « tomettes » de terre cuite.

Qu'acheter en Provence

De même que les boutiques de prêt-à-porter de Cannes ou de Saint-Tropez ne proposent pas une mode profondément différente de celle de Paris, les produits traditionnels de Provence sont aujourd'hui commercialisés à peu près partout en France. Achetés dans le cadre dont ils sont issus, ils acquièrent néanmoins une dimension sentimentale supplémentaire et leurs couleurs et leurs parfums réveilleront pendant les jours de pluie le souvenir de vacances ensoleillées. Un souvenir d'autant plus vif que vous aurez su en être les témoins les plus authentiques.

La lavande, symbole de
pureté et de fraîcheur

LES PARFUMS DE PROVENCE

Les parfums du Midi évoquent chaleur et soleil. Savon de Marseille à l'huile d'olive, bains moussants aux extraits aromatiques ou sachets de lavande séchée vous permettront de les emporter avec vous.

Savons de Marseille

Une spécialité de
Vallauris

Bain moussant
au tilleul

Sachets de lavande
séchée

Bain moussant
à la mauve

Verrerie
Le verre bullé de Biot (p. 74) a acquis une réputation mondiale. Vous pourrez sur place assister à sa fabrication et choisir parmi les plus belles pièces.

Poterie
Grès, terre rouge ou faïence, elle se présente sous maintes formes selon les traditions locales. Dans des villes comme Vallauris ou Moustiers, le pire côtoie souvent le meilleur.

Santons en terre cuite
De nombreuses boutiques offrent un vaste choix de ces petits personnages hauts en couleur. L'occasion de composer une crèche originale.

Bois d'olivier
D'un grain très fin et riche en texture, le bois d'olivier est un matériau de choix pour la fabrication d'ustensiles de cuisine.

Couteaux
La chasse reste une tradition vivace et de nombreux couteliers et armuriers offrent un large choix de tailles et de modèles dont celui-ci qui est un Opinel fabriqué à Cognin en Savoie.

Tissus provençaux
Ces imprimés colorés vendus au mètre ou déjà prêts à l'emploi utilisent des motifs vieux pour certains de plusieurs siècles.

LES SAVEURS DE PROVENCE
Petits producteurs et entreprises artisanales entretiennent un savoir-faire traditionnel dans la fabrication de spécialités culinaires dont la diffusion reste souvent locale. Un cadeau toujours apprécié des amis gourmands.

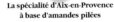

La spécialité d'Aix-en-Provence
à base d'amandes pilées

**Marrons glacés
des Maures**

Fromage de chèvre
mûri dans des feuilles
de châtaignier

Des conserves de qualité, la petite
touche qui aide à réussir un repas

La Provence en bouteille

Tout le parfum de la
cuisine nîmoise

Deux pâtes à tartiner
pour ensoleiller les petits déjeuners

SE DISTRAIRE EN PROVENCE

La Provence est en été le centre de la vie culturelle française et d'innombrables festivals, organisés jusque dans les plus petites localités, offrent à ses habitants et à ses visiteurs toutes les formes de spectacle. La région ne s'éteint pas pour autant en hiver, et il ne s'écoule pas un mois sans grandes manifestations *(p. 30-35)*, qu'il s'agisse de fêtes traditionnelles, de concerts ou de rencontres internationales. La période estivale finie, cependant, des villes balnéaires comme Juan-les-Pins ou Saint-Tropez perdent l'animation qui régnait dans leurs rues jusqu'au petit matin et la vie nocturne se concentre dans les grandes agglomérations. Les casinos restent toutefois ouverts toute l'année et seul un déluge peut empêcher les Provençaux de se livrer à leur passe-temps favori : la pétanque.

Au Festival d'Avignon

RENSEIGNEMENTS PRATIQUES

Dans chaque localité, l'office du tourisme vous informera des manifestations prévues pendant votre séjour. Certains mettent à disposition des magazines gratuits tels que *Taktik* à Marseille ou *7 sur 7* à Nice. Vous pouvez également consulter les quotidiens locaux et *La Semaine des spectacles*, programme hebdomadaire et complet des loisirs en région Provence-Alpes-Côte d'Azur.

ACHETER SON BILLET

S'il est toujours possible de tenter sa chance au guichet juste avant le spectacle, mieux vaut réserver sa place si l'on veut être sûr d'assister à une manifestation prestigieuse. Beaucoup ont lieu dans le cadre de festivals et les offices du tourisme vendent alors généralement des billets. Vous pouvez sinon vous rendre dans une **FNAC** ou au **Virgin Megastore** de Marseille.

THÉÂTRE

Le **théâtre de la Criée** de Marseille et le **théâtre de Nice** sont deux des plus grands centres dramatiques de France, mais plusieurs compagnies plus petites proposent également dans ces villes des créations de qualité et souvent novatrices.

En juillet, à côté des productions prestigieuses du **Festival d'Avignon** *(p. 35)*, des dizaines de troupes théâtrales indépendantes présentent leur travail. **Avignon Public Off** centralise pour elles les informations et vente de billets. Installée à l'année, la compagnie du **théâtre des Carmes** a acquis une réputation nationale.

DANSE

Avec des compagnies comme celles des **Bernardines** la danse est à l'honneur à Marseille dont l'École de Danse est dirigée par la chorégraphe Marie-Claude Pietra Galla. En novembre, le Festival international de Cannes *(p. 32)* attire un public de plus en plus nombreux.

OPÉRA ET MUSIQUE CLASSIQUE

Jusque dans les villages, musiciens et chanteurs profitent en été de l'acoustique des églises ou des monuments historiques tels que le théâtre romain d'Orange *(p. 31)* ou l'abbaye cistercienne du Thoronet *(p. 108)*. L'**Opéra de Nice**, un des meilleurs de France, joue souvent à guichets fermés et les plus grands chefs d'orchestre mondiaux viennent diriger l'orchestre de Monte-Carlo. Tous les étés, Toulon accueille de nombreux festivals de jazz et de musique classique.

Violoncelle

ROCK ET JAZZ

À Toulon, c'est au **Zenith-Oméga** que se produisent les vedettes attirant des milliers de spectateurs, tandis qu'à Marseille c'est le **stade-vélodrome** qui ouvre sa pelouse et ses gradins au public venu applaudir des *stars* comme les Rolling Stones.

Miles Davis, B. B. King, Nina Simone ou Ray Charles, les plus grands noms du jazz et du blues se sont produits et continuent à se retrouver dans les arènes de Cimiez *(p. 84)*

Miles Davis au Festival du Jazz des arènes de Cimiez

pour le **Festival de jazz** de Nice et dans la pinède de Juan-les-Pins pour **Jazz à Juan**. La beauté du cadre s'ajoute à leur talent pour créer des soirées inoubliables.

DISCOTHÈQUES ET BOÎTES DE NUIT

En été, les villes de la côte vivent toute la nuit et offrent aux noctambules un large choix de clubs où s'amuser et faire des rencontres. À côté des plus chic comme le **Jimmy'Z** à Monaco ou **Les Caves du Roy** à Saint-Tropez, de nombreux établissements tels le **Whisky à Gogo** de Juan-les-Pins et le **Blitz** de Cannes s'adressent à une clientèle plus jeune.

CINÉMA

Petit à petit, les cinémas ferment dans les villages mais des projectionnistes itinérants entretiennent dans certains la tradition des « tourneurs », présentant une fois par semaine dans la salle des fêtes un film généralement récent. Toutes les grandes villes comptent de nombreuses salles, mais rares sont celles qui proposent des films en version originale.

LES CASINOS

Il faut être majeur pour jouer, c'est à dire avoir 18 ans en France mais 21 ans dans la principauté de Monaco, y compris si l'on ne souhaite que glisser des pièces dans les

L'Open de tennis de Monte-Carlo

machines à sous. Pour pénétrer dans le prestigieux **Casino de Monte-Carlo**, il faut en outre acquitter un droit d'entrée de 8 €.

Parmi les autres établissements à l'architecture ou l'atmosphère intéressantes figurent le **casino de Beaulieu** et, à Cannes, le **casino Croisette**.

L'étincelant casino Belle Époque de Monte-Carlo

MANIFESTATIONS SPORTIVES

Le climat de la Provence se prête particulièrement bien aux sports de plein air et les tournois de tennis de Nice et de Monte-Carlo attirent chaque année les meilleurs joueurs mondiaux. Si le Grand Prix de Formule 1 de Monaco *(p. 30)* est en mai l'événement marquant du printemps, c'est le passage du Tour de France qui en juillet alimente toutes les passions. En hiver, parieurs et simples spectateurs encouragent leurs favoris lors des courses qui se déroulent de décembre à mars sur l'hippodrome de Cagnes-sur-Mer.

L'Olympique de Marseille, après quelques aléas, revient au sommet et, assister à un match parmi son public, reste une expérience unique. Les équipes de rugby de Toulon et de Nice ont su s'imposer parmi les meilleures de France.

LES COURSES DE TAUREAUX

Dans des villes comme Arles, Nîmes ou les Saintes-Maries-de-la-Mer, la saison tauromachique ou feria demeure le temps fort de l'année. Ponctuée d'abrivades, lâchers dans les rues de taureaux qui permettent aux gardians de démontrer leur adresse à réunir et diriger un troupeau, elle comprend pour l'essentiel des courses à la cocarde, aussi appelées courses camarguaises. Jeux d'adresse, elles consistent pour les participants, ou raseteurs, tout de blanc vêtus, à s'emparer d'un nœud de laine rouge, la cocarde, accroché entre les cornes du taureau. Elles ne s'achèvent pas par la mort de l'animal.
Les corridas espagnoles deviennent toutefois de plus en plus fréquentes, notamment dans de grandes arènes comme celles d'Arles ou de Nîmes. Affiches et programmes précisent cependant toujours s'il y aura mise à mort.

Affiche pour la feria de Nîmes par Francis Bacon

ACTIVITÉS SPORTIVES

Dans toutes les stations balnéaires, clubs privés ou publics proposent à ceux que tentent la voile, et à leurs enfants, des stages d'initiation, sur dériveurs ou planches à voile généralement, mais **France-Station-Voile** organise également des croisières d'une semaine.

Pour découvrir les merveilles se cachant au fond de la Méditerrannée, de nombreux clubs de plongée offrent aux néophytes la possibilité de prendre un « baptême de mer ». Suivre le sentier sous-marin de Port-Cros *(p. 114-115)* ne nécessite qu'un tuba, un masque et des palmes.

Les gorges du Verdon *(p. 184-185)* fournissent aux amateurs de canoë-kayak de magnifiques itinéraires de promenade mais attention aux passages dangereux ou infranchissables. Leurs parois impressionnantes constituent, à l'instar des falaises des Calanques de Marseille *(p. 153)*, de merveilleux défis pour les alpinistes. La pratique du vol à voile et du parapente se répand de plus en plus en Provence.

Si vous préférez garder les pieds sur terre, la région renferme une vingtaine de golfs, aux parcours et aux cadres d'une grande variété, tandis que même les plus petits villages possèdent presque tous des courts de tennis. En été, il faut cependant les réserver parfois longtemps à l'avance pour pouvoir jouer aux heures les plus fraîches, le matin et en soirée. Une partie de pétanque à l'ombre des platanes vous permettra de vous mêler aux gens du cru.

Pistes forestières ou chemins de grande randonnée, d'innombrables sentiers sillonnent les parties les plus belles et les plus sauvages de la Provence, notamment dans le parc national du Mercantour *(p. 97)*. En montagne, méfiez-vous cependant des orages qui peuvent se déclarer brutalement, en particulier en août.

Si la neige tombe parfois tard dans les stations de ski des Alpes du Sud telles qu'**Auron** et **Isola 2000** *(p. 96)*, elle tient le plus souvent jusqu'en avril.

La Camargue n'a plus le monopole des promenades à cheval, des ranchs en proposent dans toutes les zones rurales.

CARNET D'ADRESSES

VENTE DE BILLETS

FNAC
Avignon
19, rue de la République.
📞 04 90 14 35 35.
🌐 www.fnac.fr

Marseille
Centre commercial Bourse.
📞 04 91 39 94 00.

Nice
30, avenue Jean-Médecin.
📞 04 92 17 77 74.

Virgin Megastore
Marseille
75, rue Saint-Ferréol.
📞 04 91 55 55 00.
🌐 www.virgin.fr

THÉÂTRE ET DANSE

Avignon
Avignon Public Off
BP 5, 75521 Paris cedex 11.
📞 01 48 05 01 19.
🌐 www.avignon-off.org

Festival d'Avignon
8 bis, rue de Mons.
📞 04 90 22 66 50.
🌐 www.festival-avignon.com

Théâtre des Carmes
6, place des Carmes.
📞 04 90 82 20 47.

Marseille
Bernardines
15, bd Garibaldi.
📞 04 91 24 30 40.

Théâtre de la Criée
32, quai de Rive-Neuve.
📞 04 91 54 70 54.

Théâtre du Merlan
Avenue Raimu.
📞 04 91 11 19 21.

Nice
Théâtre de l'Alphabet
10, bd Carabacel.
📞 04 93 13 08 88.

Théâtre du Cours
Cours saleya.
📞 04 93 80 12 67.

Théâtre de la Semeuse
Rue du château.
📞 04 93 62 31 00.

OPÉRA ET MUSIQUE CLASSIQUE

Aix-en-Provence
Espace Forbin
3, place John-Rewald.
📞 04 42 21 69 69.

Marseille
Opéra municipal
2, place Ernest-Reyer.
📞 04 91 55 14 99.

Nice
CEDAC de Cimiez
48, av. de la Marne.
📞 04 93 53 85 95.

Forum Nice-Nord
10, bd Comte-de-Falicon.
📞 04 93 84 24 37.

Opéra de Nice
4, rue St-François-de-Paule.
📞 04 92 17 40 00.

Festival international de la musique
📞 04 94 18 53 00.

Grand Opéra-Théâtre
Bd de Strasbourg.
📞 04 94 92 70 78.

Toulon
CNCDC Châteauvallon
📞 04 94 22 74 00.
🌐 www.chateauvallon.com

ROCK

Marseille
Espace Julien
39, cours Julien.
📞 04 91 24 34 14.

Stade Vélodrome
Allées Ray-Grassi.
📞 04 91 29 14 50.

Toulon
Zenith-Oméga
Bd Commandant-Nicolas.
📞 04 94 22 66 77.

JAZZ

Aix-en-Provence
Hot Brass Club
Route d'Éguilles-Célony.
📞 04 42 21 05 57.

Le Scat
11, rue de la Verrerie.
📞 04 42 23 00 23.

Juan-les-Pins
Festival de jazz
Maison du Tourisme,
11, pl. de Gaulle, Antibes.
📞 04 92 90 53 00.
🌐 www.antibes-juan
lespins.com

Marseille
Le Zouk-Time
40, rue Plan-Fourmiguier,
quai de Rive-Neuve.
📞 04 91 55 06 69.

Le Pelle-Mêle
45, cours d'Estienne-d'Orves.
📞 04 91 54 85 26.

Nice
Bar des Oiseaux
5, rue St-Vincent
(jazz et café-théâtre).
📞 04 93 80 27 33.

Festival de jazz
Office du Tourisme,
5, prom. des Anglais.
📞 04 92 14 48 00.

DISCOTHÈQUES ET BOÎTES DE NUIT

Aix-en-Provence
La Chimère Café
15, rue Bruyès.
[04 42 38 30 00.

Avignon
Les Ambassadeurs Club
27, rue Bancasse.
[04 90 86 31 55.

Cannes
Le Blitz
22, rue Macé.
[04 93 39 05 25.

Disco 7
7, rue Rouguière.
[04 93 39 10 36.

Jimmy'Z
Casino Croisette,
Palais des Festivals.
[04 93 68 00 07.

Hyères
Le Fou du Roi
Casino des Palmiers.
Avenue Amboise Thomas
[04 94 12 80 80.

Le Rêve
Avenue Badine.
[04 94 58 00 07.

Juan-les-Pins
Le Village Voom Voom
1, bd de la Pinède.
[04 92 93 90 00.

Whisky à Gogo
Rue Jacques-Leonetti.
[04 93 61 26 40.

Marseille
L'Ascenseur
22, place Thiars.
[04 91 33 13 27.

Réal Club
1, rue Catalans.
[04 91 52 76 01.

Monaco
Jimmy'Z
26, av. Princesse-Grace.
[00 377 92 16 22 77.

The Box
39, av. Princesse-Grace.
[00 377 93 30 15 22.

Nice
La Palousa
29, rue Alphonse-Karr.
[04 93 82 37 66.

Saint-Tropez
Les Caves du Roy
Palace de la Côte d'Azur,
avenue Paul-Signac.
[04 94 97 16 02.

Papagayo
Résidence du Port
[04 94 97 07 56.

CINÉMA

Aix-en-Provence
Le Mazarin
6, rue Laroque.
[04 42 26 99 85.

Avignon
Utopia Cinéma
4, rue Escaliers-Sainte-Anne.
[04 90 82 65 36.

Marseille
Cinéma Chambord
283, av. du Prado.
[04 91 25 75 11.

Monte-Carlo
Le Sporting
Place du Casino.
[00 377 93 80 81 08.

Nice
Cinémathèque
3, esplanade Kennedy.
[04 92 04 06 66.

Mercury Cinéma
16, place Garibaldi.
[04 93 55 32 31.

Nîmes
Le Sémaphore
25a, rue Porte-de-France.
[04 66 67 88 04.

CASINOS

Cannes
Casino Croisette
Palais des Festivals.
[04 92 98 78 00.

Monaco
Casino de Monte-Carlo
Place du Casino.
[00 377 92 16 21 21.

Nice
Casino Ruhl
Promenade des Anglais.
[04 97 03 12 22.

COURSES DE TAUREAUX

Arles
Arènes d'Arles
Rond-Point des Arènes.
[04 90 49 36 36.

Nîmes
Les Arènes
Bd des Arènes
[04 66 76 72 77.

GOLF

Avignon
Golf Grand Avignon
Les Chênes verts, Vedène.
[04 90 31 49 94.

Cannes
Golf de Cannes
Route du Golf, Mandelieu.
[04 92 97 32 00.

Marseille
Golf de la Salette
65, impasse des Vaudrans.
[04 91 27 12 16.

CANOË-KAYAK

Joinville-le-Pont
Fédération française de canoë-kayak
87, quai de la Marne.
[04 45 11 08 50.

VOILE

Cannes
Station-Voile
Port du Mourré-Rouge.
[04 92 18 88 88.

Juan-les-Pins
ACM-Dufon Rivièra.
Port Gallice.
[04 93 61 20 01.

Paris
Fédération française de voile
29, rue de Sèvres, 75006.
[01 45 44 04 78.

PLONGÉE

Marseille
Fédération d'études et de sports sous-marins
24, quai de Rive-Neuve.
[04 91 33 99 31.

Nice
Centre inter de Plongée
2, ruelle des Moulins.
[04 93 55 59 50.

PARAPENTE

Nice
Fédération française de vol libre
4, rue de Suisse.
[04 97 03 82 82.

ÉQUITATION

Marseille
Centre équestre Pastré
33, traverse de Carthage.
[04 91 73 72 94.

SKI

Auron
Office du tourisme
[04 93 02 41 96.

Isola 2000
Office du tourisme
[04 93 23 15 15.

TENNIS

Marseille
ASPTT Tennis
La Fouragère
38, av. Van Gogh.
[04 91 93 17 93.

Nice
Nice Leader Apollo
66, route de Grenoble,
[04 97 25 76 80.

CENTRES SPORTIFS

Avignon
Parc des sports
Av. Pierre de Coubertin.
[04 90 87 15 52.

Marseille
Palais des sports
83, rue Raymond-Teisseire.
[04 91 17 30 40.

Nice
Palais des sports
Esplanade de-Lattre-de-Tassigny.
[04 93 80 80 80.

RENSEIGNEMENTS PRATIQUES

LA PROVENCE MODE D'EMPLOI 228-237

SE DÉPLACER EN PROVENCE 238-245

LA PROVENCE MODE D'EMPLOI

Signalisation des offices de tourisme

Les premiers touristes à fréquenter le midi de la France venaient en hiver profiter de la douceur du climat de la Côte d'Azur, mais c'est l'été, de mi-juin à mi-septembre, qui est aujourd'hui la principale période d'affluence. À l'instar des autochtones, les estivants choisissent pour la plupart le littoral. La population d'une ville comme Saint-Raphaël quadruple au mois d'août. Une telle concentration ne va pas sans quelques problèmes, de circulation automobile notamment. Si les analyses de ces dernières années montrent que l'eau des plages reste en général propre, passer de longues heures au soleil est éprouvant pour le corps. En cas de problème, vous aurez cependant à votre disposition la plus forte densité de médecins de France.

Moins fréquenté et moins urbanisé, l'arrière-pays ne connaît pas les foules du littoral bien qu'il présente, de la plaine de la Durance jusqu'à la haute montagne, un vaste choix de paysages. Lacs, rivières ou simples piscines municipales, des points d'eau permettent partout de se rafraîchir pendant les grosses chaleurs.

Les joies de la plage à Nice

QUAND PARTIR

Pour ceux qui ne suivent pas les rythmes scolaires, juin et septembre sont les deux meilleurs mois pour venir profiter de la mer. L'eau est un peu plus fraîche mais les plages sont moins bondées. L'animation, dans les boîtes de nuit en particulier, n'atteint cependant pas l'intensité qu'elle connaît au cœur de l'été. Juillet est par excellence le mois des festivals. La tradition veut que le premier orage se déclenche le 15 août.

Toutes les saisons se prêtent à la découverte de la Provence intérieure, mais si vous envisagez de longs déplacements en voiture, notamment avec des enfants, n'oubliez pas qu'il fait très chaud en été. Mai est probablement le plus beau mois de l'année, mais l'automne, saison des champignons, a aussi beaucoup de charme.

C'est l'hiver qui possède la plus belle lumière. Elle donne tout leur éclat à des manifestations comme le carnaval de Nice ou la fête du citron de Menton. Dans les plus hautes stations de montagne, la saison de ski dure jusqu'à la mi-avril.

LES INFORMATIONS TOURISTIQUES

Toutes les villes du Midi et nombre de villages possèdent des structures d'accueil et de renseignements touristiques : les offices du tourisme et syndicats d'initiative, OTSI en abrégé. La Fédération nationale des offices du tourisme en regroupe 3 400 sur le territoire français. Ils sont classés en quatre catégories (1 à 4 étoiles) selon leur implantation, rurale ou urbaine, leur nombre d'employés, les heures d'ouverture, etc.

Les services qu'ils proposent varient selon leur importance mais comprennent en général des propositions d'itinéraires touristiques, des adresses d'hébergement ou de restauration et la mise à disposition de plans de ville, de brochures et de dépliants sur les curiosités architecturales, archéologiques, culturelles ou festives de la région. Certains prennent en charge les réservations hôtelières ou vendent des ouvrages ayant trait à un monument ou à la vie et à l'histoire locales.

En ville, le bureau de tabac est toujours un bon endroit où se renseigner sur une adresse.

Informations touristiques à Villecroze

Pendant le Festival d'Avignon

LES TARIFS DE VISITE

L a plupart des musées et monuments publics perçoivent un droit d'entrée de 1,5 à 6 €, mais ils offrent la gratuité aux enfants et des réductions aux étudiants et aux jeunes de moins de 26 ans titulaires de la Carte jeune internationale (se renseigner auprès des différentes antennes du CIDJ).

LES HORAIRES D'OUVERTURE

L e jour de fermeture des musées et monuments nationaux est le mardi, mais celui des musées municipaux est souvent le lundi. Les établissements

Billets de musées provençaux

privés restent pour la plupart ouverts tous les jours en saison. Pour plus de sûreté, téléphonez, les rubriques détaillées de ce guide donnent les numéros des lieux de visite décrits.

Accessibles en général toute la journée dans les grandes villes, les églises, pour éviter les pillages, n'ouvrent souvent en campagne que pour les offices religieux.

En été dans les stations balnéaires, de nombreux magasins restent ouverts en nocturne. Pour les banques, *voir p. 232.*

LES FACILITÉS POUR LES HANDICAPÉS

S i dans les grandes villes, les trottoirs ont généralement été abaissés, ou certains passages protégés surélevés, pour faciliter la circulation en fauteuils roulants, nombre de sites touristiques, d'hôtels et de restaurants sont mal équipés pour accueillir les handicapés.

Les personnes à mobilité réduite se renseigneront auprès de l'Association des paralysés de France *(p. 193),* du Comité national français de liaison pour la réadaptation des handicapés (CNLFRH) et les Centres d'information et de documentation jeunesse (CIDJ). Les aveugles peuvent se tourner en outre vers des organisations telles que l'association Valentin-Haüy, ou HORUS, notamment pour connaître les monuments dotés de signalisation sonore.

Des ouvrages comme le Guide Rousseau *H comme handicaps* (édité par France H) et le guide des *Gîtes accessibles à tous* publié par les Gîtes de France *(p. 192)* constituent également des sources intéressantes d'informations.

Marseille
Office municipal pour handicapés et inadaptés 128, avenue du Prado.
📞 04 91 81 58 80.

Nice
Association HORUS 31, bd de Stalingrad.
📞 04 93 88 77 75.
GIHP (Groupement pour l'insertion des handicapés physiques) 18, av. Trident 06300 Nice.
📞 04 93 19 51 61.

Paris
CNFLRH (Comité national français de liaison pour la réadaptation des handicapés) 236 bis, rue de Tolbiac 75013 Paris.
📞 01 53 80 66 66.
Point Handicap
📞 01 53 80 66 77.
Minitel 3615 *HANDITEL*
Association des paralysés de France
17, bd Auguste-Blanqui 75013 Paris 📞 01 40 78 69 00.
Association Valentin-Haüy, 64, rue Petit 75019 Paris
📞 01 42 41 33 32.

Bureau de tabac

Santé-sécurité

La Provence et la Côte d'Azur ont des services hospitaliers particulièrement performants. C'est aussi une des régions qui connaît aujourd'hui le plus de délits. Il s'agit pour l'essentiel de petite délinquance qui ne justifie que des précautions simples : éviter les quartiers déserts la nuit, ne pas laisser de documents ou d'objets précieux dans les voitures et se montrer vigilant dans la foule, en particulier dans les zones très touristiques, les plus prisées des pickpockets. Contrairement à une idée reçue, Nice a un plus haut taux de criminalité que Marseille.

Gendarme	**Pompier**

L'ASSISTANCE

En cas d'agression ou de problème de sécurité, pensez immédiatement à regarder autour de vous pour faire appel à d'éventuels témoins, notamment s'il s'agit d'un accident de voiture, puis téléphonez au 17 (police).

En cas de vol, faites une déclaration au commissariat de police ou à la gendarmerie.

Toute déclaration de perte ou de vol de papiers s'effectue à la mairie qui remet un récépissé. Pour obtenir une nouvelle pièce d'identité, il faut fournir ce récépissé en plus des documents exigés pour une première demande.

Si c'est votre carte bancaire qui disparaît, prévenez aussitôt votre centre de gestion *(p. 232)*. En cas de perte ou de vol d'un chéquier, il faut s'adresser à sa propre agence bancaire pour faire opposition. La démarche sera facilitée si vous avez pris la précaution de noter son numéro de téléphone.

LA SANTÉ

En cas d'urgence, appelez le Samu (Service d'aide médicale d'urgence) par le 15, ou les sapeurs-pompiers par le 18, très présents à la campagne

Ambulance

Voiture de pompiers

Voiture de police

et tout à fait capables de dispenser les soins d'urgence et d'acheminer les blessés vers un établissement spécialisé. Pensez à baliser autant que possible les abords d'un accident, avec un triangle ou à défaut des branchages. Indiquez immédiatement par téléphone le lieu exact de l'accident et le nombre de blessés.

Sauf danger immédiat (incendie surtout), ne sortez pas un blessé d'un véhicule avant l'arrivée des secours. Évitez de déplacer un accidenté si vous n'avez pas de notions de secourisme, mieux vaut arrêter ou détourner la circulation.

En plus des problèmes dermiques aux conséquences généralement bénignes, les estivants s'exposent plus particulièrement dans le Midi à deux affections qui peuvent s'avérer beaucoup plus graves et demandent des soins urgents : l'insolation et les phénomènes de déshydratation chez l'enfant, dus à la chaleur, notamment en voiture. En été, pensez à ne jamais manquer d'eau et à surveiller les nourrissons.

S'il ne faut pas hésiter à consulter les services d'urgences des hôpitaux en cas de problèmes de santé graves, pour un simple bobo, le pharmacien saura vous conseiller et vous donner les adresses des médecins des environs. Vous trouverez sinon dans les Pages jaunes de l'annuaire (à « Médecins ») la garde départementale des médecins généralistes. Celle des ambulanciers (ATSU) se joint directement ou par le 15 (Samu). Pendant leurs heures et jours de fermeture, les pharmacies affichent sur un panneau fixé à la porte le nom de l'officine de garde la plus proche.

EN PLEIN AIR

Partout en Provence des panneaux vous rappellent de prendre garde au feu. Ces avertissements n'ont rien de superflu. Certaines années, à partir de la fin du printemps, 4 mois s'écoulent sans que tombe une goutte d'eau. Un rien peut alors embraser les sous-bois. En 1994, 870 incendies ont été combattus sur 1812 hectares. Respectez les consignes : ne fumez pas en forêt et ne jetez pas de mégots de votre voiture, n'allumez pas de feux de camp ou de camping-gaz et ne jetez pas de bouteilles de verre en

Soyez très prudents

pleine nature. Même s'il a agi sans intention de nuire, l'auteur d'un feu est passible de lourdes sanctions pénales.

Bien que moins dangereuses que celles de l'Atlantique, les plages de la Méditerranée n'autorisent cependant pas une totale insouciance et mieux vaut se fier aux indications des drapeaux des services de surveillance (vert, baignade autorisée ; orange, baignade dangereuse ; rouge, baignade interdite). Le vent est à l'origine de la plupart des interventions de sauvetage : matelas pneumatiques ou planches à voile entraînés au large, plaisanciers surpris en mer par un brusque changement climatique...

Ces changements climatiques surviennent également en montagne et la prudence exige, avant de partir en course ou en randonnée, de consulter les prévisions météorologiques (répondeurs départementaux de Météo France ou services Minitel). Autre précaution indispensable : prévenir les autorités compétentes, ou au moins les proches, de son plan de route.

Pendant la période de la chasse, les promeneurs avisés portent des vêtements voyants.

LES TOILETTES PUBLIQUES

Les antiques, pittoresques mais insalubres vespasiennes ont disparu dans les grandes villes. Des toilettes payantes les remplacent, installées le plus souvent sur les trottoirs. Ces sanisettes sont équipées d'un système de nettoyage et de désinfection automatique et ne doivent pas être utilisées par des enfants de moins de dix ans non accompagnés. Dans beaucoup d'agglomérations, la seule autre solution consiste à se servir des toilettes d'un café mais de plus en plus d'établissements en font payer l'accès.

1 Insérez la pièce de monnaie.

2 Le voyant indique si les toilettes sont libres ou occupées.

3 Appuyez sur le bouton pour ouvrir la porte.

CARNET D'ADRESSES

TÉLÉPHONES D'URGENCE

Centre anti-poison (Marseille)
04 91 75 25 25.

Sapeurs-pompiers
18.

Police et gendarmerie
17.

Samu
15.

Météorologie nationale
08 36 68 02 XX.
XX étant le numéro minéralogique départemental Minitel *3615 METEO* ou *3615 EOLE.*

SERVICES D'URGENCE HOSPITALIERS

Avignon
Hôpital de la Durance,
305, rue Raoul-Follereau.
04 90 80 33 33.

Cannes
Hôpital Les Broussailles
13, av. des Broussailles,
04 93 69 71 50.

Digne
Centre hospitalier
Qu. Saint-Christophe
04 92 30 15 15.

Fréjus
Hôpital intercommunal
605, av. André-Léotard
04 94 40 21 21.

Marseille
La Conception,
147, boulevard Baille.
04 91 38 36 52.

Nice
Hôpital Saint-Roch,
5, rue Pierre-Dévoluy.
04 92 03 33 75.

Nîmes
5, rue Hoche
04 66 68 68 68.

Toulon
Centre Hospitalier Intercommunal
1208, av. Colonel-Picot,
04 94 61 61 61.

Banques et monnaies

Les principales banques sont bien représentées en Provence et sur la Côte d'Azur et possèdent une agence dans chaque ville et souvent plusieurs dans les agglomérations importantes. En zone rurale, c'est généralement le Crédit agricole qui reste le mieux implanté, mais il a perdu son monopole. Dans les plus petits villages, le guichet de La Poste constitue parfois le dernier recours. Comme partout en France, l'usage de la carte de paiement se substitue de plus en plus à celui des chèques ou des espèces.

CHANGE
CAMBIO-WECHSEL

Enseigne d'un bureau de change

LE CHANGE

Pour les visiteurs appartenant à l'Union européenne, le change est inutile puisque l'euro a cours légal dans l'ensemble de la zone. Les ressortissants extérieurs à l'euro devront quant à eux échanger leurs devises auprès des banques, guichets de poste et bureaux de change situés dans les gares, aéroports et grands sites touristiques. Attention, une commission libre est prélevée à chaque opération de change.

HORAIRES DES BANQUES

La majorité des banques sont ouvertes du lundi au vendredi ou du mardi au samedi de 8 h 30 ou 9 h 00 jusqu'à 17 h 00. Dans les grandes villes, elles restent souvent ouvertes entre 12 h et 14 h, tandis que dans les petites localités la pause du déjeuner reste sacrée. Les veilles de jours fériés, la plupart des agences ferment à midi.

LES CHÈQUES DE VOYAGE

Émis par American Express, Thomas Cook ou votre banque habituelle, les chèques de voyage constituent un moyen sûr de transporter de l'argent car ils sont immédiatement remplacés en cas de vol. Ceux de l'American Express sont les plus largement acceptés et cette société ne prélève pas de commission lorsqu'ils sont échangés dans ses bureaux. Les agences à l'étranger du Crédit Lyonnais délivrent des chèques de voyage libellés en francs et offrent généralement le meilleur taux de change à l'étranger.

TABLEAU DE CONVERSION

Le tableau suivant présente un guide simple de conversion (euros/francs). Les valeurs sont arrondies afin d'en faciliter l'utilisation.

EUROS	FRANCS
1	6, 5
5	33
10	65
20	130
25	165
50	330
75	495
100	650
125	820
150	980
175	1145

DISTRIBUTEURS ET CARTES DE PAIEMENT

L'implantation des distributeurs automatiques de billets se poursuit, y compris en zone rurale, et, avec une carte bancaire, il est désormais possible de retirer de l'argent liquide 24 h sur 24 h dans nombre des villages les plus importants. Attention cependant aux week-ends et aux grands ponts où ils finissent parfois vides.

Pour les paiements, c'est la carte Visa qui est la plus répandue mais les hôtels et restaurants habitués à recevoir une clientèle étrangère acceptent aussi les cartes American Express et Diner's Club.

L'EURO

L'euro, la monnaie unique européenne, est aujourd'hui en circulation dans 12 pays sur les 15 États membres de l'Union européenne. L'Allemagne, l'Autriche, la Belgique, l'Espagne, la Finlande, la France, la Grèce, l'Irlande, l'Italie, le Luxembourg, les Pays-Bas et le Portugal ont changé leur monnaie. La Grande-Bretagne, le Danemark et la Suède ont préféré la conserver, avec la possibilité de revenir sur leur décision.

Les pièces et les billets ont été mis en circulation le 1er janvier 2002. Le franc français a été retiré le 17 février 2002 sur le territoire métropolitain. L'euro s'utilise partout dans les pays de la zone euro.

Billets de banque
Les billets existent en sept coupures. Le billet de 5 € (gris) est le plus petit, suivi de ceux de 10 € (rouge), 20 € (bleu), 50 € (orange), 100 € (vert), 200 € (brun-jaune) et 500 € (violet). Tous les billets arborent les douze étoiles de l'Union européenne.

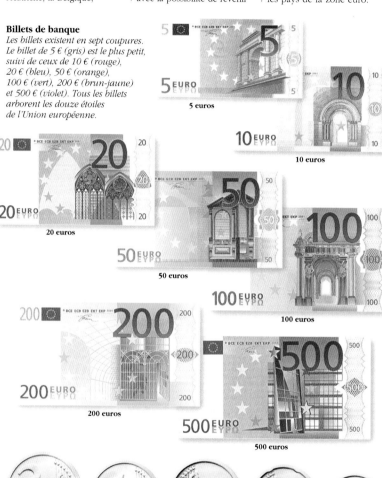

5 euros

10 euros

20 euros

50 euros

100 euros

200 euros

500 euros

2 euros

1 euro

50 cents

20 cents

10 cents

Pièces
Il existe 8 pièces en euros et en cents : 2 € et 1 € ; 50 cents, 20 cents, 10 cents, 5 cents, 2 cents et 1 cent. Les pièces de 2 et 1 euros sont de couleur argent et or. Celles de 50, 20 et 10 cents sont dorées. Celles de 5, 2 et 1 cents sont de couleur bronze.

5 cents

2 cents

1 cent

Les communications et La Poste

Enseigne des cabines publiques

Le « 22 à Asnières » est un vieux souvenir, comme appartient au passé l'époque où il fallait attendre deux ans l'installation d'une ligne de téléphone. Une semaine suffit aujourd'hui, preuve des progrès considérables effectués dans ce domaine par la France, devenue l'un des pays à l'avant-garde de la téléphonie. Jusque dans les villages, les téléphones publics fonctionnent de plus en plus souvent avec des cartes.

La Poste a changé de statut en 1991. En obtenant une plus grande autonomie de gestion, elle propose de nouveaux services et un nouvel espace d'accueil.

La couleur si caractéristique des boîtes à lettres date des années 60

POUR UTILISER UN PUBLIPHONE À CARTE

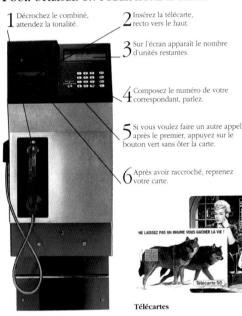

1 Décrochez le combiné, attendez la tonalité.

2 Insérez la télécarte, recto vers le haut.

3 Sur l'écran apparaît le nombre d'unités restantes.

4 Composez le numéro de votre correspondant, parlez.

5 Si vous voulez faire un autre appel après le premier, appuyez sur le bouton vert sans ôter la carte.

6 Après avoir raccroché, reprenez votre carte.

Télécartes

LE TÉLÉPHONE

S'il existe encore des téléphones publics fonctionnant avec des pièces de 1, 2, 5 et 10 F, ils disparaissent peu à peu au profit des publiphones à carte. Ceux-ci acceptent non seulement les télécartes vendues dans les bureaux de tabac et les postes qui donnent leur prix, selon leur prix, à un crédit de 50 ou de 120 unités, mais aussi la Carte France Télécom souscrite par les abonnés souhaitant régler les communications passées lors de déplacement en même temps que la facture de leur propre ligne, ainsi que la carte de crédit.

Appareils à carte ou à pièces permettent tous deux de contacter gratuitement les services d'urgence (Samu, police et pompiers). Ceux des cabines possèdent un numéro, affiché, qui permet de se faire rappeler. Le PCV n'existe plus en France.

Dans les cafés, les appareils à pièces restent la règle. Tous les bureaux de postes proposent des appareils à pièces mais offrent en outre la possibilité, en passant par le guichet, de demander un numéro et de régler la communication après avoir raccroché. Ils mettent également à disposition des Minitel permettant de consulter gratuitement l'annuaire électronique. Dans les hôtels, les communications font l'objet d'un supplément de prix parfois élevé.

TÉLÉPHONE MOBILE

Si vous possédez un téléphone mobile, il risque de ne pas fonctionner dans certaines zones reculées ou en montagne. Partout ailleurs, la plupart des nouveaux téléphones mobiles achetés dans un autre pays européen ou méditerranéen peuvent être utilisés. Il suffit de le signaler à son réseau, avant son départ, qui s'étend alors selon son désir. Les appels internationaux émis depuis un téléphone mobile sont chers.

LA NOUVELLE NUMÉROTATION TÉLÉPHONIQUE

La numérotation téléphonique française est de dix chiffres, les deux premiers indiquant la zone géographique :
01 pour l'Île-de-France,
02 pour le Nord-Ouest,
03 pour le Nord-Est,
04 pour le Sud-Est et
05 pour le Sud-Ouest.
Le 00, est destiné aux communications internationales, suivi du code du pays.

Le Minitel

Lancé en 1984 après une phase d'expérimentation, ce petit terminal informatique a su s'imposer auprès de millions d'abonnés au téléphone. Certains hôtels et quelques bureaux de poste mettent à disposition des Minitel permettant non seulement de consulter l'annuaire, mais aussi de se connecter sur des centres serveurs. Une possibilité bien pratique pour effectuer des réservations, notamment de train ou d'avion *(p. 238-241)*.

La Poste

Fondés en 1889, les PTT n'existent plus, Télécommunications et services postaux dépendant désormais de deux organismes indépendants. La Poste, qui emploie environ 300 000 personnes et compte 17 000 bureaux où l'accueil a été amélioré, assure un service fiable (hors périodes de grève) : les trois quarts des lettres affranchies au tarif normal (3 F jusqu'à 20 g au 1er mai 1995) arrivent le lendemain à un destinataire situé sur le territoire métropolitain. Nettement plus coûteux, Distingo, Colissimo et Chronopost garantissent des délais d'acheminement.

De plus en plus de bureaux de poste possèdent des distributeurs automatiques de timbres et des machines à affranchir. N'oubliez pas si vous les utilisez pour une lettre de plus de 20 g qu'elle doit porter la mention « LETTRE ».

Quelques numéros utiles

- Renseignements pour la France et les DOM : 12
- Renseignements pour l'étranger et les DOM : 00 33 12 + indicatif du pays
- Dérangements : 13
- Pour envoyer un télégramme par téléphone : 36 55 36 56 par Minitel
- Pour joindre l'horloge parlante : 36 99
- Pour vous faire réveiller par téléphone : 36 88

Le courrier en poste restante doit porter le nom du destinataire, la mention « POSTE RESTANTE », le nom du bureau de poste, celui de la ville et le code postal. De nombreux bureaux de poste offrent en outre la possibilité d'expédier et de recevoir des télécopies. Pour les retirer, comme pour retirer du courrier en poste restante, il faut présenter

La presse étrangère en Provence

une pièce d'identité.

Celle-ci est également nécessaire pour demander la réexpédition de son courrier, une démarche qui coûte 110 F et exige environ 4 jours avant de devenir effective.

Eurochèques et comptes chèque postaux permettent de retirer de l'argent liquide aux guichets de La Poste, une possibilité parfois bien utile en zone rurale.

Les codes postaux

Chaque localité dispose d'un code postal à 5 chiffres en application depuis 1972. Ce numéro doit figurer sur l'enveloppe avant le nom de la commune sur la même ligne. Les deux premiers chiffres correspondent au numéro minéralogique du département, les trois autres au bureau distributeur. Dans les chefs-lieux de département, qui comptent le plus souvent plusieurs bureaux distributeurs, ces trois numéros commencent au 000. À Marseille, ils correspondent aux numéros d'arrondissements.

Numéros minéralogiques des départements provençaux

Alpes-de-Haute-Provence	04
Alpes-Maritimes	06
Bouches-du-Rhône	13
Var	83
Vaucluse	84

Les journaux étrangers

Leur distribution varie grandement selon les régions, mais, même en zone rurale, les maisons de la presse importantes en proposent. Si le *Soir*, la *Tribune de Genève*, le *Financial Times*, le *Guardian* et l'*International Herald Tribune* peuvent en général s'acheter le jour de leur parution, les autres n'arrivent pour la plupart que le lendemain. Un délai moins gênant pour les magazines que pour les quotidiens.

Comment se connecter au Minitel

Pour accéder à l'annuaire électronique, composez le 3611 (service gratuit pendant les 3 premières minutes) ; pour joindre un autre serveur, composez le numéro à 4 chiffres (3614, 3615, etc.), attendez la tonalité, appuyez sur Connexion/Fin, raccrochez et tapez le code du service. Le guide des services se consulte par le 3614 code MGS. Certains d'entre eux possèdent désormais des numéros à 8 chiffres. Appuyez sur Connexion/Fin pour interrompre la consultation.

LA PRESSE FRANÇAISE

Tous les grands quotidiens nationaux comme *Le Monde, Le Figaro, Infomatin, La Croix, Libération* ou *Le Parisien* arrivent dès le matin chez les marchands de journaux partout en Provence et sur la Côte d'Azur, mais c'est la presse quotidienne régionale qui compte le plus de lecteurs. Cinq principaux titres se les partagent : *Nice Matin* dans les Alpes-Maritimes, *Le Var-Nice Matin* et *Var Matin* dans le Var, *Le Provençal* et *Le Méridional* dans les Bouches-du-Rhône et *Le Provençal, Le Méridional* et *Le Dauphiné Libéré* dans le Vaucluse et les Alpes-de-Haute-Provence. Tous ces journaux se déclinent sous forme d'éditions locales offrant une large place à la vie quotidienne, sociale et culturelle. Organe de presse du parti communiste, *La Marseillaise* est en perte de vitesse.

LA RADIO ET LA TÉLÉVISION

En zone rurale, et notamment en montagne, la diffusion des chaînes câblées n'est pas partout parfaitement assurée. TF1, France 2, France 3, M6 et La 5/Arte sont gratuites tandis que Canal + et le câble nécessitent un abonnement, et l'installation d'une antenne parabolique. En ville, presque tous les hôtels aujourd'hui proposent les programmes du câble.

Les journaux régionaux de France 3 (à 12 h et 19 h) offrent un aperçu intéressant de l'actualité locale et comprennent souvent des reportages sur des personnalités régionales et des sites typiques ou pittoresques. Reçu jusqu'à Toulon, Orange et Barcelonnette, c'est celui de France 3 Marseille qui compte le plus de téléspectateurs. Les habitants de l'Est varois (y compris de certains quartiers de Toulon) et des Alpes-Maritimes suivent les informations données par France 3 Nice, les Nîmois, celles de France 3 Montpellier.

La radio connaît en montagne les mêmes aléas que la télévision par diffusion hertzienne et le choix de stations en FM s'en trouve souvent extrêmement réduit. Près des grandes villes règne en revanche l'abondance, de nombreuses radios locales concurrençant les réseaux nationaux. Parmi celles-ci, les antennes locales de Radio France, Radio France Provence (130.6 dans les Bouches-du-

Les mineurs de moins de 17 ans ne peuvent importer du tabac ou de l'alcool

Rhône, 102.9 dans le Var), Radio France Vaucluse (100.4, 98.8 et 88.6) et Radio France Gard (90.2) diffusent des émissions d'information sur la vie culturelle dans les zones qu'elles couvrent.

LES SPECTACLES

Hebdomadaire, le guide des loisirs *La Semaine des Spectacles* offre un large aperçu des manifestations et des activités proposées dans la région Provence-Alpes-Côte d'Azur. Les quotidiens régionaux, les radios privées locales, les stations locales de Radio France et les journaux d'information régionaux de France 3 constituent aussi de bonnes sources de renseignements.

De nombreux magazines et quotidiens nationaux évoquent également les programmes des grands festivals d'été. L'offre est si foisonnante pendant cette saison, jusque dans les villages, qu'il n'est pas inutile de surveiller les affiches ou de se renseigner auprès des offices du tourisme.

LA DOUANE ET L'IMMIGRATION

Les ressortissants de l'Union européenne et les citoyens helvétiques et canadiens n'ont pas besoin de visa pour effectuer un séjour touristique en France. Au-delà de trois mois un visa est obligatoire. Une pièce d'identité et, éventuellement, une autorisation parentale de sortie du territoire sont requises pour les mineurs accompagnant.

Disponible en boutiques duty free

Fin de matinée dans une rue commerçante du Vieux-Nice

Exonération de TVA

Les visiteurs n'appartenant pas à l'Union européenne (UE) peuvent demander le remboursement de la TVA pour tout achat supérieur à 300 € destiné à l'exportation dans un délai de trois mois. Le magasin, qui doit vous fournir un formulaire de détaxe, vous renseignera sur les formalités.

Carte internationale d'étudiant

Certains biens ne donnent pas droit à cette détaxe : les produits alimentaires et les boissons, les médicaments, les automobiles et les motos (à la différence des bicyclettes).

Franchise de douane

Jusqu'au 31 juin 1999, les ressortissants de l'UE peuvent importer en France sans frais de douane jusqu'à 5 l de vin et 2,5 l de spiritueux titrant plus de 22°, ou 3 l titrant moins de 22°, 75 g de parfum, 1 kg de café, 200 g de thé et 200 cigarettes. Pour les autres visiteurs, ces limites sont de 2 l de vin et 1 l de spiritueux ou 2 l titrant moins de 22°, 50 g de parfum, 500 g de café, 100 g de thé et 200 cigarettes. Les mineurs de moins de 17 ans ne sont pas autorisés à importer de l'alcool ou du tabac en franchise de douane.

Outre ces produits, peuvent entrer en France sans taxe d'importation tous les biens à usage manifestement personnel (automobile ou bicyclette, par exemple). En cas de doute ou si vous désirez plus d'informations, contactez les services de renseignements des douanes.

Les étudiants

Les titulaires d'une carte d'étudiant en cours de validité peuvent bénéficier de réductions de 25 % à 50 % dans les théâtres, musées, cinémas et principaux monuments. Situés dans les grandes villes universitaires de la région, Nice, Marseille et Aix, les bureaux ou centres d'information jeunesse *(p. 229)* tiennent à disposition

Prise électrique

une importante documentation sur les activités, notamment sportives, artistiques et culturelles, proposées pendant les vacances scolaires ainsi que des listes de séjours ou d'hébergements bon marché. La Carte Jeune peut également procurer certains avantages.

Électricité

Si les prises électriques obéissent en France aux normes européennes (courant alternatif 220 volts), elles peuvent parfois poser problèmes aux visiteurs anglo-saxons. Certains hôtels disposent pour les rasoirs électriques de fiches comportant des adaptateurs incorporés.

Services religieux

La Provence est par tradition catholique mais les principales religions y possèdent leurs lieux de culte.

CARNET D'ADRESSES

RENSEIGNEMENTS DOUANIERS

Centre des renseignements des Douanes, Paris
84, rue d'Hauteville 75010 Paris.
℡ 01 53 24 68 24.

Nice
18, rue Tonduti-de-l'Escarène.
℡ 04 93 13 78 13.

Marseille
48, av. Robert-Schuman.
℡ 04 91 14 14 91.

AMBASSADES ET CONSULATS

Belgique
5, rue Gabriel-Fauré
06046 Nice Cedex 1.
℡ 04 93 87 79 56.

Canada
35, av. Montaigne 75008 Paris. ℡ 01 44 43 29 00.

Luxembourg
33, av. Rapp 75007 Paris.
℡ 01 45 55 13 37.

Suisse
7, rue d'Arcole 13291 cedex 6 Marseille.
℡ 04 96 10 14 10.

AUBERGES DE JEUNESSE

Aix
Av. Marcel-Pagnol, Jas de Bouffan.
℡ 04 42 20 15 99.

Avignon
(Villeneuve-lès-Avignon)
7 bis, chemin de la Justice.
℡ 04 90 25 46 20.

Marseille
Château de Bois-Luzy,
Allée des primevères.
℡ 04 91 49 06 18.

Quartier Bonneveine, impasse du Dr-Bonfils.
℡ 04 91 73 21 81.

Nice
Mt Alban, route Forestière du Mt-Alban.
℡ 04 93 89 23 64.

Clairvallon, 26, av. Scudéri.
℡ 04 93 81 27 63.

Espace Magnan (ouvert seulement en été)
31, rue Louis-de-Coppet.
℡ 04 93 86 28 75.

SERVICES RELIGIEUX

Catholique
Cathédrale Sainte-Réparate
Pl. Rossetti, Nice.
℡ 04 93 62 34 40.

Basilique Notre-Dame-de-la-Garde, rue Fort du Sanctuaire, Marseille.
℡ 04 91 13 40 80.

Orthodoxe russe
Cathédrale orthodoxe russe
av. Nicolas II, Nice.
℡ 04 93 96 88 02.

Protestant
Temple Provence, 29, bd Françoise-Duparc, Marseille.
℡ 04 91 49 19 92.

Juif
Grande synagogue 7, rue G.-Deloye, Nice.
℡ 04 93 92 11 38.

Temple israélite de Sainte Marguerite (sépharade)
205, bd Ste-Marguerite, Marseille.
℡ 04 91 75 63 50.

Musulman
Mosquée de la Capelette
68, rue Alfred Curtel, Marseille.
℡ 04 91 25 95 57.

SE DÉPLACER EN PROVENCE

Au carrefour entre l'Europe du nord, l'Italie et l'Espagne, Provence et Côte d'Azur possèdent un bon réseau autoroutier et de nombreux aéroports. Celui de Nice, avec quatre millions de passagers par an, a le trafic le plus important de France après Paris. Le train *(p. 240)* dessert toutes les principales villes, mais le TGV ne roule vers le Sud à pleine vitesse que jusqu'à Avignon. Les autoroutes empruntent les vallées du Rhône et de la Durance et rejoignent les agglomérations de la bordure côtière. Pour se rendre dans la plupart des localités de l'arrière-pays et des Alpes du Sud, nationales et départementales restent en général les seules solutions.

LES AÉROPORTS

Tous deux en bord de mer, les deux principaux aéroports de la région sont propres et modernes, celui de Nice venant de connaître une importante rénovation.
Celui de **Marseille-Provence** possède un terminal desservant les vols nationaux, et un autre les vols internationaux. Malgré une majorité de vols d'affaires et des prix relativement élevés, cet aéroport est pratique pour les vols à destination du centre de la Provence, comme Avignon et Aix-en-Provence. Avis, Budget, Citer, Eurodollar, Europcar, Eurorent et Hertz y louent des voitures. La course en taxi jusqu'au centre de Marseille revient à environ 35 € (43 € la nuit et les dimanches). Un bus part toutes les 20 mn pour la gare Saint-Charles.
À l'aéroport **Nice-Côte d'Azur**, le terminal 1 (à l'est) est réservé principalement aux lignes internationales, et à certaines lignes nationales sur des vols charters (Air Littoral et TAT). Le terminal 2 (à l'ouest) ne dessert que les vols intérieurs. Assurez-vous donc bien de votre terminal auprès de votre agence de voyage. Un taxi jusqu'au centre coûte 22-25 €. Toutes les 20 mn, le bus n° 23 dessert la gare de chemin de fer et un car de l'aéroport part pour la gare routière, proche de la place Masséna et du Vieux-Nice. Il existe une navette pour Cannes toutes les heures et une pour Menton et Monaco toutes les 90 mn. En été, Héli-Inter propose un vol toutes les 20 mn vers Monaco et 7 vols par jour pour Saint-Tropez. Avis, Budget, Century, Citer, Europcar, Eurodollar et Hertz louent des voitures sur place.
Avignon, Montpellier, Nîmes et Toulon possèdent également leur propre aéroport.

RENSEIGNEMENTS

Avignon
[04 90 81 51 15.
Distance de la ville : 10 km.
Taxi : 18 €.

Marseille, Provence
[04 42 14 27 74.
Distance de la ville : 25 km.
Bus : 7 €, taxi : 38 €.

Montpellier (Méditerrannée)
[04 67 20 85 00.
Distance de la ville : 7 km.
Bus : 5 €, taxi : 12-15 €.

Nice Côte d'Azur
[04 93 21 30 30.
Distance de la ville : 6 km.
Bus : 4 €, taxi : 22 €.

Nîmes/Arles/Camargue
[04 66 70 06 88.
Distance de la ville : 8 km.
Bus : 4 €, taxi : 19 €.

Toulon
[04 94 22 81 60.
Distance de la ville : 23 km.
Bus : 10 €, taxi : 40 €.

L'aéroport Nice-Côte d'Azur

LES LIAISONS AÉRIENNES

Air Inter assure encore en France la majeure partie des vols intérieurs, mais depuis la récente libéralisation des transports aériens, d'autres compagnies comme TAT, Air Littoral, et AOM proposent également des liaisons régulières avec le Midi au départ de Paris et, pour certaines, de grandes villes de province.

Des vols directs, assurés notamment par Air France, desservent depuis Nice et Marseille la Méditerranée, l'Afrique et les grandes capitales européennes. Pour d'autres destinations, il vous faudra probablement effectuer un changement.

LES COMPAGNIES AÉRIENNES

Air Inter
Paris 📞 0 820 820 820.
Marseille 📞 0 820 820 820.
Montpellier 📞 04 67 34 05 00.
Nice 📞 04 93 87 83 32.
Nîmes 📞 04 66 70 70 70.

Air France
Paris 📞 0 820 820 820.
Marseille 📞 0 820 820 820.
Montpellier 📞 04 67 22 65 64.
Nice 📞 0 820 820 820.
Nîmes 📞 0 820 820 820.
🖥 www.airfrance.fr

Air Littoral
Paris 📞 0 803 834 834.
Marseille 📞 0 803 834 834.
Montpellier 📞 0 803 834 834.
Nice 📞 0 803 834 834.

Air Lib
Paris 📞 0 803 00 12 34.
Marseille 📞 0 803 00 12 34.
Nice 📞 0 803 00 12 34.

TAT European Airlines
(associée à British Airways)
Paris 📞 0 803 805 805.

Sabena
Marseille 📞 0820 829 829.
Nice 📞 0820 829 829.
Minitel *3615 SABENA*

Swissair
Marseille 📞 0802 30 04 00.
Nice 📞 0802 30 04 00.
🖥 www.swissair.fr

Air Canada
France 📞 0825 880 881.
🖥 www.aircanada.ca

Hall des départs de l'aéroport de Marseille-Marignane

LES TARIFS

La concurrence qui règne désormais sur les lignes intérieures a peu fait baisser les tarifs pleins appliqués aux vols destinés aux hommes d'affaires, en début de matinée et en soirée les jours de semaine, la compétition jouant plutôt sur les services proposés. Pour les autres vols, il existe cependant, selon les heures et les jours de départ, de nombreux autres tarifs, tels les tarifs bleu et blanc d'Air Inter.

En règle générale, sur les lignes régulières, les enfants de moins de deux ans paient 10 % du prix normal (mais ne disposent pas de leur propre siège) et ceux de moins de 12 ans 50 %. Il existe également des réductions pour les jeunes, les couples, les personnes âgées ou pour des séjours respectant certaines conditions, comme inclure un week-end. Les tarifs de type Apex, notamment, concernent tout le monde mais imposent des réservations bloquées assez longtemps à l'avance.

Enfin, certaines agences de voyage vendent des séjours complets très intéressants qui comprennent en général le trajet et l'hébergement et, souvent, les visites organisées ou les animations. Pour éviter de mauvaises surprises, vérifiez toujours la situation de votre hôtel par rapport au centre-ville.

AGENCES DE VOYAGE

Sélectour
6, rue Laferrière, 75009 Paris.
📞 01 55 07 12 10.

Club Méditerranée
90, av. des Champs-Élysées, 75008 Paris.
📞 0810 810 810.

FRAM
128, rue de Rivoli, 75001 Paris.
📞 01 40 26 30 31.

FNAC voyages
1, rue Pierre-Lescot, 75001 Paris.
📞 01 40 41 40 78.

Frantour
19, bd Vaugirard, 75015 Paris.
📞 01 43 21 50 50.

Havas-Voyage
Minitel *3615 HAVASVOYAGE.*

Nouvelles Frontières
87, bd de Grenelle, 75738 Paris Cedex 15.
📞 0825 000 825.
Minitel *3615 NF.*

Sev'Voyages
137, rue de Sèvres
75006 Paris.
📞 01 45 67 23 50.

Voyage Conseil
BP 14, 59008 Lille Cedex.
📞 03 20 29 50 60.

3615 DEGRIFTOUR

3615 REDUCTOUR

Le train

Le logo de la SNCF

Dans un pays doté de l'un des meilleurs réseaux ferroviaires du monde, le train demeure un moyen rapide et sûr de se rendre en vacances dans le Midi. Les voies n'ont cependant pas été reconstruites au sud d'Avignon de manière à permettre aux TGV de rouler à pleine vitesse. Les plus rapides mettent encore, au départ de Paris, 3 h 20 pour rejoindre Avignon, 4 h 15 pour atteindre Marseille et 7 h pour aller jusqu'à Nice.

PRENDRE LE TRAIN

La SNCF s'est lancée dans un programme de modernisation exigeant des investissements colossaux, et si la qualité du service n'a cessé d'augmenter sur les grandes lignes, en particulier depuis la mise en circulation du TGV en 1981, de nombreuses dessertes locales déficitaires ont été abandonnées. Des services de cars en ont remplacé certaines, d'autres continuent d'être assurées par les TER (Trains express régionaux) subventionnés par les collectivités locales. Sous la pression des usagers, d'importants travaux ont été effectués pour la reconstruction de la voie ferrée du petit train des Pignes qui circule à nouveau entre Nice et Digne (*voir p. 181*).

Compte tenu de la longueur des trajets entre le nord et l'ouest de la France et la Provence, le voyage de nuit s'avère souvent une bonne solution, soit en couchettes (6 par compartiment de seconde classe, 4 en première), soit en voitures-lits nettement plus confortables mais plus chères.

Le service Train-Auto-Couchettes permet de partir avec sa voiture mais ne concerne pas toutes les gares (*voir p. 241*). D'autres possibilités existent pour retrouver son automobile ou sa moto à l'arrivée, y compris pour des voyages de jour. Le *Guide trains autos et motos accompagnées* en fournit la description complète.

Les formules Train + Auto, Train + Vélo et Train + Hôtel comprennent la réservation d'une voiture de location, d'une bicyclette ou d'une chambre d'hôtel à la gare de destination.

La plupart du temps, les trains des grandes lignes disposent d'une voiture-bar ou d'une voiture-restaurant. En leur absence circule un service minibar vendant sandwichs et boissons.

Pour toutes les périodes de départ, y compris les week-ends à partir d'avril, mieux vaut réserver sa place. Une démarche que facilite le Minitel (3615 SNCF).

LES TARIFS

Les tarifs de base de la SNCF sont proportionnels au kilométrage parcouru selon la classe choisie. Il s'y ajoute cependant souvent des suppléments : pour une réservation, pour le gain de temps apporté par certains

Billeterie automatique

trains comme les TGV, pour la location d'une couchette ou d'un lit… Il existe toutefois également de nombreuses réductions : 25 % de réduction et plus sont accordées aux personnes voyageant avec des enfants (Découverte Enfant plus), aux jeunes (Découverte 12-25 ans), aux personnes de

Un trajet Paris-Marseille s'effectue aujourd'hui en trois heures

LE TGV

Le train à grande vitesse roule jusqu'à 300 km/h. Cinq types de TGV desservent la France et quelques destinations européennes. L'Eurostar rejoint Paris à Londres, le Thalys se rend à Bruxelles. Au départ de la gare de Lyon à Paris, le nouveau TGV Méditerranée va jusqu'en Provence. D'autres TGV partent de Grenoble, Genève et Lausanne. La grande vitesse, le confort et la sécurité font de ces trains des transports aux prix relativement élevés. Réservez toujours à l'avance.

plus de 60 ans (Découverte Sénior), aux couples (Découverte à Deux), aux voyageurs restant un samedi sur place (Découverte Séjour) et aux personnes réservant à l'avance (Découverte J8 et J30). Pour ceux qui passent plus de temps dans les trains, la SNCF propose la Carte Enfant plus, et la Carte Sénior donnant droit à 50% de réduction.

Parmi un large choix de forfaits, la carte InterRail, valable 15 jours ou un mois, donne droit aux moins de 26 ans à des voyages illimités sur les lignes de 25 autres pays d'Europe et, en France, à un trajet demi-tarif jusqu'à la frontière.

Hors exceptions, les réductions ne concernent que le prix du billet et ne s'appliquent pas aux suppléments.

LES BILLETS

Fini le temps où le seul moyen d'acheter son billet consistait à faire la queue, parfois longue, au guichet. Dans de plus en plus de gares, des billetteries automatiques

Chariot à bagages

Un des nouveaux TGV de couleur argentée

permettent désormais d'effectuer réservations et achats de titres de transport. Les paiements se font en espèces ou par carte bancaire.

La SNCF a également mis en place un service de billet à domicile. Pour profiter de ce service, il vous suffit de passer commande au moins quatre jours avant votre départ, soit par téléphone (08 36 35 35 35), soit par minitel (36 15 SNCF), soit sur Internet (www.sncf.fr) et de régler votre achat par carte bancaire (100 F minimum).

Sous peine d'amende, les billets doivent être validés avant d'embarquer dans un des composteurs oranges installés sur les quais ou à leur entrée.

Les réservations sont obligatoires sur les lignes de TGV (elles restent possibles jusqu'à 5 minutes avant le départ) ou pour obtenir une couchette ou un siège inclinable. Dans ces derniers cas, s'il dispose de places vacantes, le contrôleur pourra vous en attribuer une à bord du train.

Même pour de simples places assises, réserver est une précaution conseillée pour de longs trajets en période de vacances.

LES ANIMAUX

La présence d'un animal en train est une tolérance et ne peut en aucun cas être imposée aux autres voyageurs. Il est notamment recommandé de museler les chiens.

Les animaux de moins de 6 kg transportés dans un panier ou un sac voyagent gratuitement. Pour les autres, il faut acquitter le prix d'un billet demi-tarif de 2de classe.

À moins d'occuper seul un compartiment, les animaux sont interdit en voiture-lit.

EMPORTER SA BICYCLETTE

Un pictogramme sur les horaires signale les trains, relativement peu nombreux, où il est possible de voyager accompagné de sa bicyclette, mais il existe d'autres solutions décrites dans le *Guide du train et du vélo* édité par la SNCF et disponible dans les gares. C'est un supplément à cette brochure qui indique les horaires.

La route

L a France possède un excellent réseau routier et le Midi ne fait pas exception. Si les autoroutes constituent les voies les plus rapides et les plus sûres pour de longs trajets, les nationales, et plus encore les départementales, offrent la possibilité, avec une bonne carte, de découvrir des villages ou des sites préservés. Certaines, telles les routes des gorges du Verdon, traversent des paysages à ne pas manquer.

CIRCULER EN VOITURE

É vitant collines et montagnes, les autoroutes ne desservent que les villes de la vallée et de la plaine du Rhône, du littoral, de l'axe Aix-Cannes et de la vallée de la Durance. Visiter le Luberon, les plateaux de haute Provence, le haut Var ou l'intérieur des Alpes-Maritimes impose donc d'emprunter nationales et départementales. Généralement bien signalisées et dotées d'un bon revêtement, elles traversent souvent de superbes paysages, telle la célèbre route Napoléon reliant Nice à Digne, mais sont tout aussi souvent sinueuses. Elles offrent cependant l'avantage d'être comparativement peu fréquentées…

En effet, les citadins venant en été passer des vacances au bord de la mer avec l'espoir d'oublier les embouteillages risquent des désillusions. Circuler dans les cités côtières, en particulier, peut s'avérer difficile. L'heure la plus noire se situe assurément en fin d'après-midi quand plages et bureaux se vident en même temps, mais les accès aux zones balnéaires et aux sites touristiques bouchonnent fréquemment aussi en milieu de matinée.

Surtout si des enfants vous accompagnent, pensez à la chaleur et prévoyez d'emporter de l'eau.

En altitude, en hiver, mieux vaut disposer d'équipements pour la neige.

la semaine, le kilométrage parcouru et la possibilité de restituer le véhicule à une agence différente de celle d'origine.

Certaines compagnies, en général moins importantes, proposent des formules souvent plus intéressantes. Citons notamment Rual, Valem, Century, Citer, Locabest, Axeco, Budget, Rent a Car.

Beaucoup de ces sociétés possèdent un service de renseignement par Minitel (consultez la rubrique « Location de voitures » sur le 3614 MGS).

LE PÉAGE AUTOROUTIER

L'entrée sur un tronçon autoroutier à péage passe par l'arrêt auprès d'une borne qui délivre un ticket d'entrée. Celui-ci doit être remis à la barrière de sortie où s'acquitte un droit proportionnel à la distance parcourue et au type de véhicule.

Gare de Péage de Fresnes 2000 m

Les barrières de péage
sont indiquées suffisamment longtemps à l'avance, sur un panneau bleu à lettres blanches, pour avoir le temps de préparer sa monnaie ou sa carte bancaire.

Le paiement
Arrivé à destination, donnez votre ticket au péagiste qui vous indiquera le montant à régler. Le paiement peut s'effectuer en espèces, avec une carte de paiement ou un chèque. Un reçu est délivré sur demande.

Il est également possible de payer auprès de machines automatiques qui lisent les informations enregistrées sur la carte d'entrée, acceptent les règlements en liquide ou par carte bancaire, rendent la monnaie et délivrent, sur demande, un reçu.

PANNES

Beaucoup d'assurances automobiles actuelles incluent un service « Assistance » avec une permanence accessible 24 h sur 24 par un numéro vert. Il donne droit, sous certaines conditions, au remboursement de frais tels que ceux de remorquage ou de rapatriement. En cas de doute, renseignez-vous avant votre départ auprès de votre compagnie.

Eux aussi accessibles 24 h sur 24, par un numéro national et gratuit, les constructeurs automobiles proposent des dépannages quel que soit le type du véhicule. Des sociétés agréées, jointes à partir des bornes d'arrêt d'urgence, possèdent le monopole des interventions sur autoroute.

SÉCURITÉ

Le conducteur de tout véhicule circulant en France doit posséder un kit d'ampoules de rechange et

L'autoroute est la voie la plus sûre pour de longs trajets

pouvoir poser sur la chaussée un signal de détresse (triangle réflectorisant) en cas de besoin. Disposer en outre d'une trousse de première urgence et d'un extincteur est recommandé.

En ville comme sur route, la ceinture de sécurité est obligatoire non seulement à l'avant, mais aussi à l'arrière, où doivent impérativement prendre place les enfants de moins de 10 ans. La prudence conseille de pas conduire plus de deux heures sans se reposer.

Accès interdit à tout véhicule

Route à un sens de circulation

Sens giratoire

Fin d'une route prioritaire

LES VITESSES AUTORISÉES

Autoroutes : 130 km/h, 110 km/h par temps de pluie ou de brouillard.

Routes à 2 fois 2 voies : 110 km/h, 90 à 100 km/h par temps de pluie ou de brouillard.

Autres routes : 90 km/h, 80 km/h par temps de pluie ou de brouillard.

Agglomérations : 50 km/h maximum. Des panneaux signalent si la limitation de vitesse est inférieure.

LES CARTES

Vous trouverez sur le dernier rabat intérieur de ce guide une carte des principaux axes routiers de la région. Pour circuler sur les départementales, les cartes Michelin s'avèrent en général les plus pratiques. L'IGN (Institut géographique national) publie sinon des cartes à différentes échelles dont les plus détaillées se prêtent particulièrement bien à la randonnée. Toutes ces cartes se trouvent facilement dans les stations-service ou chez les marchands de journaux.

Quelques cartes à toutes les échelles

LE STATIONNEMENT

Malgré l'installation partout en ville d'horodateurs supposés faciliter le stationnement, en limitant les arrêts de longue durée, trouver une place où se garer dans les rues, en particulier sur la côte en été, s'avère malheureusement très difficile. Les grandes agglomérations possèdent néanmoins des parkings souterrains payants. Les villages où le problème se posait également se sont dotés d'aires de stationnement gratuites, en général proches du centre.

L'horodateur s'est répandu dans toutes les villes du Midi

LE CARBURANT

Des panneaux sur l'autoroute comparent les tarifs pratiqués par les stations des différentes aires de repos, mais ils varient assez peu et restent plus élevés que ceux des stations hors autoroute. Comme partout en France, l'essence ordinaire a disparu des pompes qui ne distribuent plus aujourd'hui que gazole, super et super sans plomb. Ce dernier n'est disponible qu'à 95 degrés d'octane. Attention, la nuit en zone rurale, on peut très bien parcourir des centaines de kilomètres sans trouver de carburant.

La Provence est un paradis pour les amateurs de VTT

LA BICYCLETTE

Même s'il faut de bonnes jambes pour découvrir à vélo une grande partie de la Provence, ce moyen reste l'un des plus agréables. Quelques villes comme Arles, Avignon et Nîmes possèdent un réseau de pistes cyclables.

Si votre bicyclette n'a pas pu vous accompagner dans le train *(p. 241)*, vous pourrez en louer une dans une des gares qui proposent ce service ou chez un des loueurs installés dans toute la région, en particulier dans le Luberon et autour de la Camargue. Prendre avec son vélo le bateau pour l'île de Porquerolles revient plus cher qu'une journée de location sur place.

Le prix de la prise en charge sur le compteur d'un taxi

LES TAXIS

Le prix des taxis varie d'un endroit à l'autre de la région et s'avère particulièrement élevé sur la Côte d'Azur. Ailleurs, le tarif moyen est de 2 € pour la prise en charge et de 0,60 € par kilomètre parcouru. Pour de longs parcours, il est possible de négocier un prix forfaitaire avant le départ. À la campagne, les gros villages possèdent généralement au moins un taxi. Il faut le réserver par téléphone.

L'AUTO-STOP

Si vous préférez éviter de poireauter au bord de la route, contactez une des associations qui mettent en rapport passagers et conducteurs. Elles perçoivent un droit d'inscription auquel s'ajoute pour le passager une participation aux frais de l'ordre de 20 centimes par km.
☎ *01 53 20 42 42 ou 01 53 20 42 43.*

L'AUTOCAR

En dehors de quelques liaisons, telle celle assurée une fois par semaine par **Eurolines** entre Bruxelles et Avignon, Aix, Marseille et Toulon, ou celles d'**Intercar** entre Nice et Marseille et les grandes villes étrangères du pourtour de la Méditerrannée, pour de longs trajets, le car ne sert généralement que de renfort au train.

Édité par la Sceta, le *Guide national des transports complémentaires du réseau SNCF* donne le détail des horaires et des services. Il peut s'acheter ou se commander auprès du Bureau de vente des documents clientèle de la SNCF. Le conseil régional Paca publie en outre un *Guide des transports régionaux* disponible dans les gares. Il recense toutes les liaisons interdépartementales de la région. Pour les lignes locales, le plus simple est de se renseigner dans les gares routières.

Car Eurolines

En bateau

Des navettes avec les îles de Lérins et les îles d'Hyères existent au départ des villes les plus proches et des transbordeurs circulent toute l'année entre la Corse et Nice et Marseille. À côté de ces grands ports, ceux de plaisance se sont multipliés. Tous abritent des loueurs de bateaux, à voiles ou à moteur. Pour les amoureux des paquebots, Kuoni organise des croisières. Si vous préférez une péniche, ou une maison flottante, le Rhône et la Camargue offrent leurs voies navigables. Des bateaux-promenades permettent d'y découvrir sous un autre angle monuments et paysages.

La côte regorge de petites criques

LES PORTS

Aux liaisons assurées en hiver par les transbordeurs de la **SNCM Ferryterranée** entre Nice et Marseille et les villes corses de Bastia, Ajaccio et Île-Rousse, s'ajoutent en été une liaison Marseille-Propriano et des départs de Toulon pour Ajaccio, Bastia et Propriano. La SNCM dessert aussi la Sardaigne.

Les navettes pour les îles du Frioul se prennent au Vieux-Port de Marseille, et celles pour les îles de Lérins à la gare maritime de Cannes. On peut rejoindre depuis Bandol l'île de Bendor et depuis Hyères et le Lavandou les îles d'Hyères.

CROISIÈRES EN MER ET SUR RIVIÈRE

De nombreuses agences de voyage proposent des croisières en Méditerranée avec des escales dans des sites aussi beaux que Saint-Tropez, Villefranche ou Monaco.

La Pescalune et **Blue Line**

Camargue organisent des promenades fluviales en Camargue pour une durée de deux à huit jours. **Le Cygne**

Pêcheurs et plaisanciers se côtoient à Saint-Tropez

vous emportera pour une croisière de 7 heures jusqu'à Aigues-Mortes (tarifs réduits pour les personnes âgées) et l'on peut déjeuner, dîner ou danser en descendant le Rhône d'Avignon à Arles avec **Mireio**. Pour des vacances en péniche ou en maison flottante, adressez-vous à **Navig France**.

LA VOILE

Plus de 70 ports de plaisance jalonnent la côte provençale. Les frais de mouillage varient mais sont souvent élevés. Il est possible de louer voiliers ou bateau à moteur dans presque tous ces ports et, dans beaucoup, de prendre des leçons de voile.

CARNET D'ADRESSES

SNCM FERRYTERRANÉE

Marseille ☎ 08 36 67 95 00.
Nice ☎ 04 93 13 66 99.
Toulon ☎ 04 94 16 66 60.

CROISIÈRES EN MER ET SUR RIVIÈRE

Blue Line Camargue
Quai du canal, 30 800 Saint-Gilles
☎ 04 66 87 22 66.
Voyages Kuoni
3, bd Victor-Hugo, 06000 Nice.
☎ 04 93 16 08 00.
Le Cygne
Beaucaire ☎ 04 66 59 35 62.
La Pescalune
BP N 76, Aigues-Mortes
☎ 04 66 53 79 47.
Mireio
Allée de L'Oulle, Avignon
☎ 04 90 85 62 25.
Rive de France
55, rue Aguesseau, 92100
Boulogne, ☎ 01 41 86 01 01.

VOILE

Fédération française de voile
55, av. Kléber, 75016 Paris.
☎ 01 44 05 81 00.

Yacht privé à Cannes

Index

Les numéros de page en gras renvoient aux principales entrées.

Remerciements

L'éditeur remercie les organismes, les institutions et les particuliers suivants dont la contribution a permis la préparation de cet ouvrage.

AUTEUR PRINCIPAL
Écrivain et journaliste, Roger Williams a longtemps travaillé pour le magazine *Sunday Times*. Il a écrit deux romans, de nombreux guides de voyage sur des lieux aussi divers que Barcelone et les pays de la Baltique et le premier guide des liaisons aériennes au sein de L'Union européenne. Il séjourne régulièrement en France et publie des articles sur la Provence depuis vingt ans.

AUTRES AUTEURS
John Flower, Jim Keeble, Anthony Rose, Martin Walters.

PHOTOGRAPHIE D'APPOINT
Andy Crawford, Lisa Cupolo, Nick Goodall, Steve Gorton, John Heseltine, Richard McConnell, Neil Mersh, Clive Streeter.

ILLUSTRATIONS D'APPOINT
Simon Calder, Paul Guest, Aziz Khan, Tristan Spaargaren, Ann Winterbotham, John Woodcock.

RECHERCHE CARTOGRAPHIQUE
Jane Hugill, Samantha James, Jennifer Skelley, Martin Smith (Lovell Johns).

COLLABORATION ARTISTIQUE ET ÉDITORIALE
Vincent Allonier, Rosemary Bailey, Laetitia Benloulou, Josie Bernard, Hilary Bird, Kevin Brown, Margaret Chang, Cooling Brown Partnership, Guy Dimond, Joy Fitzsimmonds, Jackie Grosvenor, Annette Jacobs, Nancy Jones, Erika Lang, Francesca Machiavelli, James Marlow, Helen Partington, Katie Peacock, Alice Peebles, Carolyn Pyrah, Amanda Tomeh, Daphne Trotter, Janis Utton.

AVEC LE CONCOURS SPÉCIAL DE :
Louise Abbot ; Manade Gilbert Arnaud ; Brigitte Charles, bureau de l'office du tourisme monégasque de Londres ; Sabine Giraud, Terres du Sud, Vénasque ; Emma Heathe ; Nathalie Lavarenne, musée Matisse, Nice ; Ella Milroy ; Marianne Petrou ; Andrew Sanger ; Nicole Szabason, David Tse.

RÉFÉRENCES PHOTOGRAPHIQUES
Bernard Beaujard, Vézénobres.

AUTORISATIONS DE PHOTOGRAPHIER
L'éditeur remercie les entreprises, les institutions et les organismes suivants d'avoir accordé leur autorisation de photographier : Fondation Marguerite-et-Aimé-Maeght, St-Paul-de-Vence ; Hotel Negresco, Nice ; monsieur J.-F. Campana, Mairie de Nice ; monsieur Froumessol, mairie de Cagnes-sur-Mer ; musée Ephrussi-de-Rothschild, St-Jean-Cap-Ferrat ; musée Jean-Cocteau, Menton ; musée international de la Parfumerie, Grasse ; musée Matisse, Nice ; musée national message biblique Marc-Chagall, Nice ; Musée océanographique, Monaco ; musée Picasso/château Grimaldi, Antibes ; salle des Mariages, hôtel de ville, Menton, et tous les autres musées, sanctuaires, hôtels, restaurants, magasins et établissements, trop nombreux pour être cités.

CRÉDITS PHOTOGRAPHIQUES
h = en haut ; hg = en haut, à gauche ; hc = en haut, au centre ; hd = en haut, à droite ; cgh = au centre gauche, en haut ; ch = au centre, en haut ; cdh = au centre droit, en haut ; cg = au centre, à gauche ; c = au centre ; cd = au centre, à droite ; cgb = au centre gauche, en bas ; cb = au centre, en bas ; cdb = au centre droit, en bas ; bg = en bas, à gauche ; b = en bas ; bc = en bas, au centre ; bd = en bas, à droite ; (d) = détail.

Malgré tout le soin que nous avons apporté à dresser la liste des auteurs des photographies publiées dans ce guide, nous demandons à ceux qui auraient été involontairement oubliés ou omis de bien vouloir nous en excuser. Cette erreur serait corrigée à la prochaine édition de l'ouvrage.

Les œuvres d'art ont été reproduites avec l'aimable autorisation des organismes suivants : © ADAGP, Paris and DACS, London 1995 : 25b, 54bd, 59hg, 76h, ch, cb, 77c et b, 78c, 85b, 106b, 119b, 120ch, 144h ; © ADAGP/SPADEM, Paris et DACS, London 1995 : 76 (b), 120 (b) ; © DACS, London 1995 : 24h et b, 25h, 73hg, hd, cg, cd et b, 74h, 77h, 78b, 80b, 99h, 120b ; © Succession Henri-Matisse/DACS 1995 : 25c, 82h et b, 83h, c et bd.

L'éditeur remercie les photographes, entreprises et organismes suivants de leur avoir permis de reproduire leurs photographies.

ANCIENT ART AND ARCHITECTURE COLLECTION : 39h et cb, 40bg, 43h ; ARCHIVES DE L'AUTOMOBILE CLUB DE MONACO : 52ch ; ARTEPHOT, PARIS : Plassart 25c ; ASSOCIATED PRESS LTD : 27cb.

LA BELLE AURORE : 30b, 35h ; BRIDGEMAN ART LIBRARY : Christie's, London 47cdb, 50-51 ; Giraudon 47h, 48bg ; Schloss Charlottenburg, Berlin 179h.

CAMPAGNE, CAMPAGNE !, PARIS : Jolyot 92bd ; J.-L. Julien 29bg ; Meissonnier 159b ; Meschinet 138c ; Moirenc 239 ; Pambour 171h, 172h ; Picard 159h ; Pyszel 90h ; CEPHAS : Mick Rock 206bd, 207ch et bd; JEAN-LOUP CHARMET, PARIS : 26cg, 27hg ; © Antoine de Saint-Exupéry/Gallimard 27ch ; 37b, 42bg, 46ch et cb, 49h et cgh, 50hg et hd, 52h, 53h, 132cg, 140h, 153h, 160cg ; BRUCE COLEMAN : Adrian Davies 114bg ; JLG

Grande 136bch ; George McCarthy 17hg ; Andrew J. Purcell 115cb et bg ; Hans Reinhard 137h, 171bg, bc et bd ; Dr Frieder Sauer 114c ; Robert Wanscheidt 160bg ; K. Wothe 160bc ; Paul Van Gaalen 136bdh ; Joe Cornish : 21hd, 188, 226 ; Julian Cotton Picture Library : Jason Hawkes aerial collection 11, 56-57 ; Culture Espaces, Paris : 86 h et ch ; Véran 87h.

Photo Daspet, Avignon : musée du Petit-Palais, Avignon 44h, 45bc ; Palais des Papes, Avignon 44cdb et b ; Diaf, Paris : J.-P. Garcin 31cb ; J.-C. Gérard 34h et b, 151b ; Camille Moirenc 162c ; Bernard Régent 24h ; Patrick Somelet 158b ; Direction des Affaires culturelles, Monaco : 91c.

Mary Evans : 9 dessin, 26h, bg et bd, 27bg, 45bd et h, 46b, 57 dessin, 189 dessin, 227 dessin ; Jane Ewart : 20cb, 21c, 22hg, 23cb, 58hg, 76cb, 127b, 163ch et cb, 203b, 209 bg, 229b, 236b ; Explorer Archives, Paris : L. Bertrand 38cb ; Jean-Loup Charmet 67t, 124c, 147b ; Coll. ES 42h, 46cb et bg ; Coll. Sauvel 13h ; G. Garde 31ch ; J.-P. Hervey 64h ; J. & C. Lenars 39c ; J.-P. Lescourret 165c ; M. C. Noailles 65b ; Peter Willi 40ch ; A. Wolf 43cgb.

Fondation Auguste-Escoffier, Villeneuve-Loubet : 74c ; Fondation Maeght, Saint-Paul-de-Vence, France : Claude Germain 77h et c ; Coll. M et Mme Adrien Maeght 77b ; Frank Lane Picture Agency : N. Clark 170b ; Fritz Polking 16hd ; M. B. Withers 136bgh.

Galerie intemporel, Paris : Les Films Ariane, Paris 54-55 ; Editions Gaud, Moisenay : 70bg, 86b, 87bg et bd, 142h, 181c ; Giraudon, Paris : 25h, bg et bd, 26cd, 30h, 36, 40bd, 48ch et bd, 133b, 145b, 172c ; Lauros-Giraudon 38ch, 45cb, 46hd (d), 46-47, 49cgb, 51cgb, 53cgb (tous droits réservés), 73hg et hd, 110bg, 125b, 134h, 144h, 146h ; musée de la Vieille-Charité, Marseille 38hd ; musée de la Ville-de-Paris, musée du Petit-Palais/Lauros-Giraudon 24bg ; musée des Beaux-Arts, Marseille 48-49, 49b, 152b ; musée du Louvre, Paris 8-9 ; musée du Vieux-Marseille, Marseille 48cb, 50ch ; Grand Hôtel du Cap Ferrat : 191h ; Ronald Grant Archive : Warner Brothers 27bd ; Grottes de St-Cézaire : 65c.

Robert Harding : 33b, 238h, 240b ; Hôtel Eden Roc, Cap d'Antibes : 191b ; Hulton-Deutsch Collection : 26c, 27cgb, 52bd ; Keystone 94h.

Illustrated London News Picture Library : 50b.

Catherine Karnow, San Francisco : 110c ; The Kobal Collection : United Artists 71hg.

Daniel Madeleine : 183b ; Magnum Photos : Bruno Barbey 34c ; René Burri 55cgb ; Robert Capa 82c ; Elliott Erwitt 91bd ; Guy le Querrec 223b ; Mairie de Nîmes : Jean-Charles Blais 132h (tous droits réservés) ; Francis Bacon 223b (tous droits réservés) ; Mansell Collection : 39b, 42bd, 43b, 51cgh, 52bg ;

Editions Molipor, Monaco : 94b ; avec l'autorisation de la SBM 51cdb, 94c ; Musée de l'Annonciade, St-Tropez : E. Vila Mateu 119b, 120-121 ; Musée d'Anthropologie, Monaco : J.-F. Buissière 38hg ; Musée Archéologique de Vaison-la-Romaine : Christine Bézin 41cgb ; Musée d'Art moderne et d'Art contemporain, Nice : 54bd, 85b ; Musée des Beaux-Arts, Nice : Jean Louis Martinetti 80b ; Musée Fabre, Montpellier : Leenhardt 135b ; Musée de la Photographie, Mougins : 66b ; Musée Matisse, Nice : © Service photographique, Ville de Nice 82h et b, 83h, c et bd.

Reproduits avec l'autorisation de The National Gallery, London : 24c ; Nature Photographers : Carlson 16ch ; Michael Gore 16b ; Network Photographers/Rapho : Mark Buscail 184h.

L'Œil et la Mémoire/Bibliothèque municipale d'Avignon : Atlas 24, folio 147 42cb ; Oxford Scientific Films : Mike Hill 136bgb ; Tom Leach 160bd ; Frank Schneidermeyer 136bdb.

John Parker : 19bg, 22b, 58hd, 108h, 157 ; Pictures Colour Library : 185b ; Photo Resources : CM Dixon 41cbd ; Planet Earth Pictures : Richard Coomber 136bcb ; John Neuschwander 114bd ; Peter Scoones 17b ; Popperfoto : 27hc, 72b.

Range : Bettmann 26cdb, 27hd et cdb ; Retrograph Archive, London : © Martin Breese 28hd, 69b ; Roger-Viollet, Paris : 47cgh, 51h, 52cb, 163b.

Service de presse de la ville de Cagnes-sur-Mer : 78c et b, 79b ; Roger Smith, Èze : 86cb, 87c ; SNCF/French Railways Ltd., London : 55b, 241b ; Frank Spooner Pictures : Robin 67b ; P Siccoli 54cb ; Gamma/T. Pelisier 38b ; Gamma/Christian Vioujard 67cdh et cgb ; Sygma : 75h ; James Andanson 122b ; 68b ; H. Conant 54bg ; J. Donoso 67cdb ; Diego Goldberg 55cdb ; Keystone 52-53 ; 53cgh et b ; Leo Mirkine 55cg.

Editions Tallendier, Paris : Bibliothèque nationale 42-43 ; Terres du Sud, Venasque : Philippe Giraud 2, 44cgb, 45c et bg, 46hg et bd, 64b, 70bd, 81ch, 105b, 166h, 167cb, 168b ; Tony Stone Images : Joe Cornish 12 ; Travel Library : Philip Enticknap 93h et bd.

Wallis Photothèque, Marseille : Clasen 55h, 67cgh ; Constant 182b ; Di Meglio 115ch ; Giani 96h, 223h ; Huet 185h ; LCI 29bd, 176h ; Leroux 14b ; Poulet 96cg ; Royer 96cd et b ; Tarta 193b.

Roger Williams : 101, 138b, 165h, 170c, 181b, 185ch.

Première page de garde : © Dorling Kindersley.

Couverture : toutes photos commandées à l'exception de Terres du Sud, Venasque : Philippe Giraud bd et Images Colour Library : hd.

Grande 136bch ; George McCarthy 17hg ; Andrew J. Purcell 115cb et bg ; Hans Reinhard 137h, 171bg, bc et bd ; Dr Frieder Sauer 114c ; Robert Wanscheidt 160bg ; K. Wothe 160bc ; Paul Van Gaalen 136bdh ; JOE CORNISH : 21hd, 188, 226 ; JULIAN COTTON PICTURE LIBRARY : Jason Hawkes aerial collection 11, 56-57 ; CULTURE ESPACES, PARIS : 86 h et ch ; Véran 87h.

PHOTO DASPET, AVIGNON : musée du Petit-Palais, Avignon 44h, 45bc ; Palais des Papes, Avignon 44cdb et b ; DIAF, PARIS : J.-P. Garcin 31cb ; J.-C. Gérard 34h et b, 151b ; Camille Moirenc 162c ; Bernard Régent 24h ; Patrick Somelet 158b ; DIRECTION DES AFFAIRES CULTURELLES, MONACO : 91c.

MARY EVANS : 9 dessin, 26h, bg et bd, 27bg, 45bd et h, 46b, 57 dessin, 189 dessin, 227 dessin ; JANE EWART : 20cb, 21c, 22hg, 23cb, 58hg, 76cb, 127b, 163ch et cb, 203b, 229b, 236b ; EXPLORER ARCHIVES, PARIS : L. Bertrand 38cb ; Jean-Loup Charmet 67t, 124c, 147b ; Coll. ES 42h, 46cb et bg ; Coll. Sauvel 13h ; G. Garde 31ch ; J.-P. Hervey 64h ; J. & C. Lenars 39c ; J.-P. Lescourret 165c ; M. C. Noailles 65b ; Peter Willi 40ch ; A. Wolf 43cgb.

FONDATION AUGUSTE-ESCOFFIER, VILLENEUVE-LOUBET : 74c ; FONDATION MAEGHT, SAINT-PAUL-DE-VENCE, FRANCE : Claude Germain 77h et c ; Coll. M et Mme Adrien Maeght 77b ; FRANK LANE PICTURE AGENCY : N. Clark 170b ; Fritz Polking 16hd ; M. B. Withers 136bgh.

GALERIE INTEMPOREL, PARIS : Les Films Ariane, Paris 54-55 ; EDITIONS GAUD, MOISENAY : 70bg, 86b, 87bg et bd, 142h, 181c ; GIRAUDON, PARIS : 25h, bg et bd, 26cd, 30h, 36, 40bd, 48ch et bd, 133b, 145b, 172c ; Lauros-Giraudon 38ch, 45cb, 46hd (d), 46-47, 49cgb, 51cgb, 53cgb (tous droits réservés), 73hg et hd, 110bg, 125h, 134h, 144h, 146h ; musée de la Vieille-Charité, Marseille 38hd ; musée de la Ville-de-Paris, musée du Petit-Palais/Lauros-Giraudon 24bg ; musée des Beaux-Arts, Marseille 48-49, 49b, 152b ; musée du Louvre, Paris 8-9 ; musée du Vieux-Marseille, Marseille 48cb, 50ch ; GRAND HÔTEL DU CAP FERRAT : 191h ; RONALD GRANT ARCHIVE : Warner Brothers 27bd ; GROTTES DE ST-CÉZAIRE : 65c.

ROBERT HARDING : 33b, 238h, 240b ; HÔTEL EDEN ROC, CAP D'ANTIBES : 191b ; HULTON-DEUTSCH COLLECTION : 26c, 27cgb, 52bd ; Keystone 94h.

ILLUSTRATED LONDON NEWS PICTURE LIBRARY : 50b.

CATHERINE KARNOW, SAN FRANCISCO : 110c ; THE KOBAL COLLECTION : United Artists 71hg.

DANIEL MADELEINE : 183b ; MAGNUM PHOTOS : Bruno Barbey 34c ; René Burri 55cgb ; Robert Capa 82c ; Elliott Erwitt 91bd ; Guy le Querrec 223b ; MAIRIE DE NÎMES : Jean-Charles Blais 132h (tous droits réservés) ; Francis Bacon 223b (tous droits réservés) ; MANSELL COLLECTION : 39b, 42bd, 43b, 51cgh, 52bg ;

ÉDITIONS MOLIPOR, MONACO : 94b ; avec l'autorisation de la SBM 51cdb, 94c ; MUSÉE DE L'ANNONCIADE, ST-TROPEZ : E. Vila Mateu 119b, 120-121 ; MUSÉE D'ANTHROPOLOGIE, MONACO : J.-F. Buissière 38hg ; MUSÉE ARCHÉOLOGIQUE DE VAISON-LA-ROMAINE : Christine Bézin 41cgb ; MUSÉE D'ART MODERNE ET D'ART CONTEMPORAIN, NICE : 54bd, 85b ; MUSÉE DES BEAUX-ARTS, NICE : Jean Louis Martinetti 80b ; MUSÉE FABRE, MONTPELLIER : Leenhardt 135b ; MUSÉE DE LA PHOTOGRAPHIE, MOUGINS : 66b ; MUSÉE MATISSE, NICE : © Service photographique, Ville de Nice 82h et b, 83h, c et bd.

REPRODUITS AVEC L'AUTORISATION DE THE NATIONAL GALLERY, LONDON : 24c ; NATURE PHOTOGRAPHERS : Carlson 16ch ; Michael Gore 16b ; NETWORK PHOTOGRAPHERS/RAPHO : Mark Buscail 184h.

L'OEIL ET LA MÉMOIRE/BIBLIOTHÈQUE MUNICIPALE D'AVIGNON : Atlas 24, folio 147 42cb ; OXFORD SCIENTIFIC FILMS : Mike Hill 136bgb ; Tom Leach 160bd ; Frank Schneidermeyer 136bdb.

JOHN PARKER : 19bg, 22b, 58hd, 108h, 157 ; PICTURES COLOUR LIBRARY : 185b ; PHOTO RESOURCES : CM Dixon 41cbd ; PLANET EARTH PICTURES : Richard Coomber 136bcb ; John Neuschwander 114bd ; Peter Scoones 17b ; POPPERFOTO : 27hc, 72b.

RANGE : Bettmann 26cdb, 27hd et cdb ; RETROGRAPH ARCHIVE, LONDON : © Martin Breese 28hd, 69b ; ROGER-VIOLLET, PARIS : 47cgh, 51h, 52cb, 163b.

SERVICE DE PRESSE DE LA VILLE DE CAGNES-SUR-MER : 78c et b, 79b ; ROGER SMITH, ÈZE : 86cb, 87c ; SNCF/ FRENCH RAILWAYS LTD., LONDON : 55b, 241b ; FRANK SPOONER PICTURES : Robin 67b ; P Siccoli 54cb ; Gamma/T. Pelisier 38b ; Gamma/Christian Vioujard 67cdh et cgb ; SYGMA : 75h ; James Andanson 122b ; 68b ; H. Conant 54bg ; J. Donoso 67cdb ; Diego Goldberg 55cdb ; Keystone 52-53 ; 53cgh et b ; Leo Mirkine 55cg.

ÉDITIONS TALLENDIER, PARIS : Bibliothèque nationale 42-43 ; TERRES DU SUD, VENASQUE : Philippe Giraud 2, 44cgb, 45c et bg, 46hg et bd, 64b, 70bd, 81ch, 105b, 166h, 167cb, 168b ; TONY STONE IMAGES : Joe Cornish 12 ; TRAVEL LIBRARY : Philip Enticknap 93h et bd.

WALLIS PHOTOTHÈQUE, MARSEILLE : Clasen 55h, 67cgh ; Constant 182b ; Di Meglio 115ch ; Giani 96h, 223h ; Huet 185h ; LCI 29bd, 176h ; Leroux 14b ; Poulet 96cg ; Royer 96cd et b ; Tarta 193b.

ROGER WILLIAMS : 101, 138b, 165h, 170c, 181b, 185ch.

Première page de garde : © Dorling Kindersley.

Couverture : toutes photos commandées à l'exception de TERRES DU SUD, VENASQUE : Philippe Giraud bd et IMAGES COLOUR LIBRARY : hd.

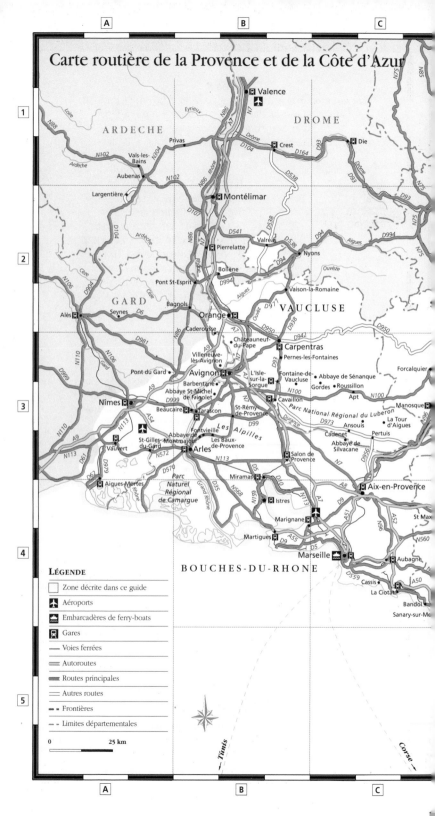

Carte routière de la Provence et de la Côte d'Azur

LÉGENDE

- ☐ Zone décrite dans ce guide
- ✈ Aéroports
- ⛴ Embarcadères de ferry-boats
- 🚉 Gares
- ─── Voies ferrées
- ═══ Autoroutes
- ━━━ Routes principales
- ═══ Autres routes
- ▬ ▬ Frontières
- ─ ─ Limites départementales

0   25 km

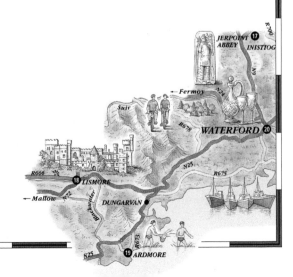